KB129303

인지행동상담

이해와 활용

| 구자경 · 김영경 공저 |

Cognitive Behavioral Counseling

학지사

머리말

　인지행동상담은 학교, 상담 및 복지 시설, 산업체, 병원 등 다양한 장면에서 아동 및 청소년, 성인, 노인 등 다양한 연령의 대상에게 활용되는, 영향력 있는 상담접근 중 하나이다. 그러나 인지행동상담은 한 사람의 창시자를 중심으로 발전한 학파가 아니라 다양한 경로를 통하여 수정되고 변화를 겪으며 발전해 왔다. 따라서 사람들이 인지행동상담이라고 부를 때 서로 다른 인지행동상담을 떠올려서 소통이 되지 않을 때가 있으며, 인지행동상담에 대한 자신의 선입견을 근거로 인지행동상담을 피상적인 상담으로 여기며 부정적으로 생각하기도 한다.

　저자들은 오랜 시간 공동으로 슈퍼비전을 진행하면서 인지행동상담이 현장에서 가장 많은 상담사가 적용하는 이론이라는 점을 알게 되었다. 그리고 인지행동상담이 아닌 다른 이론적 접근을 취하는 상담사들도 내담자에 대한 사례개념화는 자신의 주 이론으로 하더라도 상담계획에는 인지행동상담 기법을 포함시키는 것을 보게 되었다.

그런데 아쉬운 것은 인지행동상담을 너무 단순해서 시시하다고 생각하는 상담사들조차도 인지행동상담 기법을 제대로 적용하지 못하고 있다는 점이다. 이에 저자들은 인지행동상담이 현장에 잘 적용되어 Aaron T. Beck 상담이론의 친절함, 따뜻함, 정교함 그리고 단순함의 매력이 잘 드러나면 좋겠다는 소망을 서로 확인하면서 Beck 박사와 동료들이 발전시킨 이론을 중심으로 이 책을 공동으로 집필하게 되었다. Beck은 초기에는 자신의 이론을 인지치료라고 하였으나 최근에는 인지행동치료라고 언급한다.

이 책에서는 Beck의 상담접근을 초기와 후기를 구별하지 않고 인지행동상담이라고 칭하였다. 이 밖에 다른 이론에 대해서도 '치료' 대신 '상담'이라는 용어를 사용하였다. 저자들은 내담자들을 병에 걸린 사람이라고 인식하지 않고, 자신의 삶을 충실히 살아내기 위해 애쓰며 성장하는 사람으로 보기 때문이다. 그리고 이 책에서는 내담자를 전문적으로 상담하는 사람들을 '상담사'라고 칭하였다.

인지행동상담은 협력적 관계에서 내담자를 동등한 파트너로, 공동연구자로 대할 것을 강조한다. 상담사가 내담자를 공동연구자로 대하는 것은 내담자를 존중하는 마음과 동시에 세심한 전문적 기술이 요구된다. 저자들은 상담사들이 자신의 전문성에 대한 자긍심과 상담에 대한 책임감을 가지고 내담자들과 협력하며 그들의 문제해결과 성장에 기여하길 바란다. 이 책이 자긍심과 책임감 있는 상담실무자들에게 인지행동상담에 대한 좋은 지침서가 되기를 바란다.

  이 책의 제1장, 2장, 3장, 4장, 5장, 12장, 13장은 구자경 교수가 집필하였고, 제6장, 7장, 8장, 9장, 10장, 11장은 김영경 교수가 집필하였다. 저자들은 이 책을 집필하면서 인지행동상담이 다양한 상담현장에서 창의적인 상담기법으로 개발될 수 있는 이론적 토양이며 지속적으로 연구하고 실천해 볼 가치가 많은 분야라는 점을 좀 더 깊게 알게 되었다. 동시에 저자들이 알고 있는 인지행동상담에 대한 지식과 경험이 얼마나 부족한지에 대해서도 알게 되어 부끄러웠다. 독자 중에서 이 책의 내용에서 오류를 발견하신 분이 있다면 따뜻한 마음으로 지적해 주시고, 인지행동상담을 현장에서 창의적으로 활용하고 있다면 그 경험을 저자들에게 나누어 주시길 바란다. 끝으로, 저자들을 믿고 집필 계약을 해 주시고, 원고가 책으로 완성될 때까지 기다려 주신 학지사의 모든 분께 감사드린다.

2021년 6월
저자 일동

차례

제1장

인지행동상담
개관

1. Beck의 인지행동상담 이론의 기본 개념과 전략

1) 기본 개념

인지행동상담은 사람이 환경으로부터 적절한 정보를 얻고, 그것을 처리하면서 살아가는 인지체계에 관심을 둔다. 만약 다양한 정보를 통합하고, 이러한 통합의 토대 위에서 행동하는 정보처리 과정이 기능적으로 진행되지 않으면 심할 경우 생존이 어려울 수 있다. 인지도식(schemas)은 자신이나 타인에 대한 사람들의 지각, 그들의 목표와 기대, 기억, 환상, 그 이전의 학습을 포함하며 정보처리 과정에 막대한 영향을 미친다(Beck & Weishaar, 2017). 사람들이 생활사건에 대해 해석하거나 새로운 정보를 조직할 때 편파가 생긴다면, 이로 인하여 불안장애, 우울장애, 편집증, 강박증, 조증, 공황장애 등의 정신병리적 상태를 보이거나 현실적인 문제 해결에 어려움을 겪을 수 있다.

인지행동상담 초기에는 인지도식의 활성화와 다른 체계의 변화 사이의 직선적 관계를 강조하여 인지(신념과 가정)가 정서와 동기와 행동을 유발한다고 보았으나 최신 인지행동상담에서는 모든 체계가 하나의 양식(mode)으로 함께 작용한다고 본다(Beck & Weishaar, 2017). 양식은 성격을 구성하고 진행되는 상황을 해석하는 인지적·정서적·동기적·행동적 도식의 연결망이다(Beck & Weishaar, 2017). 불안과 같은 원초적 양식은 생존에 필요한 적응적 반응일 수 있지만, 그것이 편파적이거나 경직되고 자동적인 인지체계와 관련된 과잉반응일 경우 부적응이나 성격장애로까지 이어질 수 있다. 이러한 원초적 양식들은 상담을 통하여 의도적 사고, 의식적 목표, 의식적 문제 해결, 장기적 계획으로 대체될 수 있다(Beck & Weishaar, 2017).

2) 전략

(1) 협력적 관계를 통해 내담자의 능동적 참여를 유도함

인지행동상담은 상담사와 내담자의 협력적 관계를 강조한다. 협력적 관계를 위해서는 인지행동상담에서도 다른 상담과 마찬가지로 상담관계에서 필요한 기본적 요소들이 필요하다. 상담사는 기본적으로 내담자의 말을 따뜻하고 주의 깊게 경청하고 공감하며 내담자가 경험한 사건, 감정, 생각 등의 관련성을 이해하며, 내담자가 처한 현실을 이해하면서도 동시에 내담자가 희망을 잃지 않도록 돌본다. 또한 상담사는 매 상담시간의 끝에 내담자의 피드백을 얻어서 내담자가 상담관계에서 어떠한 경험을 하였는지를 확인한다. 내담자의 성격에 병리적 특성이 있을 때는 상담관계 형성이 매우 어려울 수 있다. 이러한 경우에는 상담사가 인내심을 가지고 다양한 방법을 통해서 좋은 상담관계를 형성하여 내담자와 함께 목표한 상담문제를 다루어 나가도록 노력해야 한다.

인지행동상담에서는 상담 목표 및 진행과정을 내담자와 협의하며 내담자의 적극적인 참여를 강조한다. 상담사는 상담목표, 상담

기간, 상담빈도, 세세한 상담진행 과정 등에 대해 내담자의 의사를 적극적으로 반영하여 결정한다. 내담자가 중요한 결정이 어렵거나 상담에 대한 자발적 동기가 부족하다 할지라도 상담사는 내담자가 결정할 수 있는 수준의 작은 결정을 스스로 하도록 한다. 이러한 과정을 통하여 내담자는 상담사에게 존중받는다고 느끼며 점차 상담에 적극적으로 참여하게 된다.

(2) 목표 지향적이고 현재 당면한 문제 중심으로 상담을 진행함

상담사는 상담 초기에 내담자에게 상담에서 다루고 싶은 문제를 최대한 구체적이고 긍정적인 행동용어로 기술하도록 한다. 그리고 상담에 참여하는 과정과 목표달성을 방해하는 외적 요인과 내적 요인이 무엇인지 확인하고, 그것들과 관련된 역기능적 사고와 그에 대한 대안적 사고를 탐색하도록 함으로써 내담자가 상담에 적극적으로 참여하고 상담사와 합의한 상담목표를 달성하도록 한다.

상담사는 내담자의 과거 문제보다는 현재 당면한 문제를 중심으로 상담을 진행한다. 그러나 인지행동상담에서 과거 이야기를 무조건 배제하지는 않는다. 내담자의 역기능적 사고가 과거에 어떻게 형성되었는지를 알 필요가 있거나, 그와 관련된 내담자의 정서적 상처를 공감해 주고 정화시키는 것이 필요할 때 상담사는 내담자의 과거 경험에 대해 작업한다. 내담자의 과거 경험에 대한 이야기를 나눈 후에 상담자는 그러한 과거 경험이 현재 당면한 문제와 어떠한 관련이 있는지를 다룸으로써 현재의 당면 과제에 다시 초점을 두어야 한다.

인지행동상담에서는 내담자와 상담 초기에 가능한 상담목표와 상담기간을 미리 설정하고 그 기간 내에 상담을 진행한다. 내담자와 합의한 상담기간 내에 달성할 수 있는 구체적 상담목표를 정한다. 이 기간 동안에 내담자가 당면한 문제가 근본적으로 해결되거나 다시는 이러한 문제가 재발되지 않을 것이라고 기대하기는 어려울 수 있다. 그러나 내담자가 상담사와 합의한 구체적 상담목표를 달성한 것으로도 내담자의 자기효능감이나 적응유연성이 증진되며 이는 내담자가 자신의 어려움을 해결해 나갈 수 있는 중요한 심리적 기반이 될 수 있다. 내담자의 고통이 만성적이거나 혼란스러운 상태여서 자신의 정서, 인지, 행동을 분별하는 것조차 어렵거나 내담자의 역기능적 믿음이 너무 심하게 경직되었을 경우에는 오랜 기간의 상담이 필요하므로 이에 대해서 내담자와 합의하여 결정한다.

(3) 스스로 문제를 관리할 수 있는 능력을 키움

인지행동상담은 내담자가 자신의 문제를 스스로 해결하기 위한 상담 원리와 기법을 학습하도록 한다. 따라서 상담사는 인지모델에 따라 심리적 문제를 이해할 수 있도록 인지모델에 대해 안내한다. 그리고 인지모델에 따라 내담자가 변화목표를 정하고, 문제와 관련된 정서, 인지, 행동의 관련성을 이해하고, 대안적 사고를 찾아나가며, 행동변화를 할 수 있도록 한다. 상담자는 내담자에게 인지모델을 설명할 때 한꺼번에 내담자가 인지모델을 다 이해할 수 있을 것이라고 기대하지 않는 것이 좋다. 상담사는 내담자의 심리적 역량을 고려하여 인지모델을 부분적으로 조금씩 설명해 나가는 것이 필요하다.

(4) 매 회기 구조화된 상담을 권장함

인지행동상담 접근을 취하는 상담사는 상담시간마다 일정한 구조에 따라 상담을 진행한다. 구조화의 정도는 상담사와 내담자의 선호 스타일에 따라 차이가 많다. 구조화의 정도에 차이는 있지만 상담회기 시간마다 한 주간 내담자에게 기억에 남는 일들을 간단하게 이야기하며 기분상태를 확인한다. 그리고 이전 상담시간에 과제를 내주었다면 과제를 어떻게 했는지 질문하고, 그에 대한 소감을 듣는다. 자연스럽게 상담시간에 이야기할 상담의제를 서로 합의해서 정하고, 그 의제를 중심으로 내담자가 경험한 이야기를 듣고, 그 이야기에 담긴 내담자의 정서, 인지, 행동, 신체반응이 어떠했는지와 내담자의 반응들이 서로 어떠한 관련이 있는지를 탐색하고 내담자가 자신의 경험을 새롭게 구성할 수 있는 방안을 함께 탐색한다. 그 상담회기에서 다룬 상담의제와 관련하여 내담자가 일상생활에서 자신의 경험을 세밀하게 관찰하거나 상담회기에서 내담자가 습득한 기술을 적용해 보는 것 등의 과제를 내담자와 정한다. 끝으로, 그 상담회기에 대한 내담자의 피드백을 듣고 이야기하며 상담회기를 마무리한다. 만일 상담사가 상담시간을 매뉴얼처럼 구조화하여 기계적으로 운영하고 유연성이 부족하다면 내담자가 상담시간을 너무 딱딱하게 느낄 수 있다. 상담사는 상담시간을 구조화하는 것의 이점이 내담자가 상담과정을 잘 이해하고 안정감 있게 적극적으로 참여하기에 좋으며, 상담시간을 효과적으로 사용할 수 있다는 것임을 기억하고 유연성 있게 상담시간을 진행하는 것이 필요하다.

(5) 소크라테스 질문법을 통하여 안내된 발견을 유도함

인지행동상담 접근을 하는 상담사는 내담자들이 자신의 역기능적 사고와 믿음을 식별하고 평가할 수 있도록 하기 위해서 설교나 조언과 같은 일방적인 방식이 아니라 소크라테스 질문법으로 가르친다. 소크라테스 질문법은 상담사가 제시한 질문에 근거하여 내담자가 논리적인 결론에 도달하는 것을 내포한다(Beck & Weishaar, 2017). 상담사는 내담자의 어떤 구체적인 문제 혹은 사건에 초점을 두고 내담자의 마음에 떠오르는 사고를 찾아내어 그 사고가 현실적으로 적합한지를 탐구하기 위하여 내담자의 생각이 옳다고 지지하는 증거와 그에 반대되는 증거를 검토한다. 그리고 이에 따라 적절한 행동계획을 세우도록 한다. 이때 상담사가 내담자의 생각을 반박하거나 설득하기보다는 내담자가 스스로 정보를 검토하여 자신의 생각을 명료하게 다듬어 가고 자신의 생각이 자신이 당면한 문제에 어떻게 작용하는지를 탐색하도록 한다.

인지행동상담에서 질문은 상담사의 주요한 기법이다. 인지행동상담에서 상담사가 내담자에게 질문을 하는 목적은 문제를 명료화하거나 정의를 내리기 위해서, 사고, 심상, 가정의 규명에 도움을 주기 위해서, 내담자와 사건의 의미를 검토하기 위해서, 유지되고 있는 부적응적 사고와 활동의 결과를 평가하기 위해서이다(Beck

& Weishaar, 2017). 상담사의 질문이 내담자를 추궁하는 것이나 상담사가 생각하는 정답으로 몰고 가려고 하거나 내담자를 공격하기 위한 것으로 오해되지 않도록 주의해야 한다. 질문은 내담자가 스스로 자신의 인지체계를 검토하고 스스로 대안적 인지체계를 갖추도록 하는 것이 그 목적이므로 내담자가 상담사의 질문으로 인하여 방어적이 되지 않도록 주의해야 한다. 상담사는 내담자의 인지적 흐름이나 구조만을 파악하는 것이 아니라 내담자의 감정에 대한 반영과 공감을 적절히 표현하는 것이 좋다.

인지행동상담에서 내담자는 안내된 발견(guided discovery)을 통하여 부적응적 신념과 가정들을 수정한다. 상담사는 내담자가 새로운 기술과 조망을 습득하도록 하기 위하여 내담자에게 필요한 경험을 설계하고 내담자의 부적응과 문제 해결의 어려움으로 이끄는 인지체계의 오류를 알 수 있도록 '안내자' 역할을 한다. 내담자의 입장에서는 상담사에 의해 '안내된 발견'을 하게 되는 것이다. 이때 상담사는 내담자가 특정 신념체계를 선택하도록 부추기거나 몰고 가지 않도록 주의하고 내담자가 보다 확장되고 유연한 인지체계를 가질 수 있도록 매우 세심하면서도 친절한 안내자가 되어야 할 것이다.

◆ 학습문제 ◆

1. 인지행동상담과 관련된 자신의 경험에 대해 생각해 보자.

   예 강의를 들은 경험, 자신이 인지행동상담을 해 본 경험, 다른 상담사의
   사례를 관찰한 경험, 인지행동상담 내담자 경험 등

2. 인지행동상담을 생각할 때 어떠한 생각이 스쳐 지나가는가? 스쳐 지나가
   는 생각이 인지행동상담을 대하는 정서와 행동과 어떠한 관련이 있는가?

> **예**
>
> 너무 어려워.
> 이해하기 쉽지만 너무 단순해.
> 너무 차가워.
> 아주 친절해.
> 나는 이 치료법을 다 알지 못할 거야.
> 청소년상담에 잘 맞을 거야.

3. Beck의 인지행동상담에 대한 주요 개념과 진행절차에 대한 설명 중 가장
   관심이 있는 내용은 무엇인가? 그 이유는 무엇인가?

2. Beck의 인지행동상담과 다른 이론 간의 관련성

1) 인지행동상담과 고전적 정신분석

Beck의 인지행동상담은 1960년대 초에 우울증에 대한 연구에서

시작되었다. 정신분석 훈련을 받은 Beck은 '자기를 향한 분노'를 그 핵심에 두고 있는 우울에 관한 Freud 이론을 입증하기 위해 우울증 환자들을 임상적으로 관찰하고 연구하는 과정에서 인지처리 과정에서 일어나는 부적 편파를 발견하고 정서장애와 우울의 인지적 모델에 대한 자신의 이론을 발전시켰다(Beck & Weishaar, 2017). 인지행동상담과 고전적 정신분석은 내담자가 자신의 사고, 감정 및 소망을 내성적으로 관찰하여 보고하도록 하고 이것에 근거하여 상담사가 사례개념화를 한다는 점에서 둘 다 통찰치료(insight therapy)이다(Beck, 2017). 정신분석적 접근은 리비도적 욕구와 유아 성욕 같은 억압된 아동기의 기억과 동기를 강조하고 이를 탐색하기 위한 방법으로 자유연상을 활용한다(Beck & Weishaar, 2017). 반면에 인지행동상담은 증상들 사이의 연결, 의식적 신념 및 현재의 경험에 초점을 두며 자동적 사고를 찾아내고 이를 대안적 사고로 변환하는 것에 초점을 둔다(Beck & Weishaar, 2017). 따라서 인지행동상담은 내담자로부터 자료를 수집하고 활용하는 데 많은 시간을 요하지 않기 때문에 10~20회기의 단기심리상담에 효과적으로 활용된다. 또한 인지행동상담의 원리는 내담자의 문제를 비교적 제한된 단순한 개념으로 체계화되고 실험 및 상관 연구를 통하여 상담성과를 과학적으로 검증하였다. 또한 같은 이유로 인지행동상담은 초심상담사나 교사, 일반인에게 가르치기가 용이하다(Beck & Weishaar, 2017).

2) 인지행동상담과 합리적 정서행동상담

Beck과 거의 비슷한 시기에 정신분석적 배경을 지닌 A. Ellis가 합리적 정서행동상담(REBT)을 발전시켰다. Beck은 Ellis가 자신과 유사한 인지모델과 인지기법을 독립적으로 발전시키는 것을 보면서 자신의 인지적 관점에 대해서 더 확신을 갖게 되었다(Beck, 2017). Beck과 Ellis는 공통적으로 문제를 일으키는 사건 그 자체보다는 그 사건에 대한 해석과 평가를 개인의 부정적 경험과 감정을 일으키는 요소로 보았다.

Beck의 인지행동상담과 Ellis의 합리적 정서행동상담은 인지의 우선적인 중요성을 강조하며 상담사가 부적응적인 내담자의 가정들을 변화시키며 적극적인 자세를 갖는다는 점에서는 공통적이지만 몇 가지 점에서 차이가 있다. Beck의 인지행동상담은 내담자의 해석과 가정을 가설로 바꾸어 그것이 편파적인 오류가 있는지를 계속 검증하며 인지적 오류를 수정함으로써 더 적응적인 인지적 기능을 축적한다. 따라서 Beck의 인지행동상담은 인간이 고통에 빠지는 것이 어떠한 생각이나 신념체계 자체 때문이 아니라 그것들 자체가 현실에 맞지 않는 역기능적인 것이기 때문이라고 보며 내담자의 증세에 따라 인지체계가 다르다는 의견을 제시한다. 그리고 각 정신병리들에는 자체적으로 전형적인 인지적 내용 또는 인지적 특수성이 있다고 본다. 이에 비해 Ellis의 합리적 정서행동상담은 모든 정신병리의 기저에는 유사한 비합리적인 신념 세트가 자리 잡고 있고 이로 인하여 비합리적 사고가 유발되므로 비합리

적 신념 자체를 논박함으로써 정신병리가 사라질 수 있다고 본다
(Beck & Weishaar, 2017).

3) 인지행동상담과 행동상담

Beck의 인지행동상담과 행동상담은 유아기 기억을 회복하거나
아동기 경험과 초기 가족관계를 추론적으로 재구성하려고 시도하
지 않는다. 또한 현재 문제와 초기 발달적 사건 혹은 가족 역동의
관련성을 강조하지 않는다. 이 외에도 상담 진행과 절차를 상세히
계획하고 내담자에게 상담에 유용한 반응과 행동에 대해서 분명하
게 알려 주며, 상담절차를 내담자에게 공유하여 적극적인 참여를
유도한다는 공통점이 있다. 또한 정신분석이나 내담자중심상담에
서 상담목표가 제한 없이 열려 있는 것과 대조적으로, 인지행동상
담과 행동상담은 상담목표를 분명하게 제한적으로 정의한다.

이러한 공통점이 있지만 Beck의 인지행동상담과 행동상담은 발
달 배경이 다르며 중요한 초점에서 차이가 있다. Beck의 인지행동
상담은 잘못된 해석, 지각적 오류, 부적절한 인지처리 등으로 인하
여 문제가 발생한다고 보고 인지체계의 수정에 초점을 둔다. 이에
비하여 응용행동분석에 근거한 행동상담은 해석이나 추론과 같은
'내적 사건'을 배제하고 외적 행동에 대해 기능적 분석을 한다. 그
러나 Beck의 이론이 인지적 변인을 다루고 행동상담은 행동을 다
룬다는 식으로 구분하는 것은 지나친 단순화이다. Beck의 인지행
동상담에서도 행동기법을 적극적으로 활용한다. Beck은 자신의

이론과 행동상담의 차이는 행동기법의 효과에 대한 설명에 있다고
하면서 체계적 둔감화를 예로 들었다(Beck, 2017).

체계적 둔감화는 내담자가 호소하는 공포 상황들을 약한 불안유
발 상황에서 점차 강한 불안유발 상황들로 위계를 구성하도록 하
고, 내담자가 이완된 상태에서 한 단계씩 더 높은 불안유발 상황을
상상하도록 함으로써 점차적으로 강한 불안 상황에서도 이완상태
를 유지하도록 하는 기법이다. Beck은 내담자가 문제 상황을 불안
정도에 따라 위계적으로 세분화하는 과정에서 공포 상황을 객관적
으로 인식하게 됨으로써 실제의 위험과 상상의 위험을 구분할 수
있게 된 것이라고 보았다. 이는 행동상담에서 체계적 둔감화를 통
하여 내담자가 불안을 느끼는 상황을 떠올리고 이완하는 경험을
통하여 불안이 중화되었다고 보는 것과 다르다.

한편, 외적 행동을 강조하는 행동상담 영역이 인지적 변인을 고려
하는 추세로 발전하고 있다. 응용행동분석에서는 강화의 원리에 따
라 외적 행동에 대한 기능적 분석을 하고 직접적인 행동개입을 한
다. Bandura는 이러한 응용행동분석이 인간에게 있는 고유한 인지
기능을 배제하는 것의 한계점을 지적하면서 인지적 영역을 보완한
사회학습이론을 제시하였다. Bandura(1977)는 즉각적인 강화보다
는 자기효능감이 행동을 변화시키는 데 더 결정적인 요인이라고 강
조하면서 자기관찰, 자기평가 그리고 자기강화를 자기효능감의 3요
소로 제시하였다. 또한 강화에 대한 기대, 자기와 결과에 대한 효능
성, 인간과 환경 간의 상호작용, 모델링 및 대리학습 등의 개념을 제
시하였다. Bandura의 사회학습이론에서 개인이 사건에 부여하는

개인 특유의 의미와 해석을 철저하게 살펴보는 작업을 강조한 것과 개인이 경험을 구조화하는 방식이 과거 행동의 결과, 중요한 타인으로부터의 대리학습, 미래에 대한 기대에 기초하고 있다고 보는 점이 Beck의 인지행동상담의 관점과 일맥상통한다.

이 밖에 Meichenbaum(1977)의 자기지시기법은 인지적 요소를 임상에 적용하며 사람들이 자신의 마음속에서 자신에게 스스로 이야기하는 '지시문'을 바꾸게 되면 행동을 효과적으로 바꿀 수 있다고 보았으며 충동적 내담자의 행동변화를 위한 자기지시의 중요성을 강조하였다. 또한 D'Zurilla와 Goldfried(1971)는 심리적 문제가 문제의 조망과 문제의 정의, 목표설정, 해결방식의 추구, 평가와 종료라는 5단계를 거치면서 효율적으로 문제를 해결할 수 있다고 하였다.

◆ 학습문제 ◆

1. Freud의 자유연상기법과 자동적 사고 탐색기법을 비교해 보자.
2. 자신의 인지변화가 행동변화를 일으킨 경험과 행동변화가 인지변화를 일으킨 경험을 찾아보자.
3. Beck의 역기능적 사고체계와 Ellis의 비합리적 신념의 차이점은 무엇인지 생각해 보자.

3. Beck의 인지행동상담에 대한 오해와 반론

1) 인지행동상담은 증상의 변화에만 초점을 맞추는 피상적인 상담이라는 견해

인지행동상담은 변화를 위해 자동적 사고, 중간신념, 핵심신념의 세 가지 수준의 인지적 개입을 한다. 세 가지 수준의 인지는 상호 관련되어 있다. 상담 초기에는 자동적 사고를 다루도록 돕고, 이 작업이 어느 정도 진행되면 자동적 사고에 영향을 주는 중간신념과 핵심신념을 다룬다. 중간신념과 핵심신념은 어린 시절부터 오랜 기간 형성되었으므로 내담자가 쉽게 자각하기 어렵고 변화를 위한 개입에 저항을 하기 쉽다. 상담사는 내담자가 제시하는 호소문제나 증상의 제거에만 초점을 두기보다는 중간신념, 핵심신념과의 관련성을 생각하면서 상담을 함으로써 내담자의 신념체계가 보다 융통성 있고 유연하게 변화하도록 도울 수 있다.

2) 인지행동상담의 목적이 부정적 신념을 긍정적 신념으로 변경시키는 것이라는 견해

인지행동상담의 목적이 부정적 신념을 긍정적 신념으로 변화시키는 것으로 생각한다면 그것은 인지행동상담을 지나치게 단순화한 것이다. 인지행동상담에서는 내담자가 자기 자신, 상황, 미래 및

자원 등에 대해 편파적 견해를 갖고 있어서 내담자의 반응 범위가 제한되어 문제 해결에 어려움이 생기는지를 탐색한다. 만일 현실적 위험이 존재하고 있는 상황에서 '나는 안전해.' '별일 없을 거야.'라고 생각한다거나 공부를 하지 않고 있는 수험생이 '나는 시험을 잘 볼 거야.'라고 생각하고 있다면 그 생각 자체는 긍정적이지만 당면한 문제를 해결하는 데 오히려 방해가 될 수 있다. 내담자가 현실에 적응하거나 현실을 변화시켜 나가는 데 도움이 되는 기능적 인지체계를 갖추도록 도울 필요가 있다. 인지행동상담은 내담자의 신념체계가 내담자가 현실에 적응하거나 현실을 변화시켜 나가는 데 기능적으로 작용하는가 또는 역기능적으로 작용하는가에 관심을 둔다.

3) 인지행동상담에서 정서를 소홀히 다룬다는 견해

Beck의 인지행동상담이 정서, 행동, 생리, 환경적 경험에 영향을 미치는 사고의 중요성에 관심을 두고, 신념체계의 변화가 행동이나 정서의 변화를 이끌어 낼 수 있다고 본다. 그러나 이것이 Beck의 인지행동상담이 생각(사고)을 정신에 고통을 주는 필수원인으로 생각한다는 것을 의미하지는 않는다(Dattilio & Padesky, 2010). Beck과 그의 동료들은 그의 저서 『우울증의 인지치료(cognitive therapy of depression)』(1997)에서 인간의 경험에서 정서가 중요하며 상담사가 내담자의 감정을 공감해야 함을 강조하였다. 만일 우리가 자신의 감정을 자각하지 못한다면 내담자는 그러한 감정을 촉발시키는 자신의 인지체계를 탐색하기 힘들 것이다. 우리는 부

정적 정서가 촉발되는 경험을 할 때 변화의 필요성을 느끼고 자신
의 정서뿐만 아니라 부정적 정서와 관련 있는 인지, 행동을 탐색하
게 된다. 따라서 인지행동상담에서 상담사는 내담자가 자발적으로
정서를 표현할 수 있도록 하며 내담자의 정서를 따뜻하게 공감할
수 있어야 내담자와 협력적 관계를 유지할 수 있다.

4) 인지행동상담은 사회적 변화에 소극적이라는 견해

인지행동상담은 개인을 지속적으로 힘들게 하는 생활사건 혹은
그에 영향을 미치는 환경의 변화를 시도하지 않고, 개인의 해석, 자
동적 사고와 같은 인지적 요소에만 초점을 둠으로써 개인에게 과
도한 책임감을 부과한다는 비판을 받는다. 인지행동상담이 생활
사건에 대한 개인의 인지적 요소를 이해하고 이를 변화시키는 것
을 강조한다. 그러나 내담자의 고통의 원인이 인지적 요소뿐이라
고 말하는 것은 아니다. 개인의 인지는 환경(발달력과 문화를 포함해
서), 생리, 정서, 행동과의 상호 영향을 고려할 때 잘 이해될 수 있
다(Dattilio & Padesky, 2010). 인지행동상담이 사회적 변화에 소극
적이어서 개인이 당하는 차별과 억압을 지속시키는 역할을 한다는
의심과 오해는 그동안 인지행동상담이 제한적으로만 이해되고 적
용된 결과라고 볼 수 있다. 인지행동상담은 한 개인이 사회적 변화
에 능동적으로 대처하지 못하도록 하는 인지체계를 수정함으로써
자신에게 지속적으로 부정적 생활사건을 일으키는 환경적 요소에
대해 근본적으로 개혁하고 대처하는 데 기여할 수 있다.

◈ 학습문제 ◈

1. 인지행동상담에서 피상적인 증상만을 개선하는 것이 아니라 다양한 문제
를 일으키는 근본적인 개입을 하기 위해 유념해야 할 것은 무엇인지 생각
해 보자.

2. 인지행동상담에서 정서는 어떠한 의미에서 중요한지 생각해 보자.

3. 인지행동상담이 부정적 생활사건을 일으키는 환경적 요소를 개선하는 데
어떠한 기여를 할 수 있는지 생각해 보자.

제2장

인지모델에 대한 이해

1. 인지모델

인지행동상담은 개인이 어떤 사건에 대해서 어떻게 지각하고 해석하는가에 따라 감정이나 행동이 달라진다고 보는 인지모델을 근거로 발전하였다.

1) 인지모델의 구성요소

인간의 정보처리 체계는 위계적 층으로 이루어져 있으며, 인지적 산물과 인지적 조작(과정), 인지적 구조로 이루어져 있다(Beck & Clark, 1988; Dattilio & Pedesky, 2010). 인지모델에서 자동적 사고는 인지적 산물이고, 인지적 과정에 해당되는 인지적 왜곡은 인지도식이 손상되지 않도록 들어오는 정보를 왜곡하는 것이다(Friedberg & McClure, 2018). 인지도식은 주의집중과 부호화, 재생에 영향을 미치는 핵심적 의미구조를 대표하며(Guidano & Liotti, 1983; Hammen, 1988), 인지적 산물(자동적 사고)과 인지적 조작(인지적 왜곡)을 조정한다(Friedberg & McClure, 2018). 인지도식에는 개인의 가장 기본신념인 핵심신념이 들어 있다.

(1) 인지적 산물: 자동적 사고

자동적 사고는 기분이 바뀌는 동안 사람의 마음에 스쳐 지나가는 생각으로, 상황에 따라 달라지는 매우 구체적인 의식의 흐름 혹

[그림 2-1] 자동적 사고와 대안적 사고

은 심상을 말한다(Friedberg & McClure, 2018). 자동적 사고는 상황을 순간적으로 해석하는 방식이다. 자동적 사고는 아주 **빠르고 짧게** 지나가서 사람들은 이를 인식하지 못한 채 감정만을 인식하는 경우가 많다.

사례 1　입사시험에 낙방했다는 사실을 알게 된 상황에서 '나는 다시는 새 직장을 구할 수 없을 거야.' '내 인생은 이제 끝났어.' '친구들이 나를 비웃겠지.' 등으로 자동적 사고를 하는 사람이라면, 자신의 미래에 대한 불안과 그로 인한 불면증에 시달릴 수 있다. 인지모델에 따르면, 이 사람이 불안하고 잠을 자지 못하는 것은 입사시험에 떨어졌다는 사실 자체가 아니라 이 사람의 자동적 사고 때문이라고 볼 수 있다. 이 사람이 만일 '취업이 어렵다고 하더니 정말 쉽지 않네.' '실패는 성공의 어머니야.' '새로 구직정보를 알아봐야겠군.' 등의 현실적이고 낙관적 대안적 사고를 한다면 어느 정도 불안감과 걱정이 생길 수는 있지만 미래에 대한 극심한 불안이나 그에 따른 불면증으로 연결될 가능성은 낮아진다.

사례 2　한 어머니는 딸의 결혼식을 치른 후 슬픔을 느꼈다. 슬픔을 일으킨 자동적 사고는 '이제 내 딸이 나를 떠났어.'이다. 만일 이 어머니가 결혼식이 좀 지난 후 점차 '자식이 부모를 떠나는 것은 자연의 순리야.'라는 대안적 사고를 선택한다면 우울과 슬픔에 젖어 있지 않고 딸의 결혼 후 자신의 삶에 대해 새롭게 생각하게 될 수 있다.

사례 3 어떤 여성이 모임에서 잘생긴 어떤 남성이 자신을 쳐다보고 있다는 사실을 알게 되었다. 이때 '내가 입은 옷이 이상해 보이나 봐.'라고 자동적 사고를 하면 창피한 기분이 들 수 있다. 그러나 '그가 어쩌면 나에게 호감을 느끼고 있나.'라고 대안적 사고를 한다면, 그 이후 그 남성을 개방적 태도로 대하여 좋은 관계로 이어질 가능성이 높아진다.

사례 4 힘든 운동 후에 숨이 많이 찰 때, '심장이 약한가 봐.'라는 자동적 사고가 스쳤다면 불안할 것이고, '숨이 많이 차네, 내가 운동을 열심히 했나 봐.'라는 대안적 사고를 한다면 성취감을 느낄 것이다.

(2) 인지도식: 신념

인지도식은 인생 초기에 형성되며 오랜 반복학습과 경험의 결과로 공고해지므로 이를 인식하기는 매우 어렵다(Guidano & Liotti, 1983; Young, 1990). 인지도식이 형성되면 그 인지도식에 따라 정보가 처리되며 스트레스 상황에서 활성화되어(Hammen & Goodman-Brown, 1990) 자동적 사고로 나타난다. 인지도식에 내재된 자신, 타인, 미래에 대한 신념에 따라 구체적 상황에서 자동적 사고가 다르게 나타난다. 따라서 자동적 사고를 통해서 인지도식을 추적하며 탐색할 수 있다.

인지구조에 내재된 신념은 핵심신념과 중간신념으로 나누어 생각해 볼 수 있다(Beck, 2011). 핵심신념은 사람들이 어린 시절부터 자신과 다른 사람들 그리고 세상에 대해 형성한 아주 근원적이고 깊은 수준의 믿음이다(예: 나는 무능하다, 사람들은 냉담하다, 세상은 점점 더 살기 힘들어질 것이다). 사람들은 핵심신념을 의문 없이 당연한 것으로 여기므로 인식하지 못하거나 인식하더라도 절대적인 것으로 여긴다. 핵심신념이 활성화되는 정도는 사람에 따라 다른데, 어떤 사람은 특정 기분일 때만 활성화되기도 하고 지나치게 일반화되고 경직되어 있어서 대부분의 시간을 핵심신념의 영향권에서 생활하기도 한다.

핵심신념은 태도, 규칙, 가정들로 구성되어 있는 중간신념의 형성에 영향을 미친다. 중간신념은 태도, 규칙, 가정을 포함한다. 예를 들면, '나는 무능하다'라는 핵심신념이 강한 사람의 중간신념은 다음과 같이 형성될 수 있다.

- 태도: 내가 무능하다는 것은 끔찍한 일이다.
- 규칙: 나는 무능하므로 항상 노력해야 한다(혹은 다른 사람의 도움을 받아야 한다).
- 가정: 나는 무능하므로 노력하지 않으면(혹은 다른 사람의 도움을 받지 못하면) 성공하기 어려울 것이다.

Beck(2017)은 한 개인에게 형성된 규칙이 다르기 때문에 동일한 상황에 대한 사적인 해석이 어떻게 서로 다르게 나타날 수 있는지를 보여 주었다. 한 교수가 세미나 중에 잡담을 하고 있는 A양과 B양에게 좀 조용히 해 달라고 가볍게 말하였다. 그 이후 A양은 화가 난 듯, 교수에게 반복적으로 도전적인 질문을 던졌고 교수의 관점에 대해서 날카롭게 비판하였다. A양은 교수의 말을 '교수가 나를 통제하려고 해. 나를 마치 어린애처럼 대하고 있어.'라고 해석하였다. 이러한 해석으로 이끈 그녀의 규칙은 '권위적 인물의 제재는 나를 지배하고 얕잡아 보는 것'이다. 그녀는 '교수에게 맞서!'라고 자기지시를 내렸는데, 이는 '나는 나를 나쁘게 대하는 사람들에게 되갚아 줄 거야.'라는 규칙이 작용한 것이다. 반면에 B양은 교수의 지적 이후로 슬프고 위축되었으며 남은 시간 내내 입을 열지 않았다. B양은 교수의 말을 '교수님이 내가 잘못한 것을 지적했으니 이제 나를 싫어할 거야.'라고 해석하였다. 그녀의 규칙은 '권위적 인물의 제재는 나의 약점이 노출된 것이고, 내가 열등함을 의미하며, 그가 나를 거절했음을 뜻한다.'라는 것이었다. 그녀는 '이제부터라도 조용히 있어야 해!'라고 자기지시를 내렸는데, 이는 '만일 내가

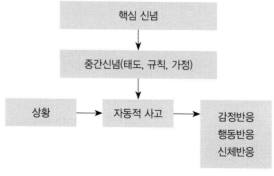

[그림 2-2] 인지모델

조용히 한다면 덜 무례하게 보일 거야. 조용히 있는 것은 내가 무
례한 행동에 대해 미안해하고 있다는 것을 보여 줄 거야.'라는 규칙
이 작용한 것이다. 이처럼 사람들은 규칙에 따라 다른 사람들의 행
동의 의미를 평가하고 그들이 자신을 어떻게 대하는지를 해석하며
이러한 해석에 따라 자기의 반응을 결정한다.

내담자의 인지도식에 내재된 핵심신념과 중간신념은 내담자의
개인적 구성개념(Kelly, 1955)인데, 내담자가 상담사의 안내 없이 이
를 인식하는 것은 쉬운 일이 아니다. 따라서 상담사와 내담자는 서

〈표 2-1〉 중간신념

- 행복해지기 위해서 나는 내가 맡은 모든 일에서 성공해야 한다.
- 행복해지기 위해서 언제나 모든 사람에게서 인정을 받아야 한다.
- 최고가 되지 않으면 실패자가 될 것이다.
- 인기 있고 유명하고 부자여야 행복할 수 있다. 인기가 없고 평범하다는 것
  은 끔찍하다.
- 만약 내가 실수한다면, 그건 내가 무능하다는 것을 뜻한다.
- 한 인간으로서 나의 가치는 다른 사람들이 나를 어떻게 생각하느냐에 달려
  있다.
- 나는 사랑 없이는 살 수 없다. 내 배우자(애인, 부모, 자녀)가 나를 사랑하지
  않는다면 나는 무가치하다.
- 만약 누군가가 나에게 반대를 한다면 그건 그 사람이 나를 싫어한다는 뜻
  이다.
- 만약 나 자신을 발전시키기 위해 주어진 모든 기회를 활용하지 않는다면,
  나는 나중에 후회할 것이다.

출처: Beck (2017).

로 협력하는 과학자가 되어 자신의 증상을 형성하는 개인적 구성개
념을 발견하기 위해 협력하면서 자세히 조사하고 검증해야 한다.

　최신 인지행동상담은 성격양식을 구성하는 인지적 · 정서적 · 동
기적 · 행동적 도식의 모든 체계가 하나의 양식(mode)으로 함께 작
용한다고 본다(Beck & Weisher, 2017). 즉, 인지가 변함으로써 정서,
동기, 행동이 변화할 수도 있고, 행동이 변함으로써 인지, 정서, 동
기가 변화할 수도 있다. Beck(2017)은 사고, 기분, 행동, 신체, 생
리, 환경 모두가 서로 영향을 미칠 수 있다고 보고 복합인지모델을
제안하였다. 상담사는 다양한 촉발사건, 자동적 사고, 반응이 어떻
게 서로 영향을 주고받는지에 대해 살펴보아야 한다. 예를 들어 보
자. 내담자는 자신이 게임을 너무 해서 학점이 나빠지게 될까 봐 불
안하다고 호소하였다. 상담사가 내담자가 게임을 하게 된 상황을
자세히 탐색해 보니 다음과 같은 일련의 흐름과 상호 영향이 있었
다. 내담자의 경우 아침에 남자친구에게 문자가 안 온 상황에 대한
자동적 사고 A를 대안적 사고(예: '남자친구가 어제 바빴나?')로 수정

〈표 2-2〉 복합인지모델 예시

아침에 일어나서 문자를 확인해 보니 남자친구에게서 문자가 없음(상황) →
'남자친구는 나를 사랑하지 않아.'(자동적 사고 A) → 우울(감정) → 가슴이 답
답함(생리적 반응) → '오늘 하루도 재미없을 것 같아.'(자동적 사고 B) → 다시
침대에 누워서 휴대폰으로 게임을 함(행동) → '시험을 앞두고 이렇게 게임이
나 하고 있다니 한심하군.'(자동적 사고 C) → '내가 이렇게 한심해진 건 남자
친구 때문이야.'(자동적 사고 D) → 화남(감정)

한다면 내담자의 게임 과의존 현상을 예방할 수 있을 것이다. 또한 내담자가 게임을 하면서 자동적 사고 C 대신에 대안적 사고(예: '시험이 있으니 조금만 더 하고 게임 그만해야겠다.')로 바꾸었다면 남자친구를 원망하는 자동적 사고 D는 나타나지 않았을 것이다. 또한 긴 시간을 침대에 누워서 휴대폰으로 게임을 하는 대신에 내담자가 휴대폰 게임을 하는 시간과 장소를 미리 정해 놓고 그 시간과 장소를 준수하는 행동 패턴을 만들었다면, 남자친구의 문자가 없었던 것으로 인한 우울함이 게임 과의존으로 연결되지는 않을 것이다. 따라서 상담사는 자동적 사고에 대한 개입을 통하여 내담자의 감정을 변화시킬 수 있고, 내담자의 행동적 변화를 통해서 부정적 사고의 유발을 예방할 수 있다. 상담사는 인지가 감정, 신체반응, 상황의 상호 영향 가운데 있음을 고려해야 한다.

2) 인지과정: 인지적 왜곡

인지도식은 동화과정을 통해 항상성을 유지한다. 예컨대, 한 사람에게 인지도식에 '나는 유능하지 않다.'라는 자기지각이 들어 있다면, 자신이 잘할 수 있는 것이 하나도 없다고 생각하고, 그로 인하여 불안하고 수행에 어려움을 겪는다. 시험에서 높은 점수를 받아도(상황) 시험이 너무 쉬웠기 때문에 점수가 좋았던 것이라고 생각하면서(자동적 사고) 자신의 성공을 깎아내리고, 그로 인하여 시험을 보는 상황에서는 계속 두려움을 느끼고 자신은 유능하지 않으므로 무가치한 사람이라고 여기며 살아간다. 다시 말하면, 내담

〈표 2-3〉 인지적 왜곡

- **임의적 추론**: 지지하는 증거가 없거나 반대 증거가 있음에도 불구하고 성급하게 특정한 결론을 이끌어 내는 것

  예 엄마가 직장 일로 바쁜 하루를 보낸 후에 귀가하면서 '나는 나쁜 엄마야.' '내 아이들은 문제아가 될 거야.'라고 결론을 내리는 것

- **선택적 추상화**: 전체 맥락을 무시한 채 세부적인 것으로 상황을 이해하는 것

  예 친구들 모임에서 자신을 빼고 다른 친구들이 서로 관심 있는 주제에 대해 이야기 나누는 모습을 보고 자신이 따돌림당하고 있다고 생각함

- **과잉일반화**: 하나 또는 몇 개의 고립된 사건에서 일반적인 규칙을 찾아내고 그것을 관련이 없는 상황에까지 너무 광범위하게 적용하는 것

  예 시험에 한 번 실패하고 나서 '난 항상 시험을 못 봐. 나는 항상 실패할 거야.'라고 결론을 내리는 수험생

- **과장과 축소**: 상황 혹은 어떤 특성을 실제보다 훨씬 더 중요하게 또는 훨씬 덜 중요하게 보는 것

  예 '시험을 앞두고 아주 조금이라도 신경과민이 되면 그건 끔찍한 일이야.'

  예 말기암에 걸렸음에도 불구하고 감기에 걸린 것으로 생각하여 곧 회복될 것이라고 믿음

- **개인화**: 자신과 관련이 없는 외부적 사건을 자기 자신에게 귀인시키는 것

  예 나무 밑을 지나가다가 나무에 있던 새가 싼 똥이 어깨에 떨어졌을 때 '나에게 안 좋은 일이 일어날 징조인 게 틀림없어.'라고 결론지음

- **이분법적 사고**: 두 가지 극단 중 하나로 경험을 범주화하는 것

  예 최근에 연인과 헤어진 남성이 '그녀가 나를 떠났다니 내 인생은 실패야.'라고 생각함

자는 자신의 시험 점수가 높은 것의 원인을 자신이 시험공부를 열심히 한 것, 자신의 학업능력이 좋은 것, 시험정보를 잘 얻은 것, 시험의 난이도가 낮은 것 등으로 다양하게 생각해 볼 수 있는 상황에서 '나는 무능하다.'라는 인지도식으로 인하여 '시험이 쉬웠기 때문에 내가 시험을 잘 본 거다.'라는 편파적 지각을 하고 그에 대해 조금의 의심도 하지 않는데, 이러한 현상을 '인지적 왜곡'이라고 설명할 수 있다. 이로써 내담자는 '나는 유능하다.'라는 인지도식이 새롭게 형성될 가능성을 스스로 차단함으로써 기존의 인지도식을 유지한다. 이처럼 자신의 핵심믿음과 일치하지 않는 정보를 받아들이지 않기 때문에 인지도식은 변형되지 않고 계속 보존되는데(Friedberg & McClare, 2018), 이러한 현상을 '인지도식의 항상성 유지'라고 설명하는 것이다.

인간이 심리적 고통을 갖게 되면 인지적 왜곡이라고 부르는 추론의 체계적 오류가 나타난다. 그 내용을 살펴보면 〈표 2-3〉과 같다(Beck, 2011).

3) 인지모델을 통한 정신병리의 이해

우리가 환경에서 적절한 정보를 얻고, 통합하고, 그 토대 위에서 행동을 하지 못한다면 다양한 문제를 일으킬 수 있다. 신경증적 현상들은 정상적인 사람의 반응과 동일한 연속선상에 있지만, 정보처리가 편파적으로 과장되어 있다는 특성이 있다. 정신병리 혹은 정서에 따라 정보처리의 편파성이 다르게 나타난다고 가정하는데,

이를 내용특수성 가설(content-specificity hypothesis)이라고 한다
(Alford & Beck, 1997; Beck, 1997; Clark & Beck, 1988). 각각의 정신병
리에 따라 나타나는 편파적 정보처리 방식이 어떻게 다른지를 살
펴보면 다음과 같다.

(1) 우울증

우울증은 자기, 경험 및 미래에 대해 부정적으로 편파된 방식으
로 정보처리를 하는 것과 관련이 있다(Beck & Weishaar, 2017). 우
울한 사람은 자신의 삶에서 본질적인 무언가를 잃었다고 지각하며
자신이 맡은 중요한 일에서 부정적인 결과가 나타날 것이라고 예
상하고, 자신에게는 어떠한 중요한 목표를 달성하는 데 필요한 자
질이 결핍되었다고 느낀다(Beck, 2017). 우울한 사람의 이러한 특
성은 인지삼제(cognitive triad)로 개념화할 수 있다. 즉, 자기에 대한
부정적 개념, 삶의 경험에 대한 부정적 해석, 그리고 미래에 대한
허무주의적 관점이 그것이다. 이러한 부정적 견해는 자신이 해결
해야 할 문제를 자신이 잘 대처하거나 관리할 수 없을 것이라는 판
단으로 이어져 자살 소망 혹은 충동으로 이어지거나 타인에게 의
존하려 하며, 어떠한 결정을 내리지 못하고 주저하게 만든다.

(2) 경조증적 상태

조증 혹은 경조증은 자기와 미래에 대해 우쭐하는 방식으로 정
보처리를 하는 것과 관련이 있다(Beck & Weishaar, 2017). 조증 또는
경조증적 상태에 있는 사람은 우울한 사람과 반대로 자신이 삶의

경험에서 중요한 것을 얻었다고 지각하고, 자신의 경험에는 무조건 긍정적 가치가 있다고 생각하며, 자신이 노력을 기울이면 반드시 좋은 결과가 나올 것이라고 비현실적으로 기대하고, 자신의 능력을 과장하여 지각한다. 이러한 고양된 자기평가와 과도하게 낙천적인 기대로 인하여 끊임없이 활동하게 된다(Beck, 2017).

(3) 불안 신경증

불안 신경증은 육체적 또는 심리적 위험에 대해 지나치게 주의를 기울이는 방식으로 정보처리를 하는 것과 관련이 있다(Beck & Weishaar, 2017). 불안한 사람은 정상적인 사람이 위협에 대처하는 생리적 반응이 과도하게 혹은 역기능적으로 작동됨으로써 나타난다. 정상적인 반응은 위험에 대한 정확한 평가와 위험의 중대성에 근거하지만 불안한 사람은 위험에 대해 잘못된 가정을 하거나 과민하다. 그리고 정상적인 사람은 논리와 증거를 사용하여 자신의 반응이 현실적인지 여부를 판단할 수 있지만 불안한 사람은 위험을 감소시킬 수 있다는 증거와 안전의 단서를 잘 인식하지 못하며 자신에게 닥칠 위험과 그로 인한 손상의 가능성을 극대화하고 이러한 위험에 자신이 대처할 수 있는 능력을 과소평가하는 경향을 보인다(Beck & Weishaar, 2017).

(4) 공포증

공포증은 특정한, 피할 수 없는 상황에 대해 재난이 임박한 신호로 정보처리를 하는 것과 관련이 있다(Beck & Weishaar, 2017). 공포증이 있는 사람은 특정한 상황에서 신체적·심리적 상해를 입을 것이라는 예상을 하고, 이러한 상황을 회피할 수 있는 한 위협감을 느끼지 않고 비교적 편안하다. 특정 상황에 대한 공포는 그 상황의 해로운 속성에 대해 과장되게 생각함으로써 발생하고, 생리적 증상을 함께 경험하며 이러한 불쾌한 경험으로 인하여 그 상황을 회피하려는 성향이 더 강해진다(Beck & Weishaar, 2017)

(5) 편집증적 상태

편집증은 다른 사람에 대한 귀인의 정보처리를 편파적으로 하는 것과 관련이 있다(Beck & Weishaar, 2017). 편집증적인 사람은 다른 사람이 의도적으로 자신을 학대하고 자신의 목표를 방해하고 자신의 영역이 부당하게 공격받고 있다는 가정에 반복적으로 사로잡힌다. 그의 생각의 중심주제는 '나는 맞고, 그는 틀렸다'인데, 이는 '나는 틀렸고, 그가 맞다'고 생각하는 우울증 내담자와 대비된다(Beck, 2017).

(6) 강박사고와 강박행동

강박사고와 강박행동은 안전에 대해 편파적으로 정보처리를 하는 것과 관련이 있다. 강박증적인 사람은 일반적으로 안전하게 여겨질 수 있는 상황에서도 지속적으로 안전을 의심하며 자신이 안전을 확보할 수 있는 행동을 했는지를 끊임없이 확인하지만 두려움은 확인할수록 해소되지 않고 증가한다. 이러한 내담자는 자신이 두려워하는 상황을 상쇄하기 위해 자기 나름대로 고안한 의식을 수행한다(Beck & Weishaar, 2017).

(7) 신경성 식욕부진증

신경성 식욕부진증은 신체에 대해 편파적으로 정보처리를 하는 것과 관련이 있다. 식사 후 포만감의 증상을 뚱뚱해진다는 신호로 잘못 해석하고 거울이나 사진에 비친 자신의 모습을 실제보다 더 뚱뚱한 것으로 잘못 지각한다(Beck & Weishaar, 2017). 또한 신경성 식욕부진증이 있는 사람은 자신의 몸무게와 몸매에 따라 자신에 대한 가치를 결정하여 그에 따라 자신이 사회적으로 다르게 평가된다고 생각하여 몸무게와 몸매의 변화에 과도하게 집착한다.

◆ 학습문제 ◆

1. 다음은 우리를 종종 불행에 빠뜨리는 '해야만 한다'는 중간신념에 해당되는 당위와 규칙의 예이다. 여러분이 느끼는 불행감, 증상 혹은 문제와 관련된 '해야만 한다'는 당위 혹은 규칙은 무엇인가?

> **예**
>
> - 나는 최상으로 관대하고, 사려 깊고, 품위 있고, 용감하고, 이타적이어야 한다.
> - 나는 완벽한 친구, 부모, 교사, 학생, 배우자여야 한다.
> - 나는 모든 역경을 침착하게 이겨 낼 수 있어야만 한다.
> - 나는 모든 문제에 대해 신속한 해답을 찾을 수 있어야만 한다.
> - 나는 아픔을 느껴서는 안 된다. 나는 언제나 기쁘고 평온해야 한다.
> - 나는 모든 것을 알고, 이해하고, 예견할 수 있어야만 한다.
> - 나는 항상 자발적이어야 한다.

- 나는 언제나 나의 감정을 통제할 수 있어야 한다.
- 나는 나 자신을 주장할 수 있어야 한다.
- 나는 그 어느 누구도 해쳐서는 안 된다.
- 나는 절대 피곤하거나 아파서는 안 된다.
- 나는 최상의 효율성을 유지해야 한다.

2. 정신병리를 일으키는 자동적 사고를 대안적 사고로 전환시켜 보자.

3. 인지모델을 적용하여 자신의 경험을 개념화해 보자.

2. 인지모델에 영향을 미치는 과거력 및 발달적 · 문화적 요소 고려하기

인지모델에 영향을 미치는 요소는 크게 과거력 및 발달적 · 문화적 요소로 나누어 볼 수 있다.

인지행동상담은 내담자의 현재 호소문제를 중심으로 상담을 하지만 내담자의 호소문제의 맥락을 이해하기 위하여 과거력과 발달적 주요사건에 대한 기본정보를 수집할 필요가 있다. 내담자의 인지도식은 어느 날 갑자기 단번에 형성되는 것이 아니라 오랜 시간 누적된 경험이나 특정 시기의 어떤 사건에 의하여 강렬한 경험을 통하여 각인된 것일 수 있으므로 과거력 및 발달사를 이해하지 않고는 인지도식을 파악하기 어렵다. 성인의 과거력을 이해하기 위해 필요한 정보는 문제의 발생경로 및 역사, 사회생활, 가족관계,

교육이력, 직장이력 등이다. 아동과 청소년을 대상으로 상담할 경우에는 발달적 주요사건들, 학교생활, 가족관계, 훈육방식, 의학적 조건과 치료경험을 파악하여 이러한 과거력과 환경적 요소가 자동적 사고, 핵심신념, 인지적 왜곡과 어떤 관련이 있는지를 살펴봐야 할 것이다. 과거력 및 발달사에 대한 정보는 상담사와 라포가 형성된 후 상담과정을 진행하면서 조금씩 알아 갈 수도 있지만 접수면접이나 상담 초기 단계에서 체크리스트를 만들어서 간단히 파악하고 필요한 경우 상담사가 추가 정보를 얻을 수 있을 것이다.

문화적 요소는 최근 개인을 이해하는 데 고려해야 할 중요한 영역으로 부각되고 있다. 개인의 문화적 요소에는 성역할, 성정체성, 종교, 나이, 신체적 특징, 거주 지역, 사용언어 등의 다양한 요소가 포함되는데, 이러한 요소에 따라 개인의 가치체계, 관습, 생활양식이 달라진다. 문화적 배경은 가족의 사회화 과정에 영향을 미치며, 가족의 관습은 증상 발생과 표현에 영향을 미치고 치료에 대한 반응에 영향을 미친다(Cartledge & Feng, 1996; Sue, 1998). 인지행동상담에서 문화적 요소를 어떻게 고려해야 하는지에 대해서는 이 책의 5장에서 좀 더 자세히 다룬다.

❖ **학습문제** ❖

1. 인지도식(핵심신념, 중간신념)에 영향을 미치는 여러분의 과거 경험이 무엇이었는지 생각해 보자.

2. 여러분의 가족이 공유하는 인지도식이 무엇인지 생각해 보자.

3. 내담자의 과거력을 이해하기 위한 체크리스트를 만들어 보자.

3. 내담자에게 인지모델 안내하기

인지행동상담은 상담사와 내담자의 협력적 관계에서 진행된다. 협력적 관계는 인지모델을 상담사 혼자만 알고 일방적으로 내담자에게 적용하는 것이 아니라 내담자도 인지모델을 이해할 수 있도록 첫 상담에서 안내하는 것에서 시작된다. 내담자가 호소하는 문제나 내담자가 이해하기 편한 가상 상황을 예로 들면서 인지모델의 도표를 내담자와 함께 완성해 가는 것은 인지모델을 안내하는 좋은 방법이다. 이때 상담 초기에 자동적 사고와 중간신념 및 핵심신념과의 관련성까지 내담자에게 한꺼번에 설명하면 상담이 너무 어렵게 느껴질 수 있으니 우선적으로 '상황 → 자동적 사고 → 반응'의 연결고리를 이해할 수 있도록 안내하는 것이 좋다. 간단한 예를 들어 보자.

상: 다음 주에 제주도로 가족과 함께 여행 갈 계획이 있다고 하셨죠?

내: 네. 벌써부터 행복해요.

상: 제가 상황과 감정 사이에 빈 괄호를 넣었어요. (   )에 뭐가 들어갈까요?

상황: 제주도로 가족과 함께 여행 감 → (   ) → 감정: 행복

내: 글쎄요. 그 사이에 뭐가 들어갈지 모르겠어요.

상: 네. 이제부터 제주도 가족 여행과 행복 사이에 무엇이 있을까 생각해 보죠. 제주도로 가족과 함께 여행 가기로 결정되었을 때 마음속에 어떤 것이 스치고 지나갔나요?

내: 음……. '오래간만에 가족과 이야기를 많이 할 수 있겠구나.' 이런 마음이 스쳐 갔어요.

상: 그렇군요. 그럼 이 괄호 안에 지금 생각하신 말을 적어 볼까요? 우리는 앞으로 이렇게 어떤 상황에서 순간적으로 스쳐 지나가는 생각을 자동적 사고라고 부를 거예요. ○○ 님이 제주도 여행을 떠올리면서 행복감을 느낀 것은 제주도 여행 자체 때문일까요. 아니면 제주도에 가면 가족과 대화할 수 있을 것이라는 기대 때문일까요?

내: 가족과 이야기를 나눌 수 있다고 생각해서 행복했던 것 같아요. 그동안 가족과 한자리에서 이야기할 시간이 없어서 외로웠는데 그걸 기대하는 마음으로 제가 행복한 거로군요.

상: 그럼 만일 제주도로 가족과 여행을 갔을 때 행복한 기분이 순식간에 바뀔 만한 사건이 생긴다면 그건 무엇일까요?

내: 음……. 만일 제주도에 갔을 때 여행 첫날 아침에 딸이 갑자기 배탈이 났다면서 호텔에 있겠다고 하면 저는 너무 화가 나서 폭발할 것 같아요.

상: 그렇군요. 그럼 도표를 이렇게 그려 볼 수 있겠네요.

상황: 제주도에서 갑자기 딸이 배탈이 남 → (   ) → 감정: 화

내: 네. 그런데 중간에 괄호 안에는 뭐가 들어가는 거죠?

상: 아주 좋은 질문을 하셨어요. 우리 그것에 대해 같이 생각해 보죠. 오래간만에 가족과 함께 놀러간 제주도에서 딸이 배탈이 났다면서 혼자 호텔에 있겠다고 한다면 그때 ○○ 님에게는 어떠한 생각이 스쳐 지나갈까요?

내: 음……. '또 이런 식이야. 이 아이는 나를 골탕 먹이려고 태어난 아이 같아.'라고 순간적으로 생각할 것 같아요. 이런 경우가 아주 많았거든요.

상: 지금 이야기하신 것처럼 생각하신다면 정말 따님에게 화가 많이 날 것 같네요. '이 아이는 나를 골탕 먹이려고 태어난 아이 같아.' 이러한 생각을 우리는 '자동적 사고'라고 하죠. 따님이 배탈이 난 것 자체가 아닌 바로 이 생각 때문에 따님에게 분노를 폭발하게 되는 것이지요.

내: 아! 그렇군요. 이렇게 정리하니 그때 제가 왜 그렇게 자주 딸에게 화를 냈는지 알 것 같네요. 그런데 제 생각을 찾아낸다는 게 쉽지 않을 것 같아요.

상: 자동적 사고를 찾는 게 쉽지 않은 건 당연해요. 우리가 평소에는 자동적 사고를 거의 의식하지 않고 지내니까요. 상담을 진행해 가면서 ○○ 님이 처한 상황에서 스쳐 가는 자동적 사고를 찾는 과정을 배우게 될 거예요.

내: 잘 할 수 있을지 모르지만 한번 해 볼게요. 딸과의 관계가 좋아질 수 있으면 좋겠어요.

◦ 학습문제 ◦

1. 파트너를 정하여 각각 상담사와 내담자의 역할을 맡아서 내담자에게 인지
   모델을 안내해 보자.

2. 아동에게 인지모델을 안내한다면 어떻게 할지에 대해 생각해 보자.

3. 인지행동상담에서 내담자에게 인지모델을 안내하는 것에 대해 어떻게 생
   각하는지 말해 보자.

제3장

인지행동상담
진행과정 및 운영

상담사는 상담 초기에 내담자의 호소문제를 중심으로 내담자의 상담문제를 이해하고, 상담문제에 대한 상담목표를 설정하고, 목표달성을 위한 계획을 세우고, 상담회기를 진행하여 내담자가 원하는 상담성과로 연결될 수 있도록 해야 한다. 상담 중기에 상담사는 이러한 상담의 전체 흐름을 염두에 두고 '내가 지금 내담자와 어디를 가고 있지?' '여기가 어디지?'라는 질문을 스스로 하면서 상담을 진행해야 상담의 길을 잃어버리지 않고 목표한 곳에 도착할 수 있다. 매 회기 상담은 기분 점검하기, 과제 검토하기, 상담의제 정하고 다루기, 과제 내주기, 피드백 이끌어 내기의 구조로 이루어진다. 상담 종결기에는 상담성과 다지기를 함으로써 내담자가 삶에서 자신이 경험하는 문제를 스스로 다룰 수 있도록 한다.

1. 내담자의 문제를 이해하기

1) 주 호소를 상담문제로 변환하기

상담 초기에 내담자는 상담사에게 자신이 가장 고통스러운 것 위주로 자신의 용어로 문제를 호소한다. 상담 초기에는 내담자의 주 호소를 토대로 상담을 진행하지만 상담사가 내담자의 호소를 내담자가 사용하는 용어 그대로 표면적으로만 받아들이지 않고 상담에서 다룰 문제(이하 상담문제)를 무엇으로 설정할 것인지를 정하기 위해 호소문제에 담긴 임상적 의미에 대해 탐색해야 한다.

　　Beck(1997)은 우울증 내담자가 표면적으로 호소하는 문제를 상담사가 어떻게 전문적으로 이해할 수 있는지를 다음과 같이 예를 들어 설명하였다.

사례 1

"내 머리가 퇴화해 가고 있어요. 이게 제가 죽고 싶은 이유입니다." [호소문제]

→ 실제 문제는 내담자가 집중하는 데 곤란을 느끼는 것으로 드러났는데, 내담자는 이 증상을 진행성 두뇌 질병으로 오해하였다. 이 경우 상담 문제를 '집중력 곤란'으로 정할 수 있다.

사례 2

"남편과 이혼하고 싶습니다." [호소문제]

→ 내담자는 남편뿐만 아니라 주변의 모든 사람과의 상호작용을 흑백논리의 관점에서 반응하고 긍정적으로 반응하고 있지 않은데, 남편과의 관계에 대해서는 사랑이 회복될 수 없는 상태라고 과장하여 반응하였다. 이 경우 상담문제를 '대인관계에서의 흑백논리'라고 정할 수 있다.

사례 3

"나는 아무런 느낌이 없어요." [호소문제]

→ 우울증 내담자는 종종 사랑, 기쁨, 즐거움, 유머 등과 같은 긍정적인 느낌이 감소되는 경험을 하게 된다. 내담자 중에는 이러한 정서적인 반응의 결핍을 영구적으로 돌이킬 수 없는 변화로 느끼기도 한다. 이

경우 상담문제를 '긍정적 정서의 결핍'이라고 정할 수 있다.

Beck(1997)이 제안한 대로 상담사가 내담자의 표면적 호소에 담긴 임상적 의미를 파악하는 것은 매우 중요하다. 이때 내담자의 상담문제를 인지, 정서, 행동, 신체반응 등 어느 한 부분만으로 규정하는 것은 부족하다. 내담자의 호소문제에 담긴 임상적 의미를 다양한 차원에서 이해할 필요가 있다.

Friedberg와 McClure(2018)는 8세 아동의 사례를 설명하면서 낮은 자존감이라는 일반적이고 모호한 용어로 내담자의 문제를 규정하는 대신에 행동, 정서, 인지, 생리(신체반응), 대인관계의 영역으로 나누어 문제를 조작적으로 정의할 것을 제안하였다.

8세 아동의 엄마는 "아이가 자존감이 낮은 것 같아 걱정이에요."라고 자신의 문제를 상담자에게 호소하였다. 엄마 및 아이와 상담을 진행하면서 상담사는 〈표 3-1〉과 같이 상담문제를 조작적으로 정의할 수 있다.

〈표 3-1〉 자존감이 낮은 8세 아동의 상담문제 분류

행동	새로운 과제나 사람들을 피하고 잘 울며, 어려운 과제를 지속하는 데 어려움을 보이고 수동적 행동을 보임
정서	슬픔, 불안, 짜증
인지	'나는 잘하는 게 아무것도 없어, 사람들은 나를 바보로 생각해.' '아빠는 내가 똑똑하지 않다고 생각해.'
생리(신체반응)	배가 아프거나, 머리가 아프거나, 식은땀을 흘리는 반응
대인관계	친구가 거의 없다든지 아버지한테 반복적으로 야단을 맞는 것으로 나타남

출처: Friedberg & McClure (2018).

필자는 Friedberg와 McClure(2018)가 제안한 행동, 정서, 인지, 생리(신체반응)에 직업(학업)을 추가할 것을 권한다. 직업이나 학업에 대한 만족도는 내담자의 호소문제와 관련이 있는 경우가 많기 때문에 내담자의 문제를 이해할 때 고려해야 할 요소임에도 불구하고 이를 간과하는 경우를 종종 본다. 내담자의 호소문제를 영역별 상담문제로 세분화하면 〈표 3-2〉와 같이 정리할 수 있다.

〈표 3-2〉 만성적 우울감을 호소하는 성인여성 J의 상담문제 분류

행동	타인에 대해 비판적으로 말함. 불규칙한 식사습관. 외출을 거의 안 함
정서	슬픔, 우울
인지	'나는 못생겼다. 그래서 예쁜 옷을 입을 필요가 없다. 마찬가지일 테니까.' '나는 남편을 사랑하지 않아. 남편을 기분 좋게 하기 위해 노력한다는 건 비참해.' '내 아이도 조금만 더 크면 나를 무시할 거야.'
생리(신체반응)	운동 부족과 스트레스성 폭식으로 인한 체중 증가
대인관계	특별히 속마음을 이야기하는 친구가 없음. 가족과도 대화 별로 없음
직업(학업)	자녀 출산과 양육을 위하여 직장을 그만둔 지 5년이 되어 직장을 갖고 싶지만 불가능하다고 여김

〈표 3-3〉 기숙사 룸메이트와의 갈등을 호소하는 대학생 남성 L의 상담문제 분류

행동	룸메이트에게 자기주장을 못함, 가끔 폭발적 분노 표현
정서	우울, 짜증
인지	공부에 집중을 못함. '혼자 사는 게 최고야.' '나는 재수가 없어.' '룸메이트는 구제불능이야.' 등의 자동적 사고
생리(신체반응)	피부에 여드름이 많이 남

대인관계	친구가 많은 편이지만 친밀도는 낮은 편임
직업(학업)	전공이 적성에 맞지 않아 갈등함. 학업에 흥미가 없음

2) 상담문제 평가하기

상담사는 상담문제를 평가하기 위하여 객관식 자기보고식 도구나 체크리스트를 주로 사용한다. 이런 측정도구들을 통하여 증상의 존재 여부뿐만 아니라 증상의 빈도와 강도, 지속기간에 대한 자료까지 얻을 수 있다. 검사 결과에서 얻어진 정보는 내담자의 보고나 상담사의 임상적 인상과 함께 통합된다(Friedberg & McClare, 2018). 상담사는 내담자의 호소문제를 행동, 정서, 인지, 생리, 대인관계, 직업(학업) 등의 상담문제로 전환하고 각 영역에 대한 내담자의 현재 상태를 평가하기 위하여 사전 면접 회기를 별도로 진행할 수 있다.

3) 상담문제를 토대로 사례개념화하기

상담사례를 개념화한다는 것은 내담자의 정서, 인지, 행동, 생리(신체반응), 대인관계, 직업(학업) 등에 대해 얻은 정보들을 인지모델과 그에 영향을 미치는 과거력 및 발달적 요소, 문화적 요소 등을 연결시켜서 이야기로 엮는 것을 의미한다. 이는 구슬을 꿰어 목걸이를 만드는 작업에 비유될 수 있다. 상담사례 개념화하기는 첫 회기부터 상담 종결 때까지 가설적 형태로 지속되며 정교하게 다듬어 가야 한다. 상담자는 자신의 사례개념화가 내담자의 이야기에 따라 바뀔 수 있다는 자세로 내담자의 이야기를 늘 열린 자세로 들어야 한다.

상담 초기에는 내담자에 대한 정보가 제한적이므로 화가가 밑그림을 그리듯이 전체적으로 내담자 문제의 윤곽이 드러나는 수준으로 글쓰기를 하다가 내담자와 관련 요소들에 대한 정보를 알아 가면서 점차 정교하게 사례개념화 글쓰기를 해 나간다. 내담자에게서 아직 확인을 못했더라도 이미 얻은 정보로 상상되거나 가정되는 내용이 있으면 가설적 문장으로 글쓰기를 해 보는 것도 내담자 사례개념화에 도움이 된다. 단, 상담사가 써 본 가설을 사실로 착각하여 내담자에게서 확인하지 않는 실수를 예방하기 위해서 가설 문장에 대해서는 괄호 표기를 하는 것을 권한다. 간단하게 상담사례보고서를 작성해야 할 때는 편의상 개조식, 즉 번호를 붙여 가며 중요한 부분을 나열하는 방식으로 사례개념화한 내용을 정리하더라도 평소에는 상담진행 과정에서 완성된 문장의 형태로 내담자의 문제에 대해 사례개념화하기를 권한다. 특히 내담자에 대한 중요한 정보를 알게 되었거나 의미 있는 상담회기가 진행된 후에는 사례개념화 글쓰기가 필요하다.

이러한 글쓰기를 통하여 상담사는 내담자에 대한 파편적 이해에서 벗어서 내담자에 대한 정보를 한 사람에 대한 통합적 이야기로 만들어 가면서 내담자를 마음속에 생생한 인물로 떠올릴 수 있게 된다. 상담사들 가운데 사례개념화 글쓰기를 어려워하는 경우가 종종 있다. 사례개념화가 쉽지 않다는 것에 대해서 지나치게 상담사 자신의 무능함에 귀인하는 것은 별로 도움이 되지 않는다. 초보 상담사일수록 매 회기에 사례개념화 글쓰기를 다시 하면서 수정해 나가는 인내심 있는 작업을 하여야 한다. 필요한 경우 상담사는 사례개념화한 내용을 도표나 마인드맵으로 정리해 보는 것도 내담자의 문제를 이해하는 데 도움이 된다.

2. 상담목표를 설정하고 계획하기

Beck의 인지행동상담은 상담목표를 문제 해결에 둔다. 즉, 문제에 당면하여 내담자가 겪고 있는 감정, 생각, 행동을 탐색하고 내담자의 생각이 보다 유연하고 지혜롭게 적응적으로 변하도록 조력하는 것을 목표로 한다. 우리의 삶은 문제의 연속이고, 문제는 매우 복합적으로 발생한다. 우리는 종종 연속되는 문제를 겪으며 '이렇게 끊임없이 문제가 생기는데 문제 해결을 한다는 것이 어떤 의미가 있을까?'라는 생각을 할 때가 있다. 이러한 맥락에서 성격구조의 변형이나 인간 존재의 본질을 탐구하지 않고 문제 해결에 초점을 두는 인지행동상담을 피상적이라고 비판하기도 한다. 우리는 해결하기 어려운 문제에 당면하여 자신의 한계를 맞닥뜨리며 때로는 심각한 위기감을 경험하기도 한다. 자신이 당면한 문제를 해결해 가는 과정에서 우리는 삶의 의미를 발견하고 성장해 간다. 따라서 우리가 당면한 문제는 우리가 성장해 나갈 수 있는 하나의 기회가 된다. 인지모델로 표현한다면, 우리는 문제를 해결해 가는 과정에서 자신의 자동적 사고, 인지왜곡, 인지도식을 검토하고 변형해 감으로써 성장할 수 있다. 그러나 이러한 변형의 과정을 거치지 않음으로써 당면한 문제를 해결해 나가지 못하고 문제에 매몰된 채 살아가게 되는 경우를 종종 본다. 필자는 인간의 성격구조는 자신이 당면한 문제를 해결해 나감으로써 보다 유연해지고 변형되어 갈 수 있다고 생각한다.

우리가 삶에서 경험하는 문제는 복합적인데 상담사와 어떠한 문제를 상담목표로 정하는 것이 좋을까? 사실상 여러 문제가 복합적이고 도저히 감당할 수 없는 문제들이 얽히고 설킨 듯 어렵게 느껴질 수 있다. 그러나 경험상 한 문제가 풀릴 때 다른 문제들도 쉽게 풀리는 경우가 있고 한 문제를 해결함으로써 다른 문제들의 미해결 상태를 견딜 수 있는 힘이 생기기도 한다.

상담사가 내담자와 상담목표를 합의하는 과정은 다음과 같다.

첫째, 상담을 통하여 변화하길 바라는 상담문제 목록을 만든다. 실제 치료 상황에서 내담자와 상담목표를 설정하기 위해서는 내담자가 상담사에게 호소하는 문제를 분류한다. 내담자를 이해하기 위해 수집한 자료를 토대로 내담자의 문제들을 정서, 인지, 생리(신체반응), 대인관계, 직업(학업) 등의 영역에 따라 구분한다.

둘째, 각각의 상담문제 목록에 대해서 상담목표를 정한다. 예를 들어, 만성적 우울을 호소하는 내담자 사례의 상담문제에 대해 〈표 3-4〉와 같이 상담목표를 정할 수 있다.

〈표 3-4〉 만성적 우울감을 호소하는 성인여성 J의 상담문제를 상담목표로
전환하기

구분	상담문제	상담목표
행동	타인에 대해 비판적으로 말함, 불규칙한 식사습관, 외출을 거의 안 함	타인에 대해 수용적으로 말함, 규칙적인 식사습관, 짧은 외출을 자주 시도함
정서	슬픔, 우울	슬픔과 우울 감정의 강도가 10점 척도 8점에서 3점으로 감소
인지	'나는 못생겼다. 그래서 예쁜 옷을 입을 필요가 없다. 마찬가지일 테니까.' '나는 남편을 사랑하지 않아. 남편을 기분 좋게 하기 위해 노력한다는 건 비참해.' '내 아이도 조금만 더 크면 나를 무시할 거야.'	역기능적 자동적 사고를 대안적 사고로 전환함. 구체적 내용은 상담진행 과정에서 내담자와 합의하여 결정함
생리 (신체반응)	운동 부족과 스트레스로 인한 폭식	운동 횟수를 주 3회로 증가, 스트레스 관리 및 식단 조절
대인관계	특별히 속마음을 이야기하는 친구가 없음, 가족과도 대화 별로 없음	가까운 곳에 거주하는 친구와 일주일에 한 시간 이상 만나며 속마음을 나눌 수 있게 됨. 가족과 함께 식사하면서 대화하는 시간을 일주일에 3회 이상 가지게 됨
직업 (학업)	자녀 출산과 양육을 위하여 직장을 그만둔 지 5년 됨. 직장을 다시 갖기 원하지만 불가능하다고 여김	새로운 직장을 구하는 데 필요한 자격증 취득을 위해 필요한 정보를 수집하고, 가능한 것부터 우선적으로 준비함

셋째, 내담자와 상담문제에 대해서 상담목표를 정할 때 모든 상담문제 항목에 대해 한꺼번에 상담목표를 정하는 것은 내담자에게 부담이 될 수 있다. 특히 상담 초기에 상담목표를 설정할 때는 내

담자가 가장 변화하기를 원하는 것부터 상담목표로 설정하는 것이 내담자의 상담동기를 높이는 데 도움이 된다. 만일 우울감을 호소하는 성인여성 J의 사례에서 내담자가 폭식하는 식습관을 가장 먼저 해결하고 싶다면 내담자의 건강한 식습관 형성을 우선적인 상담목표로 합의할 수 있다. 이러한 상담목표 달성을 위하여 상담자는 내담자가 어떠한 경우에 폭식을 하게 되는지를 면밀히 탐색하여 폭식과 관련된 내담자의 정서를 공감하고 인지모델에 따라 폭식을 일으키는 자동적 사고를 파악하여 이를 대안적 사고를 변경할 수 있도록 하는 방법으로 내담자의 식습관을 개선할 수 있다.

넷째, 내담자가 책임감을 가지고 변화시킬 수 있는 것으로 상담목표를 설정한다. 만일 내담자가 상담목표를 타인이나 상황이 바뀌는 것을 원할 경우에는 내담자가 통제할 수 있는 어떤 영역으로 방향을 수정해 주는 것이 좋다. 예를 들어, 우울을 호소하는 성인여성 J의 사례에서 내담자가 가족과의 대화를 위하여 남편이 일찍 들어오기를 상담목표로 설정하려고 한다면 상담사는 남편이 일찍 들어오기 위해서 내담자가 할 수 있는 것이 무엇인지를 함께 의논하여 남편이 일찍 귀가하는 것을 방해하는 내담자의 행동(잔소리하기, 짜증내기)을 줄여 나가고 남편의 빠른 귀가를 촉진할 수 있는 '남편이 좋아하는 영화 함께 보기'를 상담목표로 설정하도록 도울 수 있다.

다섯째, 상담목표로 정하는 행동은 가능한 한 구체적이고 측정 가능하며 긍정적인 것으로 설정하는 것이 바람직하다. 이를 위해서 행동에 대한 상담목표를 설정하기 전에 내담자의 문제행동의 빈도를 정확히 파악하는 것이 필요하다. 예를 들어, 과음하는 것이 문제인 내담자라면 일주일 단위로 음주 빈도와 음주량을 관찰하는 것을 상담목표로 우선 설정해야 할 것이다. 그러나 가출이나 외박과 같이 문제행동의 빈도를 파악하는 데 몇 주 이상이 걸릴 경우에는 내담자 및 보호자와의 상담을 통하여 그 빈도를 파악하여 목표를 설정하는 것이 좋다. 또한 상담목표는 문제행동의 감소뿐만 아니라 대안행동의 증가를 동시에 설정하는 것이 좋다. 예를 들어, 청소년 내담자가 무단가출과 외박, 결석 등으로 상담을 받을 경우에 가출 줄이기, 외박 줄이기, 결석 안 하기 등과 같은 문제행동 감소만을 목표로 정하는 것은 바람직하지 않다. 문제행동의 감소뿐만 아니라 대안행동으로서 내담자가 SNS에 글쓰기를 좋아하고 그 활동을 통해서 자신감을 가지고 있다면, 1주일에 3개씩 SNS에 좋은 글 올리기를 상담목표로 설정할 수 있다.

◆ **학습문제** ◆

1. 내담자(혹은 자신)가 겪고 있는 어려움을 상담문제로 전환해 보자.
2. 1번에서 설정한 상담문제를 토대로 상담목표를 설정해 보자.
3. 설정한 상담목표를 우선순위에 따라 어떻게 진행할 것인지에 대해 상담계획을 세워 보자.

3. 상담시간을 구조화하기

　상담시간의 구조는 인지행동상담의 수행을 위한 일반적인 틀이며, 상담시간의 구조에 포함되는 요소들은 상담시간 중에 '상담사가 해야 할 일들'을 의미한다.

　상담시간의 구조에는 기분 점검하기, 과제 검토하기, 상담의제 정하기, 상담의제에 따라 상담 진행하기, 과제 내주기, 피드백 이끌어 내기가 포함된다. 이러한 여섯 가지 요소는 인지행동상담을 진행해 가는 데 상담회기 중에 꼭 필요한 요소이기는 하지만 고정된 것이 아니므로 상담사가 융통성 있게 개별 내담자에게 맞도록 적용해야 한다. 마술사가 놀라운 방식으로 공을 던지고 잡듯이, 상담사도 이 여섯 가지 요소를 계속 움직여야 하며, 각각의 요소들에 대해 온 마음을 다해 깊이 생각하면서 실제 상담 상황에서 이 여섯 가지 요소를 개별 내담자의 상담 상황에 맞도록 다양하게 저글링(던지기 곡예)해야 한다(Friedberg & McClure, 2018). 상담사가 이 여섯 가지 요소를 상담에서 잘 적용함에 따라 상담시간을 보다 융통성 있게, 창의적으로 구조화할 수 있게 된다(Friedberg & McClure, 2018).

　상담시간을 구조화하는 것은 상담사가 문제를 보다 분명하게 초점을 맞추고 인지행동상담을 수행하는 데 중요한 요소들을 간과하지 않도록 하는 데 도움을 준다. 내담자에게는 상담시간의 구조가 상담이 어떻게 진행되는지를 알도록 함으로써 안정감을 준다. 대부분의 내담자는 자신의 경험을 두서없이 생각하는 대로 이야기하게 된다. 이러한 내담자에게 상담사가 상담시간을 구조화하면, 내담자는 자신의 혼란스러운 상태를 명료하게 인식하고 표현할 수 있는 방법을 배우게 되면서 자신의 경험을 관리하고 통제할 수 있게 된다(Friedberg & McClure, 2018)

1) 기분 점검하기

상담회기를 시작할 때 상담사가 내담자의 기분을 점검함으로써 내담자의 기분상태를 살펴볼 수 있다. 이때 척도를 사용하는 것은 내담자가 자신의 기분을 구체적으로 평가하도록 할 뿐만 아니라 자신의 기분이 때에 따라서 변화하는 것을 알아차리는 데 유익하다. 또한 상담회기를 시작할 때 기분을 검토함으로써 내담자의 현재 신체상태, 욕구가 어느 정도 충족되는 생활을 하였는지, 그리고 지금-여기에서의 상태를 알 수 있다. 상담사가 내담자에게 "지금 기분이 어떠세요?"라고 질문할 때 내담자가 자신의 기분에 대해서만 대답하는 경우는 드물다. 내담자는 기분과 관련된 경험을 이야기한다. 내담자에게 한 주 동안의 주된 기분을 질문하면 상담 초기에는 대부분 부정적 경험들을 보고한다. 상담사가 내담자의 부정적인 것에만 초점을 두지 않고 "이번 주에 있었던 좋은 일들은 무엇인가요?" 혹은 "이번 주에 조금이라도 나은 기분을 느꼈을 때는 언제인가요?" 등의 질문을 하는 것은 특히 우울증 내담자에게 유익하다. 또한 기분과 관련된 경험을 이야기하다가 그 내용이 길어지고 그 내용이 상담에서 다룰 만한 중요한 내용이라고 판단되면 상담사는 "오늘 이 이야기를 할까요?"라고 내담자에게 질문하여 이 주제를 상담의제로 다룰 것인지를 묻는 것이 좋다. 내담자들은 "네, 이 이야기를 계속하고 싶어요."라고 말하거나 "아니요, 이 이야기는 이 정도로 해요. 더 이야기하고 싶은 다른 이야기가 있어요."라고 말한다. 후자일 때는 기분 점검을 위한 이야기는 짧게 마무리하고 내담자가 더 이야기하고 싶어 하는 이야기로 바꿀 수 있다.

2) 과제 검토하기

과제는 상담목표에 따라 내담자와 합의하여 내담자에게 필요한 것으로 결정된다. 과제는 내담자가 자신의 증상을 이해하기 위해 필요한 것과 내담자의 증상을 감소시키고 기분을 향상시키는 데 필요한 기술을 일상생활에서 연습해 보기 위한 과제로 나눌 수 있다. 내담자에게 과제를 준 후에 상담회기 중에 과제 검토를 하지 않으면 내담자는 과제의 중요성을 인식하지 못하여 과제를 안 하거나 소홀히 할 수 있고 협력적인 상담관계 형성에 방해가 된다.

과제 검토는 내담자가 과제를 완수하지 않았을 때에도 효과적이다. 상담사는 과제 완수를 방해한 요인들을 검토함으로써 중요한 정보를 얻을 수 있다. 과제가 내담자에게 너무 도전적이거나 혼란스러웠을 수도 있고, 당황스러웠을 수도 있다. 또한 내담자가 과제와 자신의 현재 증상 간의 관계를 이해하지 못했을 수도 있다. 상담사는 과제 수행을 방해하는 요인들을 내담자와 함께 다루어 감으로써 내담자가 과제 수행을 해 올 수 있도록 한다.

3) 상담의제 정하기

상담시간 중에 언급될 의제를 내담자와 함께 정하는 것은 상담시간의 운영에 도움이 된다. 한 회기에 너무 많은 상담의제를 다루는 것은 상담을 피상적이고 산만하게 할 우려가 있다. 상담 초기에 내담자의 기분을 점검하는 과정에서 상담회기에서 다룰 상담의제가 확인되었다면, 그 의제로 이야기해도 좋을지 내담자에게 확인하고 상담을 진행하는 것이 좋다.

Leahy(2010)는 상담사가 내담자와 상담의제를 정할 때 생기는 저항에 어떻게 대처해야 할지에 대해 다음과 같이 설명하였다. 내담자가 상담의제를 내놓지 않는 경우에는 상담사가 내담자를 상담의제 설정에 친숙해지도록 만들지 못했거나, 내담자가 상담의제를 설정했음에도 불구하고 상담사가 그 상담의제를 따르지 못했거나, 내담자에게 문제 해결을 원하지 않는 스키마가 있어서 내담자가 상담의제를 정하지 않거나, 내담자가 자신의 문제를 해결해야 할 문제로 보지 않기 때문일 수 있다(Leahy, 2010). 또는 자신이 수동적으로 앉아 있으면 상담사가 해결책을 줄 것이라고 믿거나 상담의제를 내놓으면 그 순간에 문제 해결에 대한 책임감을 가져야 하기 때문에 상담의제를 내놓지 않는 경우도 있다. 반대로 내담자가 상담의제에 너무 많은 항목을 포함시키려고 하는 경우도 있다(Leahy, 2010). 이 경우는 내담자가 너무 성급하게 문제를 해결하려 하거나 상담사에게 모든 문제를 말해야만 상담사가 자신의 문제를 이해할 수 있다고 생각하기 때문일 수 있다.

인지행동상담에서는 상담의제를 문제 중심으로 선정하기를 권하지만 내담자가 문제 해결이 아닌 감정 호소 그 자체를 안건으로 하고 싶다고 하는 경우가 있다. 예를 들어, 내담자가 상담의제에 대한 상담사의 질문에 "내가 얼마나 우울한지에 대해서 이야기하고 싶어요."라고 할 경우, 상담사는 내담자가 자신의 감정을 충분히 표현하고 우울 감정으로 인하여 느끼는 어려움을 이야기할 수 있도록 상담을 진행하는 것이 필요하다. 그 후에 내담자가 우울을 느끼는 구체적 문제 상황에 대해서 자연스럽게 주제를 정하여 상담하는 것이 내담자의 저항을 줄일 수 있다. 내담자가 상담의제를 중간에 바꾸려고 한다면 상담사가 상담의제가 바뀌는 것의 심리적 의미를 내담자와 함께 탐색해 보는 것이 좋다. 만일 내담자가 자신이 정한 상담의제를 다루는 과정이 힘들고 그로 인한 불쾌감을 피하기 위해 상담의제를 중간에 바꾸려고 한다면, 이때 상담사는 내담자의 불쾌감이 무엇을 의미하는지 내담자와 탐색하여 그 상담의제를 계속 진행할지 혹은 변경할지에 대해서 합의하는 것이 필요하다.

4) 상담의제에 따라 상담 진행하기

내담자와 이야기할 상담의제가 정해지면 상담사는 내담자가 이야기를 시작하도록 하고, 그 주제에 대한 내담자의 경험을 경청함으로써 내담자가 자신의 경험을 충분히 이야기하도록 한다. 이야기를 해 나가면서 내담자가 자신이 어떠한 사건에 대하여 어떠한 감정을 느끼고, 어떠한 자동적 사고를 하였으며, 어떠한 행동을 하였는지를 알고 감정과 사고, 행동 간의 연결고리를 인식하도록 돕는 것이 필요하다.

상담사는 내담자의 언어적 반응뿐만 아니라 비언어적 반응에 대해서 주의를 기울이기, 내담자가 하고자 하는 말을 잘 따라가면서 경청하기 위한 목적으로 재진술 및 반영하기, 내담자가 대안적 사고를 탐색하고 새로운 행동을 시도해 보도록 하기 위해 질문과 격려 반응하기 등의 다양한 반응을 적절히 함으로써 상담을 진행한다. 한 회기에서 2개 이상의 주제에 대해 내담자와 이야기하였다면 그 주제들이 서로 어떠한 관련이 있는지 생각해 보고 상담사가 한 회기에서 다루어진 전체 내용을 내담자에게 요약해 보도록 하거나 상담사가 요약해 주는 것이 좋다. 다음은 학원선생님에게 받은 오해로 인해 공부를 포기하겠다고 선언한 중학생 내담자의 사례 중 일부 상담진행 과정이다. 이 사례에서 상담사가 한 가지 상담의제에 대해 상담을 진행하는 과정에서 다양한 반응을 어떻게 하였는지 살펴보기 바란다.

내: 학원선생님이 내가 숙제한 걸 보시더니 답안지를 보고 베낀 것 아니냐고 했어요. 저는 정말 그 숙제하느라고 잠도 못 자고 그랬는데…….

상: 열심히 해 간 숙제를 베꼈냐고 하시니 정말 화가 났겠어요. [반영]

내: 네. 정말 화가 났어요. 책상을 쓰러뜨리고 책을 던져 버리고 학원에서 나와 버렸어요.

상: 책을 던지고 학원에서 나와 버릴 정도로 화가 났네요. [재진술, 반영] 그 때 어떤 생각이 스쳐 지나갔는지 기억나세요? [자동적 사고 탐색을 위한 질문]

내: 이제 마음잡고 공부하려고 했는데 아무도 나를 알아주는 사람이 없구나. [이분법적 사고, 과잉일반화]

상: 아무도 나를 알아주지 않는다고 생각되었군요. [재진술]

내: 저는 그 학원선생님만은 날 알아줄 줄 알았거든요.

상: 근데 좀 상황이 궁금해지네요. 선생님이 숙제한 걸 보시고 왜 답안지를 베 꼈냐고 물어보셨을까요? [내담자에게 새롭게 상황을 인식하도록 돕기 위한 질문]

내: 그건 제가 한 번도 그렇게 숙제를 잘해 간 적이 없기 때문이죠.

상: 그렇군요. 그렇다면 선생님은 ○○가 숙제한 것을 보시고 평소와 달리 숙제 를 잘했다고 생각하신 거네요. [상황을 새롭게 인식하도록 안내함]

내: 그러니까 베꼈냐고 물어보셨겠지요.

상: 그러니까 ○○는 선생님에게 오해를 받은 거네요. [상황을 재진술함]

내: 그렇지요.

상: 그 상황으로 돌아가 오해받아서 기분 나쁜 마음을 선생님에게 한번 표현해 볼까요? [새로운 행동을 해 봄으로써 내담자가 상황을 새롭게 인식하도록 안 내함]

내: 어떻게 말해야 할지 모르겠어요.

상: "선생님. 이거 진짜로 제가 한 거예요. 마음잡고 어제 밤잠 설쳐 가면서 하 느라 정말 힘들었어요." 이렇게 말해 볼 수 있겠죠? [역할시연]

내: [상담자가 시연한 대로 그대로 말해 봄] 제가 그때 그렇게 말했으면 선생님

이 칭찬해 주셨을 지도 모르겠네요. 저는 그때 선생님이 저를 오해한 게 억울해서 이런 말을 한다는 건 생각도 못했어요.

5) 과제 내주기

상담시간에 내담자에게 일어난 변화가 일상생활에서 적용이 되는지 확인하기 위해서 혹은 내담자의 가설을 실제로 확인해 보기 위해서 상담사가 내담자에게 과제를 내준다. 과제를 통해서 내담자는 자신의 생각, 느낌, 행동을 관찰하고, 자신의 생각이나 믿음이 현실에 비추어 적절한지 확인하고 수정할 수 있다. 또한 내담자들은 상담시간에 배운 새로운 행동을 실험할 수 있는 기회를 얻는다. 과제는 상담시간에 배운 것을 극대화시키고, 내담자가 느끼는 자기효율성을 증가시킬 수 있다(Beck, 2017).

인지행동상담에서 내담자에게 주는 과제는 대체로 다음과 같다(Beck, 2017). 첫째, '행동 활성화하기'이다. 우울한 내담자에게 몸을 움직여서 무언가 행동을 해 보도록 하는 과제를 주는 것은 우울 감소에 도움을 준다. 둘째, '자동적 사고 관찰하기'이다. 상담사는 내담자에게 기분변화가 있을 때마다 스스로에게 '지금 내 마음속을 스쳐 간 것은 무엇인가?'라고 질문하여 찾아낸 자동적 사고를 스마트폰이나 노트 등에 기록하도록 한다. 셋째, '자동적 사고 평가하고 대안적 사고 생각해 내기'이다. 일상생활에서 자동적 사고를 찾아내고 이를 대안적 사고로 변경해 보는 과제를 준다. 이러한 과제는 내담자가 대안적 사고를 찾을 수 있도록 상담시간에 충분히 작업한

후에 주어야 한다. 넷째, '문제 해결하기'이다. 상담시간에 내담자의
문제 해결방법을 고안하도록 돕고, 일상생활에서 그 해결방법을 실
행하도록 한다. 다섯째, '새로운 행동기술 실행하기'이다. 상담시간
에 내담자가 습득한 새로운 기술(예: 이완기술, 자기주장 기술, 시간 관
리법 등)을 가르치고 일상생활에서 실행하도록 한다. 여섯째, '행동
실험하기'이다. 상담시간에 내담자의 왜곡된 자동적 사고를 찾아내
고 일상생활에서 자동적 사고내용과 일치된 상황이 벌어지는지 내
담자에게 실험해 보도록 한다. 예를 들어, 등교하여 반 친구들에게
먼저 인사했을 때 내담자의 예상대로 모든 친구가 모르는 척하는지
확인하는 실험을 해 보는 과제를 준다. 일곱째, '독서하기'이다. 상
담시간에 논의된 내용을 충분히 생각하는 데 도움이 될 수 있는 책
을 선정하여 읽어 오는 과제를 준다. 내담자가 독서에 대해 부담을
느끼지 않도록 내담자의 독서 수준을 고려해야 한다. 최근에는 인
터넷에 좋은 정보가 담긴 영상이 많으므로 짧은 영상을 내담자에게
소개해 주고 '동영상 보기' 과제를 내주는 것도 좋다.

이상과 같이 Beck(2017)이 제시한 과제들, 즉 행동 활성화하기,
자동적 사고 감찰하기, 자동적 사고 평가하고 대안적 사고 생각해
내기, 문제 해결하기, 새로운 행동기술 실행하기, 행동실험하기, 독
서하기 등의 과제는 내담자의 증상이나 문제 해결에 효과적이다.
그러나 이러한 과제를 하기 전에 내담자에게 '자신의 감정 관찰하
기' 과제를 주는 것이 대체로 유익하다. 내담자가 자신의 주요정서
를 일상생활에서 관찰하여 어떠한 상황에서 어떠한 감정을 어느
정도 경험하는지를 관찰할 수 있을 때 관련된 사고와 행동을 탐색

하고 변화를 모색할 수 있으며, 자신의 주요정서와 거리 두기를 시작할 수 있기 때문이다.

내담자들이 상담사와 합의한 대로 과제를 잘 수행할 경우 상담 성과가 좋아질 수는 있지만 과제를 수행할 준비가 되어 있지 않은 내담자에게 과제를 줌으로써 오히려 상담에 역효과가 날 수 있기 때문에 상담사가 내담자에게 무조건 과제를 주는 것은 바람직하지 않다. 성공적인 과제수행을 위해서 상담사는 내담자에게 과제를 주는 이유가 일상생활에서 생각과 행동의 작은 변화를 시도하고 작은 성과를 경험함으로써 합의한 상담목표에 도달할 수 있기 때문임을 설명해 주는 것이 필요하다. 또한 내담자의 인지적 수준이나 심리적 상태, 현실적 상황을 고려하여 그에 맞는 과제를 주어야 한다. 상담 초기에는 상담사가 주도하여 과제를 정하여 내담자에게 제안하는 형태로 진행하고, 상담이 진행되면서 내담자가 과제를 스스로 정하도록 격려하는 것이 바람직하다. 내담자가 과제를 반드시 성공적으로 수행해야 한다는 부담을 갖지 않도록 한다. 내담자가 과제를 가능한 한 성공하면 좋지만 그렇지 않더라도 어떤 점에서 과제를 수행하기 어려웠는지를 살펴보는 것만으로도 좋은 배움이 될 수 있다는 것을 설명해 줄 필요가 있다(Leahy, 2010).

Leahy(2010)은 상담사와 내담자가 과제를 정하고 수행하는 모습이 내담자의 호소문제나 성향과 어떠한 관련이 있는지 살펴볼 필요가 있다고 하면서 예를 들어 설명하였다. 우울한 내담자의 경우 과제수행 자체와 수행의 결과를 부정적으로 예측할 가능성이 있다. 이러한 경우 상담사는 내담자가 과제수행을 통하여 긍정적 경험을 하도록 과제를 잘 선정하고 그것을 해 보도록 격려함으로써 내담자가 부정적 예측을 기정사실화하지 않는 계기가 되도록 하는 것이 좋다.

완벽주의적인 내담자라면 상담사와 합의한 과제를 지나치게 완벽하게 하려는 모습을 보일 수 있는데, 이 경우 상담사는 내담자에게 불완전을 수용하는 것이 내담자에게 얼마나 필요한지를 이야기하고 만족하는 연습을 위해서 불완전하게 작업하더라도 과제를 편안하게 해 볼 것을 제안한다.

자기애적 내담자는 '내 문제는 이렇게 단순한 과제로는 해결될 수 없어. 좀 더 복잡하고 전문적인 과제가 필요해.'라는 생각을 할 수 있다. 이 경우 상담사는 내담자에게 주는 과제가 어떠한 점에서 필요한지에 대한 합리적 설명을 해 주는 것이 필요하다.

완벽함을 추구하는 강박적 내담자는 과제를 한다 해도 완벽하게 자신의 문제가 해결될 수 없다는 생각 때문에 과제에 저항할 수 있다. 이때는 불완전한 과제를 해 봄으로써 완벽함에 대한 집착에서 조금씩 벗어날 수 있다는 점을 이야기해 줄 수 있다(Leahy, 2010).

또한 내담자가 과제를 수행하지 않는다면 상담자가 과제를 어떠한 자세로 주는지, 내담자에게 과제를 준 후에 다음 회기에서 과제 점검을 제대로 하였는지를 검토할 필요가 있다. 만일 상담사가 내담자에게 과제를 주는 것과 과제를 점검하는 것에 대해 우물쭈물하거나 미안한 태도를 보인다면 내담자가 과제를 안 해 올 가능성이 높아지므로 과제와 관련된 상담자의 자기경험을 성찰해 볼 필요가 있다.

6) 피드백 이끌어 내기

각 상담시간의 마무리 단계에서 내담자에게 상담시간에 대해 피드백을 받는 과정을 규칙적으로 넣는 것이 좋다. 피드백 시간을 통하여 내담자는 도움받은 점, 새롭게 배운 점, 깨달은 점 등을 다시 이야기하고 상담사의 격려를 받을 기회를 갖게 된다. 한편, 상담시간에 내담자에게 불편한 점이나 혼돈스러운 점이 있었다면 상담사가 이를 알게 됨으로써 상담사가 다시 한번 내담자에게 도움을 줄 수 있는 기회를 갖게 되고 상담관계가 강화될 수 있다. 일부 내담자 중에는 상담사에게 부정적 피드백을 하는 것으로 인하여 상담사의 기분을 상하게 할까 봐 피드백 주는 것을 주저할 수 있다. 이때 상담사가 내담자의 어떤 피드백에 대해서도 수용할 수 있는 모습을 보여 줌으로써 내담자가 진실하게 피드백을 할 수 있도록 도와주는 것이 필요하고, 이 자체가 내담자에게 치유적 기회를 주기도 한다.

◆ 학습문제 ◆

1. 상담시간을 구조화하는 것에 대한 당신의 자동적 사고는 어떠한가? 이러한 당신의 자동적 사고는 어떠한 스키마와 관련이 있는지 생각해 보자.
2. 상담시간을 구조화하는 것의 장점과 단점은 무엇일지 생각해 보자.
3. 상담시간의 구조를 유연하고 융통성 있게 활용하는 방안은 무엇일지 생각해 보자.

4. 상담성과를 확인하고 다지기

　인지행동상담의 목표는 내담자의 모든 문제를 해결해 주는 것이
아니라 스스로 문제를 해결할 수 있는 능력을 키우는 것이다. 따라
서 내담자가 해결하고자 했던 문제가 어느 정도 해결되고 고통스
러웠던 증상이 어느 정도 완화되면 상담 종결을 준비해 나가기 시
작해야 한다. 종결 준비를 시작하는 시점은 정확히 말하기는 어렵
지만 상담 초기에 내담자와 합의하였던 상담목표가 거의 달성되어
갈 때 상담사는 상담 종결을 마음속으로 준비하고 상담목표가 달
성되고 내담자가 잘 기능한다면 내담자에게 상담 종결 시점을 언
제로 생각하는지 물어볼 수 있다. 종결단계에서는 상담에서 다루
었던 문제가 재발되지 않으며 향후 발생할 수 있는 새로운 문제를
예방하기 위한 작업이 필요하다.

　종결단계에서 해야 할 것은 다음과 같다(Beck, 2017).

　첫째, 상담진척을 내담자의 공(功)으로 돌려야 한다. 내담자가 증상
의 호전을 환경적인 변화나 약물 때문이라고 생각한다면, 이러한
요인을 인정하면서도 내담자가 증상을 호전시키고 유지시키는 데
도움이 된 내담자의 생각이나 행동의 변화가 무엇인지 물어보고
이러한 변화의 의미에 대해 충분히 이야기할 필요가 있다. 내담자
가 자신의 변화에 대해 과소평가한다면, 이러한 과소평가와 관련
된 내담자의 생각이 무엇인지 함께 탐색해야 한다.

　둘째, 상담시간에 배운 도구와 기법을 가르치고 사용해 보도록 해야

한다. 내담자가 지나치게 감정적으로 반응하거나 역기능적으로 반응할 때 상담을 통해서 배운 '문제를 다루는 기술'을 적용해 볼 수 있도록 충분히 가르치고 사용해 보게끔 해야 한다. 문제를 다루는 기술에는 '큰 문제를 다루기 쉬운 작은 요소로 나누어서 다루기', '문제에 대한 대안적인 반응에 대해 생각하기', '자동적 사고와 믿음을 식별하고 검증하고 반응해 보기', '역기능적 사고기록지를 사용하기', '활동을 감찰하고 계획하기', '이완훈련하기', '주의분산과 재집중 기법 사용하기', '문제에 대해 그 문제를 직면하기 힘든 정도에 따라 위계를 만들고 쉬운 것부터 차례로 해 보기', '긍정적 자기진술 기록지 작성하기', '자신의 장점과 단점 식별하기' 등이 포함된다.

셋째, 치료적 퇴보에 대해 준비시켜야 한다. 내담자가 상담을 통하여 진전을 보일지라도 항상 진전이 있는 것만은 아니고 자신의 증상이나 문제가 악화되는 경험을 할 수 있다. 이때를 대비하여 상담사는 퇴보 상황에 대해서 내담자에게 미리 준비시키는 것이 필요하다. 일반적으로 내담자들은 퇴보 상황을 경험할 때 상담효과 전체를 의심하거나, 치료자에게 비난받을 것을 두려워하거나, 자신의 문제가 영원히 반복될 것이라고 예측할 수 있다. 상담사는 내담자가 퇴보 상황에 대해 부정적이고 역기능적으로 생각하기보다는 퇴보 상황이 '일시적이고 정상적인 과정'에서 생길 수 있다는 점을 알려 주고, 상담시간에 배운 문제관리 기술을 적용하도록 준비시켜야 한다.

넷째, 상담 종결에 대한 감정과 자동적 생각을 다루어 주며 향후 내담자가 앞으로 발생하는 문제를 스스로 해결해 나갈 수 있다는 자신감

을 갖도록 도와주어야 한다. 내담자들 중에는 상담 종결을 앞두고 자
부심과 행복, 희망의 긍정적 감정을 느끼기도 하지만 불안과 두려
움을 느끼는 경우가 있다. 이때 내담자가 느끼는 불안 혹은 두려움
과 관련된 자동적 사고를 탐색하고 대안적 생각을 할 수 있도록 도
와주며 상담간격을 이전보다 조금씩 늘려 가면서 내담자가 상담시
간을 보냄으로써 스스로 자신의 증상이나 문제를 관리할 수 있음
을 확인하는 기회를 주어야 한다. 그리고 상담간격을 점차 늘려 감
으로써 내담자의 불안과 두려움이 해소된 후에 상담 종결을 한다.
그리고 상담 종결 후 한 달, 세 달 후에 추가 상담회기를 갖는 것을
제안해 볼 수 있다. 추가 상담회기는 상담효과가 계속 유지되고 있
는지 확인하는 것뿐만 아니라 이후에 발생할 수 있는 문제를 예방
하기 위한 것이라는 점을 말해 주어야 한다.

❖ 학습문제 ❖

1. 상담성과를 확인하기 위해서 상담목표를 설정할 때 고려해야 할 점은 무
   엇인지 생각해 보자.
2. 내담자가 상담 종결에 대해서 갖는 불안을 어떻게 다룰지에 대해 생각해
   보자.
3. 내담자가 상담성과에 담긴 의미를 되새기도록 돕는 방안에 대해 생각해
   보자.

제4장

내담자와
협력적 관계 구축하기

1. 바람직한 상담사의 특성

인지행동상담은 내담자의 인지체계를 변화시키기 위한 다양한 인지적 · 행동적 기법을 적용하고, 이 기법을 적용하는 방식이 상담관계에 영향을 미치고, 반대로 상담관계가 기법을 적용하는 방식에도 영향을 미친다. 인지행동상담을 잘 구사하도록 촉진하는 상담사의 일반적 특성에는 다른 상담접근과 마찬가지로 따뜻함, 정확한 공감, 진실성이 포함된다(Beck, 1997). 인지행동상담이 언뜻 단순하게 보이므로 상담사와 내담자의 상호작용이라는 인간적 측면을 무시하고 기법을 기계적으로 적용하려는 경우가 있는데, 인지행동상담의 창시자인 Beck(1997)은 인지행동상담이 실수할 수 있는 인간인 상담사에 의해 재치 있고 치료적이며 인간적인 방식으로 적용되도록 의도된 것이라는 점을 강조한다. 다음은 Beck(1997)이 제시한 바람직한 상담사의 특성이다.

1) 따뜻함

상담사의 따뜻한 태도는 내담자가 그동안 많은 대인관계에서 경험한 인지왜곡을 교정하는 데 필요한 조건이다. 상담사의 따뜻함 그 자체보다는 내담자가 상담사에게서 따뜻함을 어떻게 느끼는가가 중요하다. 만일 상담사가 너무 적극적으로 따뜻함과 관심을 드러내어 내담자가 그 따뜻함을 너무 강렬하게 느낀다면 내담자가 이에 대해 부정적으로 반응할 수 있다. 때때로 내담자는 상담사의 지나친 따뜻함을 상담사가 자신을 개인적으로 좋아하는 것으로 오해할 수도 있고, 상담사가 위선적이라고 느낄 수도 있고, 자신이 너무 좋은 사람으로 보이는 게 아닐까 해석하기도 한다. 반면에 상담사가 내담자에게 너무 미미한 따뜻함을 보여 주면 내담자는 상담사가 자신을 싫어하는 것으로 생각할 수 있다. 따라서 상담사는 내담자에게 따뜻함을 보일 때 적절한 균형을 유지해야 한다(Beck, 1997).

2) 정확한 공감

정확한 공감이란 상담사가 내담자의 세계로 들어가서 내담자가 느끼는 대로 내담자의 삶을 보고 체험하는 것을 의미한다. 상담사의 공감이 정확할수록 상담사는 내담자가 특정 상황에서 상황을 인지하고 반응하는 방식을 이해할 수 있다. 상담사가 내담자에게 자신이 내담자의 고통을 나누고 있음을 전하는 것은 내담자의 감정과 인지를 잘 표현하도록 촉진한다. 또한 상담사가 내담자의 마음을 정확하게 공감할 때 내담자의 비생산적인 행동을 이해할 수 있고 그 행동이 사실은 내담자에게 나름 필요한 것임을 이해할 수 있게 된다. 이로써 상담사는 내담자가 비생산적인 사고와 행동에서 벗어날 수 있는 기본적 조건을 만들 수 있다. 지나친 공감의 경우, 내담자가 자신의 주관적 세계나 의견이 실제 상황에 대한 정확한 표상이라고 믿게 되어 자신의 표상을 탐색하고 검증하려는 노력을 하지 않을 수 있다. 따라서 내담자가 이야기하는 경험을 내담

자의 관점에서 정확히 공감하려고 노력하되 내담자의 경험을 객관
적으로 검토하려는 노력도 함께 해 나가야 한다(Beck, 1997).

3) 진실성

진실된 상담사는 내담자에게뿐만 아니라 자신에게도 정직하다.
내담자에게 상담사가 진실되기 위해서는 상담사가 자신의 감정,
생각, 행동에 대해서 방어하지 않고 있는 그대로 경험할 수 있어야
한다. 내담자는 상담사가 자신에게 보여 주는 모든 말이나 행동이
단지 상담사의 역할을 하기 위해 의도된 것일 뿐 진심이 아니라고
느낀다면, 내담자는 상담사에게 마음을 열고 이야기하기가 힘들
것이다. 상담사가 진실된 모습을 보이는 것이 무조건 솔직해야 한
다는 뜻은 아니다. 상담사는 내담자에게 자신의 마음을 직선적이
고 노골적으로 표현할 것이 아니라 내담자의 증상과 특성을 고려
하여 자신의 진실성이 잘 전달될 수 있도록 해야 한다(Beck, 1997).

◆ 학습문제 ◆

1. 상담사의 따뜻함, 공감적 이해, 진실성이 인지행동상담에서 왜 중요한지에
   대해 생각해 보자.
2. 세 명씩 한 팀을 이루어 각각 상담사, 내담자, 관찰자의 역할을 맡고, 10분
   간 상담을 진행하면서 상담사는 상담을 진행하며 자신이 경험한 것을 이

야기하고, 내담자와 관찰자는 상담사의 따뜻함, 공감적 이해, 진실성이 어
떻게 느껴졌는지를 이야기한다. 그다음에는 역할을 바꾸어서 진행한다.

3. 상담사가 따뜻함, 공감적 이해, 진실성을 전하는 과정에서 주의할 점에 대
해 생각해 보자.

2. 협력적 경험주의와 안내된 발견

인지행동상담에서는 협력적 경험주의(collaborative empiricism)와
안내된 발견(guided discovery)이 생산적인 상담관계를 위해서 필요
하다고 본다. 협력적 경험주의는 상담사와 내담자가 파트너십과 팀
워크를 유지하며, 내담자로부터 직접 얻은 데이터에 근거한다는 것
을 의미한다(Friedberg & McClure, 2018). 안내된 발견은 내담자가 갖
고 있는 믿음이 얼마나 확실한지 알아보기 위한 과정에서 내담자가
스스로 좀 더 적응적이고 기능적인 생각을 하도록 격려한다. 상담
사가 내담자의 생각이 잘못된 것을 깨닫도록 가르쳐 주거나 지시하
거나 해석해 주지 않는다. 상담사가 내담자에게 좋은 답을 주지 않
고 내담자가 스스로 상황을 다각적으로 살펴봄으로써 답을 찾아보
도록 돕기 위해서는 인내심과 내담자가 스스로 깨달음에 도달할 수
있다는 믿음이 있어야 한다. 또한 상담사는 문제에 대한 내담자의
이야기를 들을 때 탐정과 같은 호기심을 유지하는 것이 필요하다.
좋은 탐정은 다른 사람들이 당연하게 받아들이는 것에 대해서 의문

을 품고 그 의문에 대한 답을 찾아가는 과정에서 범인을 잡는다. 이렇듯 상담사는 호기심을 유지함으로써 내담자의 인지왜곡을 발견하여 수정하고, 문제를 여러 각도에서 생각해 보는 유연한 사고의 모델이 되어 줄 수 있다.

인지행동상담에서 협력적 경험주의와 안내된 발견은 상담단계, 내담자의 호소문제나 상황, 내담자의 발달적 역량, 내담자가 선호하는 대인관계 양식, 문화적 요소에 따라 융통성 있게 적용되어야 한다(Friedberg & McClure, 2018). 이를 자세히 설명하면 다음과 같다.

협력적 경험주의와 안내된 발견은 첫째, 상담단계를 고려한다. 상담 초기에 내담자에게 인지모델을 안내함으로써 내담자가 상담과정에 적극적으로 참여하도록 유도한다. 그러나 상담 초기에는 내담자가 상담규칙이나 역할책임에 대해 잘 알지 못하기 때문에 상담사가 좀 더 적극적인 역할을 한다. 상담이 진행되면서 상담사와의 협력관계가 형성되고 내담자가 인지모델을 숙지함으로써 적극적으로 상담을 이끌어 간다.

둘째, 내담자의 호소문제나 처해 있는 상황을 고려한다. 내담자의 호소문제나 상황이 위급하다면 내담자와의 상호 협력이나 안내된 발견방법은 적절하지 않다. 자살시도를 할 가능성이 있거나 다른 사람을 해칠 위험이 있는 경우에는 상담사가 빠른 판단과 개입으로 가족과 연락하여 병원이나 시설에 입원시키거나 경찰에 연락할 수 있다. 이러한 상황에 대비하여 상담사는 상담 시작 전에 비밀보장에 대한 약속을 할 때 비밀보장의 예외 상황에 대해서도 반드시 고지하고 그에 대한 내담자의 확인서를 받아 둘 필요가 있다.

셋째, 내담자의 발달적 역량을 고려한다. 자동적 사고를 찾아내고 이를 대안적 사고로 바꿀 수 있는 인지적 역량, 주의집중력, 모호성을 견디는 능력이 부족한 내담자에게는 행동적 개입을 하는 것이 효과적이다.

넷째, 내담자가 선호하는 대인관계 양식을 고려한다. 상담 초기에는 내담자가 수동적이고 의존적인 대인관계 양식을 선호하고 편안하게 느낀다면 내담자의 대인관계 양식을 따라가 주면서 점차적으로 내담자가 자기 문제에 대해서 스스로 탐색하고 발견해 나가도록 돕는 것이 필요하다. 반면에 타인에게 지시받는 것에 대해서 강한 거부감을 느끼고 자율적인 것을 선호하는 내담자라면 상담사가 수동적으로 물러나서 편안하게 기다려 주면서 수용적 태도를 보이는 것이 필요하다.

다섯째, 문화적 요소를 고려한다. 만일 내담자가 수직적 맥락에서 윗사람과 아랫사람의 구분이 뚜렷한 문화적 배경에서 살아온 사람이라면 상담사를 절대적 권위자로 지각하고 상담사에게 매우 순종적이며, 상담사의 협력적 태도와 안내된 발견방식을 매우 이상하고 비굴하게 보며, 상담사가 좀 더 권위적으로 책임지는 자세로 반응해 주는 것을 바랄 수 있다. 반면에 내담자가 수평적 대인관계를 맺는 데 익숙한 문화적 배경에서 살아온 사람이라면 상담사의 협력적 태도와 안내된 발견에서 상담사의 전문성을 더 인정하고 상담에 대해 긍정적으로 생각하고 상담과정에서 보다 주도적으로 참여할 가능성이 높다.

◆ **학습문제** ◆

1. 협력적 경험주의가 무엇을 의미하는지 생각해 보자.
2. 안내된 발견의 의미에 대해 생각해 보자.
3. 두 명씩 팀을 짜서 상담사와 내담자 역할을 맡고 협력적 경험주의와 안내
   된 발견법에 따라 상담을 10분간 진행해 보자. 여러분이 상담사로서 협력
   적 경험주의와 안내된 발견법에 따라 상담을 진행하는 데 방해가 되는 요
   소는 무엇인지에 대해 이야기해 보자. 내담자는 상담사의 협력적 경험주
   의와 안내된 발견을 통하여 어떠한 경험을 하였는지 이야기해 보자.

3. 내담자의 저항 극복하기

1) 저항의 의미

인지행동상담에서 저항은 상담과정에서 내담자에게 요구하는
사항들, 즉 지금-여기에 대한 강조, 구조화된 상담시간, 상담회
기 간의 연속성, 문제 해결의 지향, 합리적인 사고, 상담사와의 협
동, 정신교육과 정보공유, 목표에 대한 평가와 목표달성, 자조과제
에 대한 순응 등에 대해 방해가 되는 내담자의 행동, 생각, 감정반
응 및 대인관계 형태의 어떤 것을 지칭한다(Leahy, 2010). 또한 인지
행동상담의 목표가 내담자의 심리적 어려움의 근본이 되는 가정과
스키마를 변형시키고 자조기술을 획득하도록 돕는 것인데, 이러한

상담목표가 달성되기 전에 상담사의 지지로 일시적으로 기분이 좋아지고 이전에 비해서 기능적으로 행동하게 된 것으로 상담이 성공적이라고 성급하게 믿어 버리고 상담을 종결하려 한다면 상담사나 내담자에게 저항이 있는지 의심해 볼 수 있다(Leahy, 2010). 인지행동상담에서 저항이라는 말 대신에 비순응이라는 용어를 사용하기도 하는데, 이 책에서는 저항이라고 하겠다.

2) 상담진행 과정의 저항과 대처

Leahy(2010)가 제시한 것을 참조하여 인지행동상담 접근을 취하는 상담사들이 내담자의 저항을 어떻게 다루어야 할지에 대해 살펴본다. 첫째, 상담사와의 약속을 지키지 않는 경우이다. 내담자들이 약속한 상담시간에 아무런 연락도 없이 나타나지 않거나 지각하는 것, 상담비용을 지불하지 않는 것, 일주일에 한 번 하기로 한 상담간격을 자신의 편의대로 조정하려고 하는 것 등의 저항이 여기에 포함된다. 이러한 경우에 상담사는 내담자에게 현실적인 문제가 있을 경우에는 그에 대한 가능한 해결책을 찾아야 한다. 예를 들어, 내담자의 근무환경이 상담시간을 규칙적으로 정하기 어려운 경우라면 무단결석을 하지 않고 적어도 몇 시간 이내에 미리 상담시간 변경을 요청하게 할 수 있고, 상담간격을 일주일로 하기 어렵다면 내담자의 상황에 맞춰서 간격을 조정할 수 있다. 그리고 내담자의 상담동기는 높지만 경제적 형편으로 인하여 상담비용 지불이 어렵다면 상담간격을 2주로 하거나 상담비용을 줄여 줄 수 있다.

경우에 따라서는 무료상담기관을 소개해 주는 것도 대안이 될 수 있다. 만일 상담약속 위반이 상담에 대한 내담자의 양가적 태도와 관련이 있거나 다른 심리적 문제와 관련이 있다고 판단되면 내담자가 자신의 마음을 상담사에게 솔직하게 말할 수 있도록 상담사가 공감적 태도를 취해야 한다.

둘째, 내담자가 상담사에게 적대적이거나 위협적인 행동을 하는 경우이다. 상담사는 내담자의 행동화에 대한 한계를 분명히 설정하고 내담자가 그 한계 내에서 행동하도록 분명하게 요구해야 한다. 또한 내담자가 적대적인 행동을 할 경우를 대비하여 상담사의 책상 밑에 비상벨을 두거나 문 쪽에 상담사가 앉아서 비상시에 대피할 수 있어야 하며, 공격적 행동을 할 가능성이 있는 내담자와 상담할 때는 상담실 밖에 상담사가 아닌 다른 직원이 근무하는 상담시간에 상담을 하는 것이 안전하다. 또한 내담자가 상담사를 성적으로 유혹하는 말을 하는 등의 적절한 행동의 한계를 넘어설 경우 한계를 분명히 설정하고, 그러한 행동을 계속할 경우 내담자를 계속 상담할 수 없다는 점을 분명히 한다. 그리고 실제로 내담자의 부적절한 행동이 계속될 경우 다른 상담사에게 상담을 의뢰하는 것이 바람직하다.

셋째, 합의한 상담목표가 달성되기 전에 내담자가 상담을 조기에 종결하고 싶어 하는 경우가 있는데, 이는 현실적인 이유가 있기도 하지만 내담자의 부정적 스키마(의존에 대한 두려움, 통제와 굴욕감의 두려움, 버림받거나 거절당함에 대한 두려움)와 관련이 있는 경우이다. 상담사는 내담자가 일방적으로 상담을 종결하지 않도록 상

담에 대한 내담자의 태도에서 어떤 스키마가 활성화되는지를 주의
깊게 관찰하고 내담자와 대화를 하는 것이 좋다.

3) 저항의 차원에 따른 대처

Leahy(2010)는 내담자의 저항에는 다음과 같은 일곱 가지 차원
의 저항, 즉 타당성 저항, 자기일관성 저항, 스키마 저항, 도덕적 저
항, 희생양 저항, 위험회피와 우울증적 저항, 자기불구화 저항을 제
시하였다. 이 가운데 타당성 저항, 자기일관성 저항, 스키마 저항
을 차례로 살펴보면 다음과 같다.

(1) 타당성 저항

타당성 저항은 내담자가 자신의 삶이 얼마나 힘들었는지를 강조
하면서 자신의 현재 상태에 대한 타당성을 상담사에게 인정받으려
고 하며, 자신을 끊임없이 이해하고 공감해 주기를 바라면서 문제
해결이나 변화를 위한 노력을 기울이려고 하지 않는 것을 의미한
다(Leahy, 2010). 상담사의 공감과 인정이 중요하지만 내담자가 상
담사의 공감과 인정에만 집착하고 여기에 머무르고자 하는 내담자
들을 종종 만날 수 있다. 이러한 내담자들은 자신이 얼마나 괴로운
삶을 살았는지를 계속 반추하거나, 자신이 현재 괴로운 상태에 있
다는 것만을 강조하거나, 상담을 시작한 이후에도 계속 자신의 상
태가 안 좋아지고 있음을 강조하거나, 상담사가 자신의 상태를 진
정으로 알지 못한다고 평가절하하거나 다른 상담사와 비교하기도

한다.

상담사는 이처럼 자신의 상태나 힘든 상황에 대해 계속 이야기하기만 할 뿐 변화와 성장을 위한 시도를 하지 않고 불평만 늘어놓는 내담자에 대해 부정적 감정을 느끼기 쉽다. 상담사는 내담자의 넋두리에 가까운 호소를 무시하고 때로는 침묵하거나 내담자에게 변화를 위해 노력해 줄 것을 당부하는 훈계를 하기도 한다. 이것은 상담사가 자신을 이해하고 있지 못할 것이라는 내담자의 불신을 가중시키는 역효과를 만든다. 타당성을 인정받고 싶은 욕구가 높은 사람들은 어린 시절에 부모에게서 자신의 정서적 느낌에 대해서 타당성을 인정받지 않고 무관심하거나 비판적이었을 수 있다(Leahy, 2010). 타당성을 인정받으려는 욕구가 큰 내담자가 자신의 상태나 힘든 상황을 지루하고 비생산적으로 표현할 때, 상담사는 내담자가 그동안 얼마나 힘들게 살아왔는지, 내담자가 처한 상황이 얼마나 힘든 것인지에 대해 충분히 공감해 주는 것이 좋다. 상담사가 내담자의 자동적 생각을 탐색하고 인지왜곡을 수정하려는 상담목표에 몰두하느라 내담자의 정서나 욕구를 소홀히 다루지 않도록 주의할 필요가 있다. 상담사가 내담자에게 상담사로부터 공감받지 못한다고 느껴질 때 상담진행 과정에서 솔직하게 이야기해 달라고 요청하는 것이 좋다. 만일 이러한 요청이 어려운 내담자라면 요청하는 법을 상담사가 알려 주고 연습해 볼 수 있다.

반면에 자기타당성을 인정하지 않는 내담자들도 있다. 이들은 지나치게 감정을 조절하려고 하고, 자신의 욕구가 존중받고 충족될 필요가 있다는 점을 인정하지 않는다. 그리고 욕구를 타인에게

표현하는 것이 심리적으로 나약한 것이라고 인식하여 상담사에게
조차 자신의 욕구를 솔직히 표현하지 않고 해리, 신체화 등의 반응
을 보이기도 한다(Leahy, 2010). 어떤 내담자는 상담사를 자발적으
로 찾아왔음에도 불구하고 상담회기 내내 거의 아무말도 하지 않
고 돌아가기도 한다. 이처럼 자기타당성을 인정하지 않는 내담자
와 상담할 때는 자신의 감정과 욕구를 느끼고 표현하는 것과 관련
된 자동적 사고, 인지왜곡, 인지도식에 대해 내담자와 이야기를 나
누고 역할시연을 함으로써 내담자가 점차 자신의 감정과 욕구를
상담사에게 표현하도록 도와야 한다. 그리고 언어로 자신의 욕구
를 표현하기 어려운 내담자라면 음악이나 미술 동작, 놀이 등의 다
양한 매체를 활용하여 자신의 욕구를 표현하도록 하는 것이 좋다.

(2) 자기일관성 저항

자기일관성 저항은 내담자가 자신의 문제를 나름대로 다루어 왔
던 방식을 일관성 있게 추구하려고 함으로써 상담을 통한 변화와
성장에 방해가 되는 것을 의미한다(Leahy, 2010). 내담자는 변화에
대한 희망을 가지고 상담사를 찾아오지만 자신의 문제에 대해 이
미 수많은 시간과 노력을 들여왔다는 믿음과 자존심 때문에 변화
에 저항하고 그런 상황에서 벗어나려고 하지 않는다. 예를 들어, 만
성적으로 우울한 내담자가 '나는 무능하다'는 핵심믿음과는 달리
자신의 능력을 인정받는 경험을 하였을 때도 그 경험을 과소평가
하거나 그 경험 자체를 잊어버림으로써 여전히 '나는 무능하다'는
핵심믿음을 유지하는 경향을 보인다. 내담자는 자신의 무능감에

서 벗어나서 능력 있는 사람으로 사는 것을 바랐고, 이러한 변화를
위해서 상담사를 찾아왔으면서도 자기 자신에 대한 새로운 인식을
수용하는 것은 심리적으로 위험한 일이 된다. 왜냐하면 내담자의
모든 삶은 자신이 무능하다는 핵심신념에 맞추어져 있기 때문이
다. 이러한 핵심신념이 변화한다는 것은 자신의 삶에 큰 변화를 초
래할 중대한 사건이 되기 때문에 내담자로서는 엄청난 모험을 감
수하게 되는 것이다(Leahy, 2010). 이러한 심리적 모험에 따른 통제
감 상실의 두려움 때문에 내담자는 자신이 이전에 살아왔던 방식
대로 살아가려는 행동을 상담 중에 의식적으로 혹은 무의식적으로
하게 된다. 예컨대, 우울한 내담자는 자신을 인정해 주고 격려해 주
는 사람과의 관계를 소홀히 하거나 피하고, 자신을 비난하거나 무
시하는 사람들과 관계를 맺으려 한다. 결혼에 대해 부정적으로 생
각하는 내담자는 행복한 커플을 만날 기회가 생기는 장면을 피하
거나 행복한 커플의 가치를 폄하하는 이야기를 한다. 이러한 내담
자의 특성은 상담관계에서도 재현되어 변화를 시도하고 격려하는
상담사의 노력을 다양한 방식으로 무산시키는 행동을 하게 된다.

내담자들이 변화를 원하면서도 변화하지 못하는 다른 이유를
'매몰비용(sunk cost)'이라는 개념으로 이해할 수도 있다(Leahy,
2010). 매몰비용에 대한 연구와 이론(Arkes & Blumer, 1985)에 따르
면, 사람들은 투자한 매몰비용이 다시 회수되기를 원한다. 그래서
자신이 투자한 것이 효과가 없다는 것을 알게 되더라도 투자한 매
몰비용이 아까워서 투자를 바꾸지 않고 계속 투자를 한다는 것이
다. 주식에 투자한 사람의 심리는 매몰비용으로 쉽게 이해된다. 꽤

많은 금액을 주식에 투자했는데 주가가 떨어질 경우, 그 손해를 감수하며 주식투자를 중단하지 않고 계속 주식을 유지하면서 투자한 금액이 회수되기를 바란다. 이처럼 매몰비용 때문에 내담자들은 상담을 통하여 자신이 지금까지 문제 해결을 위해 투자한 방식이 효과가 없음을 깨닫게 되었을지라도, '지금 포기하면 이제까지 투자한 모든 것이 의미가 없어진다.'라는 생각으로 상담사와 함께 찾아낸 새로운 대안적 사고를 수용하고 연습하려 하지 않으며 저항적 자세를 취한다.

이러한 내담자들은 과거의 자기 스타일대로 주변 사람들을 자극함으로써 자기 생각과 행동을 정당화한다. 예를 들어, 오랜 기간 아내와 부부싸움을 한 남자가 상담을 통하여 부부싸움을 유발한 것이 '아내는 날 항상 무시해.'라는 자동적 사고임을 깨달았을 때 이를 받아들이는 것이 어려울 수 있다. 아내가 자기를 무시한다고 생각할 때마다 무시당하지 않기 위하여 아내에게 욕과 잔소리를 해 왔던 자신의 노력과 투자가 효과가 없음을 의미하는 것이기 때문이다. 남편은 상담사와 함께 새로운 대안적 사고를 배워서 건설적인 행동을 하려 하지 않고 이전의 방식대로 아내에게 욕과 잔소리를 하고, 아내가 그에 대해서 반항하고 화를 내면 이래서 자신이 욕과 잔소리를 할 수밖에 없다고 생각하며 자기를 정당화한다.

이러한 내담자와 상담할 때 상담사는 내담자가 지금까지 해 왔던 대처방식은 그 당시에 내담자가 할 수 있었던 최선의 합당한 결정이었음을 인정해 주고 그러한 대처방식을 선택한 내담자의 마음을 공감해 주는 것이 좋다. 또한 상담사는 내담자가 현재의 결정을 할 때 과거에 자신이 투자한 노력, 즉 매몰비용보다는 미래의 유용성이나 비용을 고려하도록 개입할 필요가 있다(Leahy, 2010). '만약 현재의 상황이 일 년 동안 지속된다면 편안함을 느낄 수 있겠는가?', '지금으로부터 일 년 동안 어떻게 지내고 싶은가?' 등과 같은 상담사 질문은 내담자가 미래의 삶을 위해 자신에게 오랫동안 익숙해져 있는 역기능적 생각을 내려놓을 수 있도록 한다.

또한 내담자에게 "당신이 지금 상담하면서 깨달은 것을 알고 있는 상태에서 과거로 돌아가 그 문제에 당면하였다면 지금까지 당신이 해 왔던 방식과 지금 새롭게 알게 된 방식 중 어느 것을 선택하겠습니까?" 그리고 "당신이 오랫동안 노력했던 방식에 계속 얽매여 있다면 당신의 삶은 어떻게 될까요?", "새로운 사고방식을 선택할 경우 당신의 삶에서 어떠한 보상이 있을까요?"라고 질문함으로써 과거의 습관에서 이제는 벗어나야 한다는 것을 스스로 깨닫게 할 수 있다(Leahy, 2010). 그리고 과거의 습관적 사고방식에서 벗어난다고 해서 내담자의 부정적 감정이 긍정적 감정으로 변화하는 것이 아니라 시간이 지나면서 차츰 감정이 변해 가는 것임을 말해 줄 필요가 있다. 그리고 내담자가 선택한 긍정적 변화를 지지해 줄 수 있는 프로그램에 참여하거나 내담자의 변화를 지지해 줄 수 있는 가까운 지인들과의 만남을 갖도록 계획을 세우는 것이 좋다.

(3) 스키마 저항

스키마 저항은 내담자가 자신의 스키마(인지도식)를 인식하고 변화시키려 하지 않는 의식적 · 무의식적 행동을 의미한다(Leahy,

2010). 인지행동상담에서는 내담자의 스키마가 자동적 사고를 유발하는 근원이므로 스키마에 대한 개입이 필요함을 강조하고 있다. 그러나 이 스키마에 대해 개입을 시도하는 것이 쉽지 않은 경우를 종종 경험하게 되는데, 그 이유는 다음과 같다(Leahy, 2010).

첫째, 내담자들이 스키마에 선별적으로 집중하고 스키마에 일치하지 않는 정보를 기억에서 골라내기 때문에 상담사가 내담자의 스키마에 개입하는 것이 어렵다. 스키마는 주의뿐 아니라 기억의 재구성에 영향을 미친다. 즉, 우리는 현재의 스키마와 일치하는 정보를 선택적으로 회상하고 탐구하므로 자서전적 기억은 그 사람의 현재 기분이나 경험에 따라 결정될 수 있으며, 현재 시점으로 본 과거에 관한 '이야기'일 수도 있다(Belli & Loftus, 1997; Bower, 1981).

둘째, Beck의 인지모델에서는 어린 시절에 초기 부적응적 스키마가 형성되었을 경우 일반적으로 회피와 보상의 방식으로 대처한다고 보았다. 회피는 스키마가 활성화될 수 있는 상황을 접하지 않거나 그 상황을 피하는 경향이다. 보상은 '과잉 적응적인' 행동에 참여함으로써 스키마를 직면하지 않으려는 경향이다. 예를 들어, 의존적인 성격인 내담자의 회피 저항은 독립적인 기능을 필요로 하는 상황을 피하려는 경향을 보이며, 상담을 갑자기 취소하기, 해리반응, 상담의제를 사소한 것으로 정하기, 조기종결을 하는 식이다. 반면에 보상 저항은 관계를 유지하기 위해 자기주장을 하지 않기, 지나치게 호감이 가는 행동을 하기, 경의를 표하기 등이다. 상담장면에서는 상담사에게 과도하게 매달리기, 상담사를 이상화하거나 성적으로 자극하기, 상담사를 지나치게 즐겁게 하려 시도하기로 나타날 수 있다(Leahy, 2010).

자신이 특별하고 독특하다는 스키마를 지닌 자기애적 내담자는 내담자의 역할을 수치스럽게 느껴서 상담사와 거리를 두거나 상담사를 평가절하하는 방식으로 자신의 스키마를 보상하려고 한다. 관계를 침입하는 것으로 간주하는 분열성 내담자는 상담을 자신의 주체성과 경계를 위협하는 것으로 간주하여 상담시간에 토론의 영역을 제한하거나 감정표현을 제한하려고 한다(Leahy, 2010).

셋째, 내담자는 자신의 지배적 스키마가 반대 성향의 스키마에 대한 보상작용을 하므로 지배적 스키마에 대해 도전받고 이에 대한 변화를 시도하는 것에 대해 두려움을 느낄 수 있다. 다양한 유형의 인격장애에는 핵심 부적응 스키마의 특징이 다르게 나타나며, 겉으로 드러나는 지배적인 스키마의 이면에는 잘 드러나지 않는 반대 성향의 스키마가 자리 잡고 있다(Leahy, 2010). 예를 들어, 강박적 성향 내담자의 지배적 스키마는 통제와 이성이며 감정표현과 융통성은 과소발달된 영역이다. 강박적 성향의 내담자는 통제력의 상실을 두려워하여 자잘한 것들을 모으거나 조직화하면서 자신의 환경을 통제하려고 하는데, 통제에 실패할 경우 우울이나 불안을 느낀다. 따라서 이들은 통제할 수 없는 상황을 회피하려고 한다. 겉으로 드러난 스키마가 '자신이 특별하다'인 내담자는 내적으로는 '자신이 무가치하다'는 스키마를 간직한 채 실패감을 경험했거나 경험하게 될 가능성이 있을 때 다른 사람이나 치료자를 평가절하하고 자신이 특별하다는 것을 재확인하려는 경향성을 보일 수 있다.

상담사가 내담자의 스키마를 제거하려는 노력을 하기보다는 스키마가 내담자의 정서와 대인관계를 통제하고 영향을 미치는 것에 대해 이해시키고 지나치게 경직된 부정적 스키마가 좀 더 유연해지도록 하는 것이 효과적이다(Leahy, 2010). 내담자의 스키마를 제거하려고 하면 오히려 내담자가 회피와 보상의 방어기제를 더 사용하게 될 가능성이 높아질 수 있다. 이를 위해서 상담사가 할 수 있는 질문은 "이 신념(스키마)의 비용과 이득은 무엇입니까?" "이 신념(스키마)이 없다면 당신의 인생은 어떻게 달라지겠습니까?" "만약 누군가가 당신과 같은 믿음을 갖고 있다면 어떤 충고를 하겠습니까?" 등이다(Leahy, 2010). 이때 스키마는 전문용어이므로 내담자가 이해하기 쉬운 용어(예: 신념)를 사용하는 것이 좋다.

내담자의 스키마가 상담관계를 방해할 수 있으므로 상담사는 내담자에게 이를 알려 주고 함께 관찰하려는 자세를 취하는 것이 좋다. 상담사는 내담자가 상담에 대해 불평하거나 문제를 제기하는 방식에 주의를 기울임으로써 그것이 내담자의 스키마와 어떠한 관련이 있는지를 알아차리고 이 스키마가 어떻게 상담을 방해하는지에 대해 함께 논의해야 한다. 그리고 내담자가 상담사에게 활성화되었던 스키마가 내담자의 다른 관계에서도 어떻게 나타나고 있는지 확인할 필요가 있다. 또한 내담자의 인지적 왜곡 혹은 편견이 부정적 스키마를 어떻게 강화하는지 내담자와 함께 탐색해야 한다. 부정적 경험의 과잉일반화, 점쟁이 예언, 장점 무시하기, 독심술, 이분법 등의 인지적 왜곡은 부정적 스키마를 견고하게 하는 중요한 요소이다. 상담사는 내담자와 함께 부정적 스키마를 검증하기 위한 새로운 행동실험을 설계하고 실행해 보고, 자신의 대인관계를 살펴보면서 부정적 스키마를 강화시키는 사람들에게 둘러싸여 있지는 않는지 살펴보고 긍정적 스키마를 개발하는 데 도움을 주는 사람들을 가까이 하도록 조력해야 한다.

〈표 4-1〉 전이관계에서의 스키마

스키마	예시
무능력 (회피적)	어려운 주제와 감정을 회피한다. 상담사가 자신을 거부할 것이라는 기미를 찾는다. 과제를 올바로 하지 않았기에 상담사가 자신을 비난할 것이라고 믿는다. 행동직면 과제를 하기 싫어한다.
무력감 (의존)	재확인을 하려 든다. 문제 해결에 대한 계획을 갖지 않는다. '느낌'에 대해서 자주 불평한다. 회기 사이에 상담사에게 자주 전화한다. 회기를 연장하고 싶어 한다. 과제를 할 수 있다고 생각하지 않거나 혹은 과제가 소용 없다고 믿는다. 상담사가 휴가를 가면 당황해한다.
통제에 취약 (수동공격적)	회기에 지각하거나 결석한다. 인지 '수정'을 통제로 본다. 불만을 직접적으로 표현하기를 꺼린다. 목표, 느낌, 생각이 모호한데, 특히 상담사와의 상담에 대해서 그렇다. 과제를 하거나 상담비를 지불하는 것을 깜빡한다.
책임감 (강박적)	자신의 감정은 '지저분'하고 '비이성적'이라고 생각한다. 자신을 비이성적이고 비구조적이라고 비난한다. 즉시 결과를 보고 싶어 하고, 상담에 대한 회의를 표현한다. 과제를 '완벽하게 해야 하는 시험'으로 간주한다.
우월성 (자기애적)	회기에 지각하거나 결석한다. 상담비 지불을 깜빡한다. 상담과 상담사를 얕본다. 특별한 대접을 기대한다. 문제에 대해 대화하는 것을 모욕적이라고 느낀다. 문제는 다른 사람에게 있기 때문에 상담이 소용 없다고 느낀다.
매력 (연극적)	울다가 웃고 화내는 등 급격히 변하는 감정표현에 몰두한다. 외모 느낌 혹은 문제로 상담사에게 인상을 주려고 한다. 이성적인 접근을 거부하고 타당성을 인정받고 싶어 한다.

출처: Leahy (2010).

학습문제

1. 타당성 저항의 의미에 대해 생각해 보자. 내담자가 자신의 감정이나 욕구, 생각에 대해 계속해서 타당화하여 주기만을 바란다면 어떻게 반응할 것인가?
2. 일관성 저항의 의미에 대해 생각해 보자. 내담자가 자신에게 익숙한 것만을 계속하며 일관성만을 추구하려 한다면 내담자의 이러한 저항을 어떻게 다룰 것인가?
3. 스키마 저항의 의미에 대해 생각해 보자. 여러분과 갈등을 일으켰던 내담자(혹은 중요한 어떤 사람)를 떠올려 보자. 그 갈등적 관계에서 활성화되었던 여러분과 그 내담자의 스키마는 무엇인가 생각해 보자. Leahy(2010)가 제시한 전이관계에서의 스키마를 참조하자.

4. 상담사의 역전이 관리하기

1) 역전이 이해의 중요성

역전이는 내담자와의 관계에서 야기된 상담사의 비의도적 반응이다. 상담사는 내담자를 돕기 위한 전문가로서 내담자에게 도움이 되는 의도적 반응을 해야 하지만 항상 의도적 반응을 하는 것은 아니다. 상담사는 내담자와의 관계에서 의도하지 않았던 감정이나 생각, 행동 등의 반응을 경험한다. 상담사가 경험하는 역전이는 내담자가 일상생활에서 어떠한 어려움을 겪는지에 대해 이해할 수 있는 계기가 되기 때문에 중요하다. 예를 들어, '나는 무능하므로 항상 사람들에게 의존할 수 밖에 없다.'라는 신념이 있는 내담자는 상담사의 협력적 태도와 안내된 발견을 불편하게 여길 수 있고, 이로 인하여 상담사는 실망감을 느낄 수 있다. 내담자는 상담사에게 보이는 이러한 태도를 다른 인간관계에서도 반복적으로 경험하고 있을 가능성이 높다. 또한 내담자가 상담사를 '특별하고 이상적인 사람'으로 대하면 상담사는 내담자에게 감동을 받거나, 상담이 잘 되어 간다고 생각함으로써 내담자의 중요한 병리를 인식하기 어려울 수 있다. 이러한 내담자는 일상적 대인관계에서 상대방을 특별하고 이상적인 사람으로 취급하다가 상대방의 실수나 결함을 보면 평가 절하해 버리는 패턴을 보일 수 있다. 따라서 상담사는 상담과정에서 내담자가 상담사에게 보이는 다양한 반응을 민감하게 관찰하고 탐색해야 한다.

상담에서 역전이가 중요한 다른 이유는 역전이가 상담사의 일상적 대인관계에서 활성화되는 스키마의 반영일 가능성이 있기 때문이다. 상담사는 평소 자신의 대인관계에서 경험하는 갈등을 내담자와의 관계에서 반복할 가능성이 높다. 따라서 상담사는 자신이 어떤 내담자에게서 지겨움, 불안 혹은 분노를 느끼는지, 반대로 친구나 가족처럼 애정을 느끼는지를 살펴보고 그러한 느낌이 상담사의 어떠한 스키마와 관련이 있는지를 생각해 봐야 한다.

2) 상담사의 스키마 유형에 따른 역전이

상담사 개인의 스키마는 역전이에 영향을 줄 수 있다. Leahy (2010)는 상담사 개인의 스키마 유형에 따라 역전이가 어떻게 나타날 수 있는지에 대해서 다음과 같이 제시하였다. 완벽주의적이거나 강박적인 상담사는 감정이나 불확실한 것을 표현하는 것을 낭비라고 여기고 내담자에게 따뜻한 공감을 표현하는 것을 어려워한다. 이러한 상담사는 '논리'와 '합리성'을 지나치게 강조하면서 자신이 얼마나 똑똑한지를 보여 주려고 한다. 또한 내담자에게도 완벽한 수행을 요구함으로써 자신의 무능감이나 무가치감을 보상받으려고 한다. 그리고 내담자가 나름대로 노력하는 것에 대해서 만족하지 않는다.

버림받음에 대해 걱정하는 상담사는 상담 중에 내담자를 직면시키면 내담자가 떠나게 될까 봐 걱정하고, 내담자가 상담을 조기에 종결하거나 결석하거나 상담에 흥미를 보이지 않는 것에 대해 내담자가 상담사를 개인적으로 거절한 것으로 해석한다. 내담자와의 관계에 집착하여 상담시간을 늘리고, 전화상담을 무료로 해 주고, 상담을 종결하는 것에 대해 심하게 반대한다.

자기애적 상담사는 상담을 자신의 특별한 능력을 '뽐낼 수 있는' 기회로 보고, 내담자의 협조와 추종을 당연히 받아야 할 특권으로 느낀다. 자기애적 상담사는 상담사가 지켜야 할 규범과 경계가 자신과 같이 특별한 사람에게는 적용되지 않는다고 생각하며 한계를 넘어서는 행동을 할 수 있다. 내담자가 상담을 통하여 호전되지 않을 경우 내담자를 공감하기보다는 실패의 책임을 내담자에게 돌릴 수 있다.

다른 사람을 기쁘게 하려는 욕구가 강한 상담사는 내담자에게 능숙하게 공감하지만 내담자가 자신에게 부정적 감정을 표현할 때 이를 수용하는 데 어려움을 느낀다. 내담자를 기쁘게 하려는 상담사는 내담자를 당황스럽게 할 수 있는 약물남용, 자해, 분노 등과 같은 부정적인 것에 대해서는 탐색하지 않으려고 한다.

자율성이 지나치게 발달한 상담사는 내담자의 감정적인 표현, 불예측성, 지각, 요구된 행위의 거절, 응급전화 또는 별도의 상담에 대한 요구 등에 대해서 지나치게 불평하며 내담자와 갈등을 일으킬 수 있다.

3) 역전이의 관리

상담사가 자신에게 역전이 반응이 일어나고 있다고 생각될 때 내담자에게 상담 개입을 하는 것과 동일한 원리로 자신의 마음을 살피고 돌보며 내담자에 대한 이해와 개입에 역전이를 적극적으로 이용한다면 역전이는 상담의 진행에 매우 도움이 되는 자원이 된다. 다음에서는 내담자가 다른 사람에게 어떠한 영향을 미치는지를 이해하기 위해 상담사가 역전이를 어떻게 이용할 수 있는지에 대해 살펴본다(Leahy, 2010).

상담사는 특정 내담자에게 일어난 자신의 반응이 내담자에게 유익하지 않다고 판단되면 내담자의 반응에 대한 자신의 자동적 사고, 가설과 규칙을 살펴보아야 한다. 예를 들어, 이기적이고 타인에 대해 비판적인 내담자를 상담할 때 '이 내담자는 나를 비판할 거야.', '이 사람은 이기적인 사람이야.', '이런 사람은 절대로 안 변해.' 등의 자동적 사고가 상담사에게 스칠 수 있다. 그리고 점차 '만일 내담자에게 화를 낸다면 그건 내 책임이다.' '나는 내담자가 화를 내지 않도록 내담자를 편하게 해 줘야 한다.' '이렇게 이기적인 사람은 마땅한 벌을 받아야 한다.' '이 상담은 실패할 것이다.' 등의 가설과 규칙이 활성화될 수 있다.

상담사는 상담과정에서 활성화된 자신의 자동적 사고, 가설과 규칙이 내담자에게 어떠한 영향을 미치는지를 생각하고 자신의 자동적 사고와 가설 및 규칙에 도전해야 한다. 예를 들어, 이기적이고 비판적인 내담자와의 상담이 뜻대로 진행되지 않는 것에 대해 상담사가 자기 탓으로 돌리고 자신을 무능한 상담사라고 단정 짓는 것은 바람직하지 않다. 상담사는 '내담자가 좋아지지 않는 것은 여러 가지 이유가 있어. 상담이 잘 안 되고 있는 것에 대해 내 탓만 하는 것은 잘못이야. 나는 내담자에게 도움을 준 경험이 많이 있어.'라고 대안적 사고를 선택할 수 있을 것이다. 그리고 '이 상담은 실패할 거야.'라고 자신이 지레짐작해 버리는 인지왜곡을 수정하여 '내담자가 이기적이고 비판적이어서 자기성찰을 잘 안 하니까 상담에 어려움이 있기는 하겠지만 내담자를 도울 수 있는 좋은 기회가 생길거야.'라는 대안적 사고로 전환할 수 있다.

◆ 학습문제 ◆

1. 내담자와의 관계에서 상담사로서 의도하지 않았던 감정이나 생각, 행동을 경험한 적이 있는가? 이 반응이 여러분의 어떠한 스키마와 관련이 있는지 생각해 보자.

2. 상담사의 역전이 감정이나 생각, 행동이 내담자에게 부정적 영향을 미치지 않기 위해서 어떠한 노력을 해야 할지에 대해 생각해 보자.

3. 상담사의 역전이가 상담에서 어떻게 긍정적으로 활용될 수 있는지에 대해 생각해 보자.

제5장

문화적 요소를
고려하는 인지행동상담

1. 다양한 문화적 요소가 인지행동상담에 미치는 영향

인지행동상담은 내담자와의 협력관계에서 내담자 스스로 자신이 당면한 문제를 현실적이고 다차원적으로 생각하도록 한다. 이때 상담사가 내담자의 자동적 사고와 인지왜곡, 인지도식에 영향을 미치는 문화적 요소, 협력관계를 방해할 수 있는 문화적 차이를 이해하지 못한다면 상담사가 내담자에게 자신의 문화적 가치를 주입할 우려가 있고, 내담자의 저항에 부딪힐 우려가 있다. 따라서 상담사는 인지모델을 적용하여 상담할 때 각각의 문화적 요소들이 어떻게 복합적으로 작용하여 내담자의 인지체계에 영향을 미치는지를 세심하게 살펴보며 개입의 방향과 방법을 결정해야 한다.

상담사가 내담자의 문화적 요소들이 어떻게 복합적으로 작용하는지를 이해하기 위한 모형으로 RESPECTFUL 모형(D'Andrea & Daniels, 2001)이 있다. RESPECTFUL 모형은 개인의 문화적 배경을 이해할 때 고려해야 할 요소들인 종교 및 영성(religious-spritual identity: R), 경제적 계층(economic class background: E), 성 정체성(sexual identity: S), 심리적 성숙도(psychological maturity: P), 민족 및 인종(ethnic-racial identity: E), 생활연령(chronological developmental challenges: C), 트라우마(trauma and other threats to one's well-being: T), 가족형태(family history and dynamics: F), 독특한 신체적 특징: 장애 포함(unique physical characteristics: U), 거주지나 언어(location of residence and language differences: L)의 알파벳 머리글자를 따서 붙여진 이름이다(임은미, 구자경, 2019; D'Andrea & Daniels, 2001). 'RESPECTFUL'이라는 영어 단어의 의미가 '존경심을 표하는'이라는 뜻인데, 이 모형의 이름에 다양한 문화적 배경의 사람들에 대한 존중의 철학이 담겨 있는 것으로도 보인다.

다양한 문화적 요소가 복합적으로 교차하여 내담자에게 영향을 미친다. 각 문화적 요소가 내담자의 인지체계와 상담과정에 미칠 수 있는 영향을 간략히 예를 들어 보면 다음과 같다.

첫째, 내담자의 종교나 영성은 내담자의 인지체계에 영향을 미친다. 예를 들어, 내담자가 자신에게 일어나는 모든 일과 관련해 '하나님이 궁극적으로 나를 사랑하신다.'라고 믿고 있다면 특정한 상황에서의 자동적 사고가 '이건 나에게 고통스러운 일이지만 나를 훈련시키시기 위한 과정일 거야.'일 수 있다. 내담자의 종교생활을 통한 성숙한 영성은 상담사가 긍정적으로 활용하여야 하며, 상담사와 내담자의 종교가 다를 경우에 이로 인하여 상담관계 형성에 부정적 영향을 미치는지에 대해 살펴보는 것이 좋다.

둘째, 사회경제적 지위는 문화적 생활양식, 교육 수준 등에 영향을 미치고 이로 인하여 전문 상담에 대한 이해와 기대, 그리고 동기 등이 다를 수 있다. 사회경제적 수준이 낮은 사람들은 생활여건상 유료 전문상담을 장기적으로 받기 어렵다. 따라서 공공기관에서 제공하는 10~12회기 정도로 제한된 단기상담을 받는 경우가 많다. 이러한 경우 구체적인 목표를 설정하고 단기적인 상담성과를 얻는 것이 필요한데 이 점에서 인지행동상담이 효과적이다. 만일 진로에 대해 고민하는 내담자가 사회경제적 요인으로 인하여 진로 장벽을 경험하고 있거나 진로에 대한 기대나 포부 수준 자체가 낮다면 상담사는 내담자가 진로에 관한 다양한 정보를 얻을 수 있는 기술을 습득하고 사회지원 체계와 연결될 수 있도록 도와야 할 것이다.

셋째, 성(gender)은 성별에 따라 달라지는 사회적 역할을 의미한다. 사회는 남성과 여성에 대하여 다른 성역할 기대를 하고 이러한 성역할 기대에 따라 대인관계나 진로 등의 중요한 선택이나 패턴이 다르게 나타난다. 따라서 상담사는 내담자가 의사결정 과정에서 사회에서 부과된 성역할 기대에 제한되지 않는지를 내담자가 스스로 점검할 수 있도록 상담할 필요가 있다.

성적 지향(sexual orientation)은 성적 감정, 갈망, 그리고 애착을 두는 성향인데, 이러한 성향이 이성이 아닌 동성이나 양성으로 나타날 경우 사회에서 '비정상'으로 낙인찍히고 그에 따라 편견적 시선을 접하게 되며, 스스로 위축되어 부정적인 자동적 사고를 하게 될 수 있다.

성과 성적 지향으로 인한 문제로 공동체에서 차별받는 내담자에게 자신을 괴롭히는 그 개인에게만 자기표현 혹은 자기주장을 할 것이 아니라 내담자의 정신건강에 부정적 영향을 미치는 사회 규준이나 제도를 개선하도록 노력하거나 비슷한 처지의 다른 사람들과 연대할 수 있는 관계기술을 습득하는 것에도 상담사가 관심을 가져야 할 것이다.

넷째, 민족 및 인종 배경은 개인의 가치관이나 풍습, 생활양식에

지대한 영향을 미치는 요소이다. 우리 사회가 외국인 근로자, 결혼 이주여성 등의 입국으로 다양한 민족과 인종의 사람들과 함께 살아가는 사회가 된 이후로 민족 및 인종 배경에 따른 문화적 차이에 대한 감수성이 상담사에게 더욱 요구된다.

다섯째, 연령에 따라 신체적 발달 수준이 다르고 사회적 요구 수

〈표 5-1〉 인종을 중심으로 내담자의 문화적 요소를 파악하기 위해 필요한 질문 목록

- 가정의 문화수용 수준은 어떠한가?
- 문화수용 수준이 증상표현에 어떠한 영향을 미치는가?
- 아동의 인종정체성의 특징은?
- 정체성이 증상표현에 어떠한 영향을 미치는가?
- 특정 문화의 구성원으로서 아동과 가족이 어떤 생각과 감정을 갖고 있는가?
- 인종-문화적 신념과 가치, 행동방식이 문제표현에 어떠한 영향을 미치고 있는가?
- 특정 문화의 구성원으로서 아동과 가족이 어떤 생각과 감정을 갖고 있는가?
- 인종-문화적 신념과 가치, 행동방식이 문제표현에 어떤 영향을 미치는가?
- 이 가정이 문화를 얼마나 대표하며 전형적인가?
- 금기시되어 있는 생각과 감정으로는 어떤 것이 있는가?
- 인종-문화적 배경 속에서 권장되는 생각과 감정으로는 어떤 것이 있는가?
- 어떤 인종-문화적 사회화 과정이 생각과 감정, 행동을 강화하고 있는가?
- 아동/가족이 어떤 유형의 인종편견과 소외에 당면해 있는가?
- 어떤 경험이 증상표현에 영향을 미치고 있는가?
- 이런 경험의 결과로서 자신과 세계 그리고 미래에 대해 어떤 믿음을 갖게 되었는가?

출처: Friedberg & McClure (2018).

준과 내용도 달라진다. 그리고 연령 차이는 세대 차이로도 나타날 수 있다. 한 세대는 다른 세대가 경험하지 못한 사회적 사건을 공유하며 세대에 따라 생활주기가 다르게 나타난다. 따라서 연령과 세대에 따라 감정, 사고, 행동방식이 다르게 나타날 수 있다. 예를 들어, 내담자가 학교나 직장 혹은 상담장면에서 권위자의 의견이나 지시를 잘 따르지 않는다면, 그 원인을 개인내적 요인에서만 찾으려 하기보다는 그것을 연령과 세대에 따른 반응양식의 차이로 생각하고 이에 대해서도 고려할 필요가 있다. 내담자의 연령은 인지적·정서적 발달 정도를 나타내므로 상담에서 중요하게 고려되어야 할 요인이다. 연령이 어린 내담자일수록 인지적 요소에 대한 대화보다는 행동적 강화를 통한 변화를 시도하고 상담과정을 활동중심으로 진행하는 것이 효과적이다. 또한 미성년 내담자는 상담의 시작과 종결에 대한 선택권이 없으므로 부모와의 협력이 중요하다. 부모뿐만 아니라 미성년 내담자에게 영향을 미치는 환경적 요소를 평가하고 내담자에게 영향을 미치는 주요인물들과의 협력이 중요하다. 아동·청소년 상담과 마찬가지로 노인상담에서도 내담자의 신체적·인지적 기능상태를 고려한 상담계획을 세울 수 있어야 한다.

여섯째, 독특한 신체적 특징이나 장애가 있는 개인은 다양한 차별과 편견, 억압을 경험함으로써 부정적 정서를 종종 경험하게 된다. 이러한 부정적 정서는 '나를 무시할 거야.' '나는 의존하지 않고는 살아갈 수 없어.' 등의 부정적 자동적 사고와 자신과 타인, 미래의 삶에 대한 부정적 인지도식과 관련이 있다. 그러나 독특한 신체적 특징이나 장애가 있는 내담자와 상담할 때 내담자 문제의 어려움을 개인적인 문제로만 귀인시키지 말고, 이들을 차별하고 억압하는 사회적 제도나 분위기에도 문제가 있음을 인식하고 내담자와 함께 이를 개선해 나갈 수 있는 방법을 모색해야 할 것이다.

일곱째, 거주지 및 언어가 개인에게 미묘한 차별과 억압적 요소가 될 수 있다. 표준어를 사용하지 않는다는 이유로, 혹은 자신과 다른 지역의 언어를 쓴다는 이유로 이질적인 존재로서 미묘하게 배척받는 경우가 있다. 상담사는 이러한 차별적 요소로 인하여 피해의식을 느끼는 내담자를 공감하며, 내담자가 자신이 당하는 불이익을 과잉일반화하지 않도록 함께 점검하여 동시에 차별적 요소를 극복하기 위한 관계기술을 습득하도록 해야 할 것이다.

◆ 학습문제 ◆

1. RESPECTFUL 모형에서 제시한 문화적 요소가 자신의 인지체계 형성에 어떠한 영향을 미쳤는지에 대해 생각해 보자.

2. 여러분과 긍정적인 상담관계를 형성했던 내담자를 떠올려 보자. RESPECTFUL 모형에서 제시한 문화적 요소 중 공통된 점은 무엇이었는가? 또한 그 공통점이 상담관계에 어떠한 영향을 미쳤는가?

3. 여러분과 부정적인 상담관계를 형성했던 내담자를 떠올려 보자. RESPECTFUL 모형에서 제시한 문화적 요소 중에서 내담자와 다른 점은 무엇이었는가? 또한 그 다른 점이 상담관계에 어떠한 영향을 미쳤는가?

2. 주류문화 위주의 인지적 편향에서 벗어나기

상담사는 내담자가 사회에서 각각의 특성에 대해서 기대하는 주류문화의 가치나 규범, 생활양식 등을 얼마나 수용하는지 혹은 거부하는지에 대해서 살펴보는 것이 필요하다. 내담자의 부적응은 주류문화의 가치를 얼마나 수용하는가 혹은 주류문화를 대하는 태도가 어떠한가와 관련이 있을 수 있다. 상담사는 내담자가 주류문화의 가치를 받아들일 것인가 혹은 거부할 것인가의 이분법적 사고, 자신의 문화적 가치기준을 근거로 우월하거나 열등한 것으로 보는 위계적 사고에서 벗어나 전체적 사고를 함으로써(Jun, 2009), 자문화 중심의 인지적 편향에서 벗어나도록 해야 할 것이다. 전체적 사고(holistic thinking)는 비판단적이며 다층적이고 다차원적 관점의 기반이 된다. 전체적 사고방식을 가진 사람은 다른 사람들과 자신의 견해에 대해 동등한 가중치를 둘 수 있으며, 자신에게는 옳은 것이 다른 사람이 볼 때는 옳지 않을 수 있음을 인정한다. 이러한 전체적 사고를 하는 상담사는 상담을 유연하게 진행하고 내담자와 협력적 관계를 형성할 가능성이 높으며, 다양한 문화적 배경을 가진 내담자가 경험하는 억압과 차별, 특권에 대해 개입할 수 있는 역량을 갖추게 된다(임은미, 구자경, 2019; Jun, 2009). 상담사가 전체적 사고를 할 수 있기 위해서는 자신이 비주류 문화적 배경을 가진 내담자에 대해 인지적으로 편향되어 있지 않은지를 살펴야 한다. 인지적 편향은 지나치게 단순화된 정보처리 전략 때문에 사고에 오류가 생기는 것으로서 기억이나 추정과 같은 사고과정에 영향을 미친다.

〈표 5-2〉 다문화 상담에서 주의해야 할 인지적 편향

- **확증편향**: 자신의 기대에 부합하는 것은 알아차리지만 나머지는 무시하거나 가치 없는 것으로 치부하는 경향
- **근본적인 귀인오류**: 다른 사람의 행동을 그 사람의 성격이나 지속적인 특성에서 기인하는 것이라고 보는 반면, 상황의 영향을 과소평가함
- **후광효과**: 어떤 사람의 외모나 성격의 한 측면이 다른 측면까지 확대되어 그 사람에 대한 전체적인 평가에 영향을 미치는 경향
- **내집단 편향**: 자신의 집단에 속해 있다고 여겨지는 사람에게 더 우호적인 태도를 보이는 것
- **자기충족적 예언**: 자신이 가지고 있는 믿음을 확인시켜 주는 행동을 이끌어 내는 경향

출처: Fontes (2016).

◆ **학습문제** ◆

1. 여러분이 속한 집단에서 주류문화 구성원으로서 어떠한 경험을 하였고, 그 경험이 여러분의 인지체계(자동적 사고, 인지왜곡, 인지도식)에 미친 영향은 무엇인가?
2. 여러분이 속한 집단에서 비주류문화 구성원으로서 어떠한 경험을 하였고, 그 경험이 여러분의 인지체계(자동적 사고, 인지왜곡, 인지도식)에 미친 영향은 무엇인가?
3. 여러분이 경험하지 않은 이질적 문화를 접하였을 때 인지적 편향을 하지 않기 위하여 어떠한 노력을 하는가?

3. 다양한 문화적 가치에 대해 이해하기

상담사는 자신이 특정한 문화적 가치를 절대화하는지를 살펴볼 필요가 있다. 문화적 가치는 그것을 공유하고 있는 사람들하고 어울릴 때는 너무 당연한 것으로 받아들여지기 때문에 그것을 인식하기 쉽지 않다. 자신과 문화적 가치가 다른 이질적인 사람들과 어울리게 되었을 때 서로의 문화적 가치가 충돌하여 불편을 경험한다. 이때 문화적 가치에 대한 탐색이 없다면 상대방의 개인적 특성 때문에 갈등이 생겼다고 여겨 서로를 공격적으로 대하기 쉽다.

따라서 다문화 사회에서 문화적 갈등을 예방하기 위해서는 상담사 자신이 어떠한 문화적 가치에 따라 살아가는지를 이해할 수 있어야 한다(임은미, 구자경, 2019). Hofstede(1995)는 50개국 이상을 대상으로 한 연구에서 경험적으로 4개의 문화 차원인 권력간격, 개인주의 대 집단주의, 남성성 대 여성성, 그리고 불확실성 회피성향을 찾아냈고, MacCluski(2012)는 이러한 문화 차원을 상담에서 어떻게 고려해야 하는지에 대해 제시하였다. 이러한 문화 차원을 어떻게 인지행동상담에서 고려해야 하는지를 살펴보면 다음과 같다.

문화권에 따라 권력간격에 대한 수용 정도에 차이가 있다. 권력간격이 적은 것을 선호하는 문화권에서는 구성원들이 동등한 위치에서 민주적으로 의사소통하는 것을 선호하는 반면에, 권력간격이 큰 문화권에서는 집단 내의 권위자에게 많은 책임이 부여되며 권위자의 명령이나 지시에 순종하는 것을 미덕으로 여긴다. 상담사와 내담자가 권력간격에 대해 어떠한 선호 경향을 가지는가에 따라 상담을 대하는 데에 차이가 있다. 인지행동상담에서는 상담사와 내담자의 협력적 태도를 중요시하는데, 권력간격이 큰 문화권 출신의 내담자는 이를 매우 이상하게 여기고 상담사의 협력적 태도를 자신감 없는 태도로 여겨서 이것이 상담관계에 부정적 영향을 미칠 수 있다. 따라서 상담사는 상담에서 왜 협력적 태도가 필요한지를 내담자에게 충분히 설명하거나 상담 초기에는 내담자의 문화적 가치를 존중하여 상담사가 좀 더 권위 있는 태도로 상담을 주도함으로써 내담자에게 안정감을 주는 것이 효과적이다.

미래에 어떤 일이 일어나는가에 대해 예측 가능한 것을 선호하는 문화권 출신의 내담자는 불확실한 것을 회피하려는 경향을 보일 수 있다. 이러한 문화적 가치는 상담에서 구조화 상담을 선호하는가 혹은 비구조화 상담을 선호하는가에 영향을 미친다. 인지행동상담은 상담회기를 구조화하여 상담하는 것을 권하므로 불확실성 회피성향이 높은 내담자에게는 안정감을 줄 수 있는 반면, 불확실성을 즐기며 불확실함에서 자유를 느끼는 내담자에게는 불편감을 줄 수 있다. 따라서 인지행동상담을 할 때 내담자가 어떠한 상황에서 더 편안함을 느끼는지를 탐색하여 상담의 진행방식을 내담자에게 맞추어 상담회기의 구조화를 느슨하고 융통성 있게 진행하는 것이 좋다.

개인주의는 개인이 소속 집단에서 자신을 어느 정도 분리된 존재로 지각하는 성향을 말하고, 집단주의는 개인을 분리된 존재가 아니라 집단과 연결된 존재로 인식하며 개인 자신보다는 소속된 집단의 욕구를 우선시하는 성향을 말한다. 개인주의 성향이 강한 내담자는 개인적 책임감을 중요시하여 자율성이 침해되는 것에 대해, 그리고 집단주의 성향이 강한 내담자는 소속 집단에서 인정받지 못하고 무시당하는 것에 대해 보다 더 민감하게 반응한다.

성역할에 대한 사회적 기대의 엄격성 정도에 따라 남성과 여성은 자신의 행동에 대한 평가에서 차이를 보인다. 성역할이 엄격하게 고정된 사회에서는 남성은 거칠고 공격적이며 여성은 유순하고 수동적일 것으로 기대한다. 감정표현에 대해서도 성역할 기대가 엄격한 사회에서는 남성이 분노 감정표현에 대해서는 남성다운 것으로 인식하는 반면 슬픔을 표현하는 것은 남성적이지 않은 것으로 여긴다. 반대로 감정표현에 대해서 슬픔은 여성적인 것으로, 분노에 대해서는 여성적이지 않은 것으로 여겨서 성별에 따라 남성과 여성의 감정표현에 대한 억압이 다르게 나타난다. 따라서 내담자가 자신의 행동에 대해 성역할 고정관념에 따라 어떻게 자동적 사고를 하는지 탐색하고 보다 유연한 대안적 사고를 하도록 해야 할 것이다.

◆ 학습문제 ◆

1. 상담사와 내담자의 권력간격의 수용 정도가 인지행동상담 진행과정에 미치는 영향이 무엇인가 생각해 보자.
2. 상담사와 내담자의 개인주의 및 집단주의적 가치가 인지행동상담 진행과

정에 미치는 영향은 무엇인지 생각해 보자.

3. 상담사와 내담자의 성역할 인식이 인지행동상담 진행과정에 미치는 영향
   이 무엇인지 생각해 보자.

4. 상담사와 내담자의 불확실성 회피성향이 인지행동상담 진행과정에 미치
   는 영향이 무엇인지 생각해 보자.

4. 취약계층 인구를 대상으로 인지행동상담을 할 때의 유의점

Eamon(2016)은 차별과 억압, 사회경제적 자원을 보유하거나 의사결정 과정에서 배제될 위험에 처해 있는 취약계층인 장애인, 인종적·민족적 소수자(이민자), 성소수자, 여성, 노인 및 저소득 계층의 임파워먼트(empowerment)를 위해 인지행동 개입을 활용하는 방법을 제시하였다. Eamon(2016)은 인지행동상담이 문제 중심적 방법을 취함으로써 학교나 직장과 같은 환경에서도 시행되기에 적합하고, 내담자가 자신의 행동을 스스로 선택하고 책임지는 존재로서 성장하도록 하므로 취약계층 상담에 유용하다고 봄과 동시에 인지행동상담이 취약계층에게 개입하는 데 실패하지 않도록 유의해야 한다고 하였다. Emons(2016)는 취약계층에게 인지행동상담을 적용할 때 실패하는 이유에 대해, 첫째, 인지행동 개입과정 및 절차가 일반적으로 적용되는 표준적 절차에 너무 경직되게 적용될 경우

취약계층 내담자의 세계관이나 문화적 맥락에 맞지 않을 수 있다는 점, 둘째, 특정 사회문화적 맥락에 맞는 개인의 특성을 이해하지 못하고 개인의 기술 부족, 기능 부족으로 간주한다는 점, 셋째, 내담자를 도우려는 선의에도 불구하고 내담자에 대한 미묘한 차별에 동참할 우려가 있고 내담자의 문화적 혹은 사회경제적 맥락과 모순되는 기술을 가르침으로써 내담자가 사회적 · 경제적 혜택을 받는 데 피해를 준다는 점을 말하였다.

인지행동상담 접근을 하는 상담사는 사회구조적인 차별과 억압을 당하고 있는 취약계층을 상담할 때 개인이 변화할 필요성을 강조하여 모든 문제의 원인이 내담자에게 있다는 과도한 책임감을 줌으로써 내담자가 자기 자신을 비난하지 않도록 주의할 필요가 있다. 그리고 상담사는 내담자가 부당한 사회경제적 환경에 적응하는 것에만 초점을 두지 않도록 주의할 필요가 있다. 상담사는 부당한 사회적 · 경제적 · 환경적 요소가 자신의 인지체계에 미치는 영향을 인식하고 자신의 인지체계를 재구성하도록 함으로써 부당한 사회적 · 경제적 환경에 보다 주체적으로 대응하고 자신에게 영향을 미치는 부정적 환경을 변화시키도록 할 수 있다. 그러나 내담자의 역량만으로 부정적 환경을 변화시키기 어려운 경우가 많다. 상담사는 내담자의 부정적 환경을 개선하기 위해 사회적 자원을 연결시켜서 협력적으로 개입하거나 내담자의 동의를 얻은 후 내담자의 활동을 적극적으로 전개할 수 있다.

학습문제 ◦

1. 여러분은 어떠한 취약계층을 대상으로 상담을 해 본 경험이 있는가? 그
   경험이 상담사로서 어떠하였는가?

2. 취약계층을 상담하면서 어떠한 어려움이 있었는가? 그 어려움을 상담사
   로서 어떻게 귀인하였는가?

3. 취약계층의 내담자가 그들에게 지속적으로 어려움을 주는 사회환경적 요
   소에 능동적으로 대응하도록 돕기 위한 인지행동상담사의 역할은 무엇인
   가?

제6장

자동적 사고
다루기

1. 자동적 사고 안내

인지개념화(cognitive conceptualization)는 내담자를 이해하는 기본 틀로 현재 문제가 무엇이고, 그것이 어떻게 발생해서 어떻게 지속되고 있으며, 이러한 상황과 연관된 역기능적 사고는 무엇인지, 그리고 이러한 사고와 연관된 감정적·신체적·행동적 반응은 어떻게 나타나고 있는지 등의 질문들을 통해 확인된다(Beck, 2011). 이러한 과정은 상담 내내 지속되고, 인지개념화를 수정·보완하면서 내담자에 대한 사례개념화와 상담설계에 반영한다. 그러나 이러한 과정은 생각처럼 간단하지 않다. 내담자가 자신이 어떤 생각을 하고 있는지 그리고 그 생각이 자신에게 어떤 영향을 미치고 있는지를 알아차리기도 어렵지만, 상담사가 이를 찾게 하는 과정도 만만치 않다. 그래서 인지행동상담은 어렵고 복잡할 뿐 아니라 적용대상에 있어서 제한적이라는 생각을 하게 된다. 그런데 참으로 이상한 것은 인지행동상담이 어렵고 복잡하다고 하면서도 상담현장에서는 인지행동상담을 많이 사용하고 있다는 것이다. 물론 저자가 모든 상담현장을 다 뒤져서 조사한 것은 아니지만 대체적으로 공공기관에서 운영하는 상담센터는 단기상담으로 진행하기 때문에 인지행동상담과 같이 단기간에 구체적으로 확인 가능한 성과를 낼 수 있는 이론이 용이하다. 현장에서 필요하지만 사례적용에는 어려움이 있는 인지행동상담이 안고 있는 이 딜레마를 어떻게 해결할 것인가? 먼저, 상담사들이 이해할 수 있도록 사례 중심으로 접근을 한번 해 보자.

1) 자동적 사고

인지재구조화를 위해서는 자동적 사고를 식별하여 인식하는 것
이 선행되어야 한다. 이를 위해 상담사는 내담자의 자동적 사고를
찾기 위해 노력한다. "남편의 귀가가 늦으면 어떤 생각이 드세요?"
"취업에 실패하면 어떤 생각이 드세요?" "발표할 때 질문에 답을 못
하면 어떤 생각이 드세요?" 등 남편의 늦은 귀가, 취업 실패, 또는
발표 시 질문에 적절한 답변을 못하는 상황에서 자동적 사고를 찾
으려고 유사한 질문을 한다. 상담사가 이렇게 질문하는 것은 내담
자가 경험하고 있는 상황(A)에서 어떤 생각(B)을 하기 때문에 현
재 경험하고 있는 감정, 신체적 반응, 행동의 결과(C)가 나타난다
고 배웠기 때문일 것이다. 이러한 과정이 잘못되었다는 것은 아니
다. 사람의 느낌을 결정하는 것은 상황이 아니고 그 상황을 어떻게
지각하여 해석하느냐에 달려 있는데, 이러한 해석의 차이는 신념
(belief)과 관련이 있기 때문이다(Beck, 2011).

그러나 상담현장에서 이러한 도식으로 접근할 경우, 내담자가
상담사의 질문에 답변을 하지 못해 난감한 표정으로 상담사를 쳐
다보는 경험을 한 적이 자주 있을 것이다. 이러한 경험을 통해 인지
행동상담은 인지 능력이 어느 정도 있어야 하고, 아동에게 적용하
기에는 한계가 있으며, 감정에 초점을 두지 않는 것으로 오해를 하
는 경우가 종종 있다. 그런데 Beck(2011)은 감정의 변화를 자각함

으로써 자동적 사고를 식별하여 인식할 수 있다고 하였다. 감정을 통해 자동적 사고를 찾아가야 한다는 의미이다. 감정은 자동적 사고를 찾기 위한 하나의 통로이다. 인지행동상담의 다양한 기법에 대한 올바른 이해 없이 기계적 개입으로 인해 어려움을 겪는 것은 아닌지 한번 살펴보길 바라며 이 장에서는 자동적 사고부터 하나씩 사례적용하는 방법을 점검해 보고자 한다.

Beck(2011)은 자동적 사고를 세 가지 형태로 설명하고 있다. 첫 번째 형태는 자동적 사고가 왜곡되어 있고, 이에 대한 객관적 증거가 있음에도 불구하고 나타나는 경우이다. 두 번째 형태는 사고 자체는 정확할 수 있으나 내담자가 그 사고에 근거해서 내린 결론이 왜곡된 경우이다. 예를 들면, '과제를 기한 내에 제출하지 못해서 감점되었다.'라는 것은 타당한 사고이지만, '선생님이 나를 약속도 지키지 못하는 불성실한 학생으로 생각해서 나를 미워할 것이다.'라는 결론은 재고해야 한다. 세 번째 형태도 사고 자체는 정확하나 그에 따른 감정과 행동이 역기능적인 경우이다. 예를 들면, '이 보고서를 작성하기 위해서는 밤샘을 해야 해.'라고 해서 절대적인 시간이 필요한 것은 정확할 수 있으나, '밤샘하면서까지 일을 했는데도 끝내지 못하면 어쩌지?'라는 생각으로 불안이 증가하고 집중력을 감소시키는 역기능적인 패턴이 나타날 수 있다.

이처럼 자동적 사고는 간단하고, 빠르게 스쳐 지나가는 형태로 표현되고, 의도적으로 사고하는 것이 아니다. 역기능적인 자동적 사고들은 조증이나 경조증, 자기애성 성격장애, 물질남용의 진단을 가진 경우가 아니면 대체적으로 부정적이다(Beck, 2011). 자동적 사고는 언어적 형태나 시각적 형태(심상), 또는 복합 형태로 나타날 수 있다. 대부분 감정과 동반되어 나타나기 때문에 감정만 인식하게 되는데, 자동적 사고를 식별하고 평가하여 긍정적 감정을 가지게 하는 것이 필요하다(Beck, 2011).

2) ABC: 자동적 사고 인식과정

상담장면에서 이 신념, 즉 자동적 사고를 바로 찾기가 어렵기 때문에 상황에 대한 감정의 변화를 자각함으로써 자동적 사고를 식별하여 인식하는 과정을 거치게 된다. 이때 상황(A), 생각(B), 결과(C, 감정적·신체적·행동적 반응)에 대한 흐름을 파악하는 것이 중요하다. 이 과정을 A-B-C 순으로 접근한다고 생각하나 실제로 생각(B)을 찾기 위해서는 상황(A)에 대한 결과(C)가 무엇인지를 찾아서 그 결과(C)가 나타날 때 어떤 생각(B)이 스쳐 지나갔는지, 어떤 생각(B)이 떠올랐는지 질문을 통해 탐색하기 때문에 A-C-B 순으로 개입하게 된다. 예를 들어 살펴보자.

> 내1: 남편이 매일 술 마시고 늦게 들어와서 어떻게 해야 할지 모르겠어요.
>   [상황 A]
> 상1: 남편이 술을 마시고 늦게 들어오면 기분이 어떤가요? [감정 C를 찾기 위한 질문]
> 내2: 너무 화가 나고 짜증이 나요. [감정 C]
> 상2: 하루이틀도 아니고 매일 밤 술 마시고 늦게 들어오면 화나고 속상할 것

같습니다. 그러다가 남편이 집에 들어오면 어떻게 하세요? [공감 후, 행동
C를 찾기 위한 질문]

내3: 소리치고 잔소리를 하게 되죠. 몇 번을 말해야 되냐고요. 제발 술 마시지
말고 일찍 오라고…… 늦으면 늦는다고 전화라도 하라고 도대체 몇 번 이
야기했냐고 소리를 치게 되죠. [행동 C]

상3: 늦을 땐 알려 달라고까지 여러 번 이야기를 했는데도 연락 없이 늦게 들
어오는 남편을 보면 화부터 나서 소리를 지르게 되시나 보네요. 그때 어
떤 생각이 드세요? [반영 후, 생각 B를 찾기 위한 질문]

내4: '날 무시하나?' 하는 생각요. 제발 술 마시지 말고 일찍 들어오라고 수십
번도 더 말했는데 듣지 않으니깐 날 무시하는 것 같아요. [생각 B]

상4: 여러 번 이야기했는데도 매일 밤 술 마시고 늦게 들어오니깐 무시한다는
생각이 드시는 것 같은데 이런 생각이 들었던 비슷한 상황이 또 있나요?
[생각 B가 자동적 사고인지 확인하기 위한 유사한 상황 탐색 질문]

결과(C)를 찾기 위해서 상1에서는 감정적 반응을 찾는 질문을 했
지만 상2에서처럼 행동적 반응을 찾는 질문을 통해 자동적 사고를
찾기 위한 또 한 번의 준비과정이 필요하다. 경우에 따라서는 신체
적 반응을 찾는 질문을 할 수도 있고, 세 가지 결과 중 하나만 선택
해서 개입할 수도 있다. 이러한 과정을 통해 내담자는 '남편이 나를
무시해.'라는 생각을 떠올렸는데 이것이 자동적 사고인지 혹은 해
석인지에 대한 구분이 필요하다.

Beck(2011)은 자동적 사고와 해석이 구분됨을 설명하고 있다.
자동적 사고는 간단하고 단편적인 형태로 표현되지만, 그 의미를

물을 경우 해석은 더 많은 의미를 내포하고 있다. 예를 들어, 회의
시간에 상사의 부정적 피드백을 들으면, 일반적으로 우울한 내담
자는 '역시, 난 안 돼!'라고 자동적 사고를 떠올리고 그 의미를 말해
줄 것을 요청하면 '내가 아무리 열심히 준비하고 노력해도 내 능력
이 부족해서 상사의 기대를 맞출 수 없고, 계속 부정적인 피드백을
받다 보면 곧 회사에서 짤릴 것이라고 생각을 하니 가족 얼굴이 떠
올라 우울하고, 앞으로 어떻게 해야 할지 난감하고 어딜 가든 비슷
할 텐데 어디를 알아봐야 할지 모르겠다.'라고까지 해석한다. 자기
애성 성격장애 내담자는 '네가 하지 왜 날 시켜?'라는 자동적 사고
를 떠올리고 이는 그 의미에 대한 설명 요청 시, '저 사람이 날 무시
하나? 왜 내가 이런 말을 들어야 하지? 조금 더 완벽하게 했어야 했
나? 그 사람의 허점을 받아쳤어야 했는데 다시 이야기할까? 메일이
라도 보내야 하나? 내가 가만 있으면 쉬운 사람으로 보는 것 아닐
까?'라고까지 해석한다. 그런데 무엇이 자동적 사고이고 무엇이 해
석인가? 상담사도 자동적 사고와 사고에 대한 해석을 혼동할 정도
이기에 내담자가 이를 헷갈려 하는 것은 자연스러운 현상이다. 이
를 구분하기 위해 예를 통해 살펴보자.

상1: 상사로부터 보고서에 '근거가 부족하다'는 피드백을 받았을 때 어떤 생각
이 떠올랐나요?

내1: 그 사실을 인정하고 싶지 않다는 생각이 떠올랐어요. [해석]

상2: 어떤 느낌이 들었기에 인정하고 싶지 않다는 생각을 하게 되었나요? [상
황 A에 대한 감정 C를 먼저 찾도록 질문]

내2: 부끄럽고 불안했어요. [감정 C]

상3: 상사의 말로 민망하기도 하고 뭔가 염려되기도 한 것 같은데 그럴 때 어떻게 행동하세요? [행동 C를 찾는 질문]

내3: 보고서를 보완하기보다는 상사를 피해 다니게 되죠. 기한 내에 하긴 해야 하는데…… 너무 괴로워요. [행동 C]

상4: 오죽하면 피해 다니실까요. 그런데 피해 다닐 때 어떤 생각을 하나요? [자동적 사고 B 찾기]

내4: 이러다가 상사가 나를 싫어하면 어쩌나 하는 생각이 들어요. [자동적 사고 B]

상5: 싫어한다는 말이 어떤 의미인지 조금 더 설명해 주실 수 있으세요? [자동적 사고에 대한 의미 파악]

상담사는 내담자가 경험하고 있는 상황, 즉 상사로부터 보고서에 대한 '근거가 부족하다'는 피드백에서 바로 자동적 사고를 질문하게 되면 대체적으로 자동적 사고를 말하기보다는 해석을 하는 경우가 많다. 내1에서 '그 사실을 인정하고 싶지 않다'는 표현은 상사의 피드백에 대해 어떤 스쳐 지나가는 생각이 있었기 때문인데, 이에 대한 알아차림보다는 그것에 대한 자신의 해석을 설명하게 된다. 이런 경우에는 상황(A)에서 결과(C)에 해당되는 감정이나 행동, 신체적 반응을 생각하도록 자극하는 질문을 할 것을 권한다. 그 이후에 어느 정도 그 상황에 몰입하게 되면 그때 스쳐 지나간 자동적 사고를 떠올리게 되고 그것에 대한 의미 탐색이 가능하게 된다. 내4에서 내담자는 '상사는 나를 싫어해.'라는 자동적 사고를 떠올렸는데, 여기서 싫어한다는 의미가 무엇이고 이에 대해 내담자는 어떤 해석을 하고 있는지에 대한 확인이 필요하다.

3) 자동적 사고 인식과정에 대한 내담자의 참여

ABC 개념을 가지고 자동적 사고에 대한 이해와 찾는 과정에 대해 간략하게 살펴보았는데, 이는 상담사만 알고 있어야 하는 방법이 아니며 내담자에게도 그에 대해 설명하고 숙지하도록 안내할 필요가 있다. 인지행동이론에 근거한 상담이 아닐지라도 상담을 진행할 때 내담자를 상담과정에 포함시켜 내담자가 이해하기 쉽게 현재 어떤 과정 속에서 어떤 방식으로 진행되고 있는지에 대한 안내가 이루어져야 한다. 인지행동상담은 이러한 과정이 좀 더 필요하다. 자동적 사고와 대안적 사고를 찾기 위해서는 내담자가 적극적으로 참여해야 하고 상담 종결 후에도 상담성과가 계속 유지되도록 하기 위해 내담자 스스로 이러한 작업을 수행할 수 있어야 하기 때문이다. 그런데 이러한 과정을 '교육'이라고 표현할 때 상담사는 내담자를 대상으로 강의를 하려고 하는 경향이 있다. 내담자가 상담실에 왔을 때는 상담사의 이야기를 듣고 싶어 하기도 하지만 초반에는 자신의 이야기를 더 하고 싶어 한다. 내담자는 어느 누구에게도 쉽게 할 수 없었던 억눌렸던 많은 이야기를 온전히 자신에게 집중해서 공감하며 수용해 주는 상담사에게 쉽지 않지만 조금씩 풀어내면서 공감을 받는 경험을 하게 된다. 이런 상황에서 자동적 사고를 찾는 방법을 교육한다는 명목하에 상담 초반에 강의를 한다면 내담자가 수동적이 될 수 있고, 상담사가 가르쳐 준 대로 해야 할 것 같은 생각에 상담에 대한 부담을 갖게 될 수 있기 때문에 교육을 함에 있어서 주의가 필요하다. 그래서 필자는 '교육'이라기보다 상담과정에 대한 '참여'라는 표현을 사용하고자 한다. 그러면 어떻게 해야 할까?

ABC 개념에 대한 내담자의 참여를 위해서 선택하는 상황은 내담자가 언급한 상황에서 시작할 것을 권한다. 내담자의 상황에서 내담자에게 질문하고 또 그 질문에 대답하는 것까지의 전 과정을 함께하면서 ABC 개념을 경험하도록 한다. 내담자의 이야기를 중심으로 자동적 사고의 설명에 필요한 예를 선택하는 것은 단순한 교육이 아니라 자신과 관련된 이야기이기 때문에 집중력을 높여 쉽게 이해할 수 있게 하고, 바로 적용이 되기에 유용하다. 이때 간단한 소품을 활용해서 설명하여 시각화하는 작업을 병행하면 이해에 좀 더 효과적이다. 그렇다고 특별한 소품을 준비할 필요는 없다. 그냥 탁자 위에 있는 소품들, 예를 들면 사탕, 휴지, 컵 등 일반적으로 탁자 위에 있는 것을 활용하면 내담자도 상담사도 부담 없이 자연스럽게 그 과정에 참여하고 경험하게 된다. 자동적 사고에 대한 이해가 어느 정도 되었는지 확인하기 위해 내담자로 하여금 자신의 생각이 감정 및 행동과 어떤 관련이 있는지를 설명하도록 하고, 이를 통해 부족한 부분만 재설명하면 일방적이지 않으면서도 간단명료하게 참여가 가능하다.

· 학습문제

1. ABC 개념을 내담자에게 설명하듯이 동료들과 함께 연습해 보자.
2. 각자 한 번씩 상담사 역할을 하면서 어려운 점이 무엇인지 나누고 보완하기 위한 대안을 모색해 보자.

2. 자동적 사고 찾기

이제 본격적으로 내담자의 자동적 사고를 찾는 방법에 대해 살펴보자. 내담자가 힘겨워하는 상황이나 부정적 감정을 묘사할 때, 또는 표정이나 자세의 변화 등과 같은 비언어적 메시지로 내담자의 감정변화 등을 파악했을 때 상담사는 일반적으로 "그때 어떤 생각이 떠올랐는지 말씀해 주실 수 있나요?"와 같은 질문을 통해 자동적 사고를 찾는다. 그러나 이러한 질문을 했을 때 내담자가 상담사가 원하는 형식의 대답을 하지 못할 때가 많다. 내담자가 평소에 어떤 생각을 하고 있는지를 의식하면서 생활하지 않기 때문에 상담사의 이러한 질문은 한동안 무엇을 묻는 것인지 그 의도를 파악하는 데 에너지를 쏟게 하고, 정작 자신이 어떤 생각을 떠올렸는지 답을 찾기 어렵게 한다. 이는 인지행동상담이 어려워서라기보다는 어쩌면 자연스러운 현상이라 할 수 있다. 이처럼 자동적 사고를 떠올리지 못할 때 Beck(2011)은 다음과 같은 방법을 제안하고 있다.

① 지금 어떤 감정이고, 신체의 어떤 부분에서 그런 감정을 경험하고 있는지 질문한다.

② 문제 상황에 대해 좀 더 자세하게 기술하도록 한다.

③ 내담자가 자신이 자각하고 있는 문제 상황을 시각화하도록 한다.

④ 문제 상황이 대인관계와 관련되었다면 상담사와 역할극을 해 본다.

⑤ 심상을 해 본다.

⑥ 내담자가 일어날 거라고 가정한 반대 상황에 대한 생각을 제공한다.

⑦ 이 상황의 의미를 질문한다.

⑧ 다른 방식으로 질문한다.

Beck(2011)이 제시한 방법들은 내담자가 자동적 사고를 떠올릴 수 있는 상황 속으로 서서히 들어갈 수 있도록 한다. 그러나 이러한 방법을 사용해도 어려워한다면 이해시키려고 하기보다 한 발짝 물러서서 다음 기회를 기다리는 것도 방법이다. 그렇지 않고 계속 유사한 질문을 반복해서 하면 압력으로 여기거나 자신을 책망하는 형태의 자동적 사고가 작동하여 오히려 상담적 개입에 방해가 될 수 있으니 유연성을 가지기 바란다. 또한 자동적 사고를 찾았다고 하더라도 그것에 머물지 말고 또 다른 사고들이 있는지를 확인하는 것이 필요한데, 이때 유용한 표현이 "또요?"이다. "혹시 또 있나요?"라고 질문하면서 자신의 생각을 찾아 들어가도록 길을 열어 주

되 부담을 갖지 않도록 해야 한다. 이 책을 읽는 독자들도 내담자가
부담을 갖지 않으면서 자신의 사고를 충분히 찾게 할 수 있는 자신
만의 표현법을 찾아보기 바란다.

　이러한 자동적 사고를 찾기 위해서 Beck(2011), Wright, Basco와
Thase(2006)가 제안한 방법들을 중심으로 필자가 상담현장에서 적
용하고 있는 방식을 사례를 통해 살펴보고자 한다.

1) 감정변화 및 상황인식

　감정변화는 자동적 사고의 한 신호이기 때문에 감정의 변화가
생겼을 때 어떤 생각이 스쳐 지나갔는지를 찾도록 질문하는 방식
이다. 그러나 이러한 질문을 할 때 바로 생각으로 가기보다는 지금
현재 어떤 느낌이 들고, 그러한 감정이 신체의 어떤 반응을 야기하
고 있는지를 스스로 알아차릴 수 있도록 순차적인 질문이 필요하
다. Wright 등(2006)은 자동적 사고를 다루는 전략으로, 첫째, 감정
을 자극하는 질문 사용하기, 둘째, 구체적 상황 파악하기, 셋째, 최
근 상황에 초점 두기, 넷째, 한 상황에서 자동적 사고 찾기(여러 주
제로 변경하지 않도록), 다섯째, 추가적인 질문을 통해 충분히 이야
기할 수 있는 장 마련하기, 여섯째, 공감하기, 일곱 번째 사례개념
화를 통해 상담방향을 결정하기를 제안하였다.

　이를 요약 · 정리하면 감정으로 표현된 상황을 구체화시켜 그
때 스쳐 지나간 자동적 사고를 확인하고, 그것과 유사한 상황이
또 있는지 구체화시키고 탐색하여 자동적 사고를 확인한다. Beck

(Padesky, 1993, 재인용)은 감정이 인지에 이르는 지름길이라고 표현하였는데, Wright 등(2006)도 감정에서 출발하고 있는 것을 볼 때 인지행동상담에서 감정변화 인식은 중요하다.

자동적 사고를 찾기 위해서는 감정에 대한 식별이 있어야 하고, 이를 위해서는 문제 상황을 떠올릴 수 있어야 하는데, 이것 자체도 어려워하는 경우가 있다. 이럴 경우, 현재 자신의 상황을 좀 더 구체적으로 묘사하도록 하면서 감정의 변화를 탐색하게 하는 것도 한 방법이다. 이러한 과정을 통해 내담자는 자신의 문제 상황과 마주할 준비를 한다. 사례를 통해 살펴보자.

상1: 얼굴이 조금 어두워 보이는데 지금 기분이 어떤지 여쭤 봐도 될까요?

내1: 음…… 잘 모르겠어요.

상2: 잘 모르겠다고 하셨지만 잠깐 지금 기분이 어떤지 생각을 하는 듯했는데…… 혹시 괜찮으시면 현재 상황을 조금 설명해 줄 수 있나요? [현재 상황을 떠올리도록 질문]

내2: 현재 상황요? 음…… 제 상황이라…… 그냥 그래요.

상3: 그냥 그렇다는 말이 어떤 의미인지요? [생각의 자극을 위한 질문을 통해 내담자의 생각 확인]

내3: 평소와 별다를 바가 없다고요.

상4: 평소와 비슷하다는 말씀이신 듯한데 저는 ○○ 님의 평소 상황을 잘 몰라서요. 혹시 설명할 수 있는 만큼만 말씀해 줄 수 있나요? [현재 상황을 구체적으로 묘사할 수 있도록 질문. 단, 상황 설명의 범위 정도는 내담자가 선택하도록 공간을 열어 줌]

내4: 늘 늦게 일어나고. 취업하려면 시험 공부를 해야 하는데 하지 않고 있고. 시험 날짜는 다가오는데 해도 안 될 게 뻔해서 하기 싫고. 엄마의 잔소리도 듣기 싫고. 밖으로 나가고 싶은데 돈이 없어서 갈 수도 없고 그래요.

상5: ○○ 님의 이야기를 들어 보니 되게 답답한 것 같아요. [공감으로 감정을 표현하도록 개입] 현재 어떤 상황인지에 대해 말씀해 주셔서 감사합니다. 말씀하면서 어떤 기분이 드셨는지 여쭤 봐도 될까요? [질문으로 감정을 표현하도록 개입]

내5: 네. 답답하고. 숨 막히고 그래요. [감정을 인식하고 표현]

상6: 혹시 언제부터 이렇게 답답하고 숨 막히는 듯하셨는지요? [감정변화 인식을 파악해서 자동적 사고로 가기 위한 탐색 질문]

내6: 사실 상담실 오기 전부터요. 엄마가 또 공부 안 한다고 한소리 하셨거든요. [구체적 상황을 떠올려서 표현함]

상7: ○○ 님도 공부해야 하는 것 잘 알고 있는데 잘 안 되서 속상한데 어머니까지 공부에 대해 언급하셔서 더 부담되고 불편하셨을 것 같은데 ○○ 님은 어떠셨나요? [감정을 접촉할 수 있도록 공감하면서 감정 탐색 질문]

내7: 맞아요. 그랬어요. 저도 아는데 엄마까지 제게 부담을 주시니깐 정말 답답하고 짜증이 났어요. [감정을 인식하고 표현]

상8: 그래서 어떻게 하셨는지 여쭤 봐도 될까요? [행동 C 확인을 위한 질문]

내8: 아무 말도 안하고 문 쾅 닫고 그냥 나와 버렸죠. [행동 C 확인]

상9: 그럴 때 어떤 생각이 드셨나요? [자동적 사고 B를 찾기 위한 질문]

내9: 엄마가 날 못 믿는 것 같고. 취업을 못했다고 무시하는 것 같아요. ['엄마는 날 무시해.'라는 자동적 사고. '엄마가 날 못 믿나.'라는 것은 내담자의 해석이기 때문에 상담과정에서 어떤 의미인지 확인 필요]

내담자가 자신의 감정과 상황을 인식하기 위해서는 그러한 만남의 자리에 이르기까지의 과정이 필요하다. 상담사가 내담자를 그 과정 속으로 인내하면서 함께 가는 것이 중요하다. 앞의 사례에서 살펴본 바와 같이 감정이나 상황을 질문한다고 해서 내담자가 바로바로 알려 주는 경우는 참으로 드물다. 그럴 때 상담사는 공감하고 반영하면서 내담자의 속도에 맞춰 하나씩 만들어 가야 한다. 상담사 혼자서 달려서는 안 된다. 도자기 물레질을 체험한 경험이 기억난다. 너무 힘을 줘도 안 되고, 힘을 빼도 안 된다. 도자기 흙의 질감을 느끼면서 천천히 조심스럽게 도자기에 손을 대고 형태를 만들어 가야 한다. 힘을 너무 약하게 주면 도자기의 형태가 나오지 않고, 조금만 힘을 강하게 줘도 그 형태가 쉽게 망가진다. 하나의 도자기를 만들기까지 정성을 다해야 하듯이 상담도 내담자의 상황과 감정을 느끼며 서서히 접근을 해야 한다. 이러한 과정을 통해 존중감과 공감대가 형성되면 가속도가 붙는 것은 시간문제이니 초반에 내담자와의 만남을 위한 완급 조절에 좀 더 마음을 써야 함을 숙지하기 바란다.

2) 사고기록지

내담자가 감정변화 및 상황인식이 되면 사고기록지를 활용하여 자동적 사고를 좀 더 명료하게 찾을 수 있다. 사고기록지 작성은 자신의 사고에 관심을 가지게 하고 자동적 사고를 찾는 연습용으로 용이한 방법이기 때문이다. 일상생활 속에서 매 순간 스쳐 지나가는 생각을 알아차리고 그 생각이 자신의 감정과 행동에 어떤 영향을 미치고 있는지 탐색하는 것은 쉽지 않다. 상담장면에서 어느 정도 사고에 대해 관심을 가지고 분별하기 시작하면 자신의 사고 패턴을 파악하고 수정하고자 하는 동기부여가 가능하다. 이때 내담자에게 사고기록지를 작성하도록 과제를 부여하여 자신의 사고 패턴을 생각하도록 할 수 있다. 그렇다면 어떤 방식으로 과제를 줄 것인가?

먼저, 사고기록지 과제를 부여하기 전에 상황, 사고, 감정 등에 대한 구별을 어느 정도로 하고 있는지 확인할 필요가 있다. 이런 구별이 생각보다 쉽지 않기에 상담장면에서 내담자와 상담을 진행하면서 내담자 스스로 인식할 수 있도록 하는 개입이 필요하다. 사례를 통해 살펴보자.

상1: ○○ 님은 계속 취업이 안 되는데 친구는 취업이 되었다고 연락 오고. 취업하려면 계속 준비를 해야 하는데 생각처럼 잘 안 되고…… 그럴 때 어떤 느낌이 드세요? [감정 C 탐색 질문]

내1: 내가 아무것도 안 하나 하는 느낌요. [감정 질문에 생각으로 답함]

상2: 아무것도 안 한다는 생각이 드신다고 하셨는데 그럴 때 기분은 어떤가요? [내담자가 생각을 감정으로 잘못 표현했음을 교육하기보다 내담자의 표현을 생각이라고 정정하면서 자연스럽게 언급하고 감정을 재확인]

내2: 맞아요. 안 한다는 생각이 드니깐 답답하고 짜증도 나고 그래요.

상3: 속상하실 것 같은데…… 좀 전에 아무것도 안 한다는 생각이 든다는 말도 하셨지만 답답하고 짜증날 때 어떤 생각이 떠오르세요? [자동적 사고 B

2. 자동적 사고 찾기 ◆ ∼∽∿◯ ◆ 143

탐색 질문]

내3: 음…… '난 안 돼!'인 것 같아요. [자동적 사고 B]

　이 사례에서도 내담자는 생각과 감정의 차이를 명확하게 구분하지 못한 채 사용하고 있다. 이때 상담사가 교육을 통해 정정하게 되면 내담자가 말을 할 때 너무 많은 생각을 하게 되어 오히려 방해가 될 수 있다. 그렇다고 그냥 넘어가면 생각과 감정을 구분하지 못해서 자동적 사고를 스스로 찾기가 쉽지 않다. 상담을 평생 받지 않을 것이고 내담자 스스로 익혀서 구분할 수 있으면 스스로 하도록 자립시켜 나가야 하기 때문에 이에 대한 안내는 필수적이다. 그래서 자연스럽게 상담사가 단어를 바꿔 반영해 주면서 재질문을 통해 한 번 더 찾도록 개입하는 것이 더 효과적이다.

　이러한 과정을 통해 내담자가 어느 정도 구분이 된다면 사고기록지를 통해 일상생활 속에서 스스로 한번 점검해 볼 수 있도록 과제를 부여하는 것도 한 방법이다. 단, 과제를 부여할 때는 몇 가지 주의가 필요하다. 첫째, 첫 회기부터 과제를 부여하지 않도록 한다. 아직 공감대가 형성되지 않은 상태에서의 과제부여는 부담으로 다가올 수 있어서 상담진행에 오히려 방해가 될 수 있다. 둘째, 상담장면에서 상황과 생각 그리고 감정이나 행동과 같은 결과를 구별할 수 있고, 이에 대해 자동적 사고가 무엇인지를 몇 번 연습을 통해 점검한 다음에 진행하는 것이 효과적이다. 상담을 공부한 상담사도 이를 구분하는 데 시간이 꽤 소요되는데, 내담자에게는 생소할 뿐 아니라 어렵고 버거운 작업이 될 수 있다. 상담사와 함께

날짜/시간	3월 23일(월) 15시		
상황 불편한 감정을 일으키게 한 상황은 무엇인가? 그 상황에서 어떤 종류의 신체적 불편감을 느꼈는가?			
감정 발생한 상황에서 어떤 감정을 느꼈는가? 그 감정의 강도는 어느 정도였는가?			
자동적 사고 그 상황에서 어떤 생각이 떠올랐는가? 그 생각을 어느 정도 믿는가?			
적응적 반응 어떤 종류의 사고의 왜곡을 하였는가? 이 표의 아래 쪽에 있는 질문들을 활용해서 자신의 생각을 적어 보시오. 각각의 반응을 어느 정도 믿는가?			
결과 이제 각각의 자동적 사고를 어느 정도 믿고 있는가? 지금 어떤 감정을 느끼고 어느 정도 심한가? 이제 무엇을 할 것인가?			
적응적 반응 작성에 도움이 되는 질문들 1) 이러한 생각에 대한 증거는 무엇인가? 이 생각에 반하는 증거는 무엇인가? 2) 또 다른 설명이 가능한가? 3) 최악의 상황은 무엇인가? 최선의 상황은 무엇인가? 가장 현실적인 상황은 무엇인가? 4) 자동적 사고로 인해 어떤 결과가 초래되는가? 생각의 변화가 어떤 영향을 미치게 되는가? 5) 생각의 변화로 인해 무엇을 해야만 하는가? 6) 만일 누군가가 나와 유사한 상황에 처해 있다면 그에게 무슨 말을 할 것인가?			

[그림 6-1] Beck(2011)의 사고기록지

최소 2~3회기 연습하면서 어느 정도 이해하기 시작하면 과제를
주는 것이 더 효과적이다.

　내담자가 스스로 자동적 사고를 점검할 수 있도록 사고기록지
작성법에 대해 한번 생각해 보자. 먼저, Beck(2011)이 사용한 사고
기록지 양식에는 [그림 6-1]과 같이 상황, 감정, 자동적 사고, 적
응적 반응, 결과 등을 기록하도록 하였다. Wright 등(2006)은 [그
림 6-2]와 같이 상황, 자동적 사고, 감정 등을 기록하도록 하였다.

상황	자동적 사고	감정
남편은 금요일 밤에 나와 영화를 보러 가지 않고 포커를 하기로 결정했다.	나도 내가 너무 싫어. 남편이 친구들과 시간을 보내고 싶어 하는 것은 당연해. 나와 이혼하지 않은 게 이상할 정도야.	슬픔, 외로움

[그림 6-2] Wright 등(2006)의 사고기록지

Beck의 양식이 좀 더 상세하기 때문에 자신에 대해 깊이 있게 생각하고 통찰에 이르게 할 수 있는 반면에, 복잡하게 생각되어 오히려 어렵게 여기거나 불편해할 수 있다. 반면에 Wright 등(2006)의 양식은 간소화되어 있어서 익숙하지 않은 내담자들이 조금은 편하게 접근할 수 있을 듯하다.

Wright 등(2006)이 제시한 사고기록지의 사례는 우울장애를 가진 여성 애나(60세)가 기록한 것이다. 사고기록지에는 자동적 사고라고 적혀 있지만 애나가 직접 적은 내용은 자동적 사고이기보다는 상황이 발생했을 때 애나가 생각한 것을 적은 것이다. 자동적 사고를 명확히 구분해서 적지는 못했지만 자신의 생각을 적어 온 것을 가지고 자동적 사고를 확인하는 개입을 할 수 있기 때문에 이에 대한 부담을 갖지 않도록 안내하는 것이 필요하다.

두 학자의 사고기록지에 대해 살펴보았는데, 이론적으로는 상황에 대한 자동적 사고로 인해 감정이나 행동과 같은 결과가 초래되지만 자동적 사고를 바로 찾기는 어렵다. 또한 상황에 대한 감정을 알아차리고 표현하는 것도 쉽지 않고 자신의 감정보다는 상황에서 했던 행동을 더 쉽게 떠올리는 것을 고려하여 필자는 [그림 6-3]과

상황	감정/행동/ 몸의 반응	그 상황에서 했던 생각	자동적 사고	대안적 사고	대안적 행동

[그림 6-3] 사고기록지

같은 사고기록지를 사용하고 있다.

　Beck이나 Wright 등의 사고기록지보다 조금 더 복잡한 듯하나 이 모든 것을 한 번에 작성하는 것은 아니다. 자동적 사고를 찾기 위한 사고기록지이기 때문에 상담장면에서 상담사와 함께 사고기록지 작성법을 익힌 다음에 과제를 부여할 때는 '그 상황에서 했던 생각'까지만 작성하게 한다든지 내담자가 할 수 있는 범위까지만 하도록 하고 나머지는 상담장면에서 상담사와 함께 진행하도록 하는 것이 바람직하다. 이에 대한 안내와 주의사항은 제8장의 '사고기록지 사용'과 제10장의 '과제부여'에서 좀 더 설명하였으니 참고하기 바란다. 사고기록지는 반드시 종이로 출력해서 주어야 하는 것은 아니고 스마트폰처럼 내담자가 일상생활 속에서 상황이 발생했을 때 바로 적을 수 있도록 안내한다. 자동적 사고를 찾을 수 있어야 그다음 단계인 대안적 사고와 대안적 행동으로까지 나아갈 수 있기 때문에 사고기록지는 이러한 과정으로 나아가기 위한 하나의 수단으로 활용하길 바란다.

　상담사들이 자동적 사고를 탐색할 때 내담자들은 자동적 사고를 질문 형태로 표현함으로써 구체적으로 직면하는 것을 회피하는 경우도 있다. 질문식 표현법을 서술형으로 바꾸도록 안내함으로써 자신의 생각을 구체적으로 마주할 수 있도록 하는 개입도 필요하다. 예를 들면, '이번에 승진할 수 있을까?' '내가 연락하면 그 사람이 받을까?'와 같은 형태인데, 내담자가 실질적으로 하고 있는 생각을 정확하게 드러내도록 하기 위해서는 명료하게 표현하도록 할 필요가 있다.

내1: '내가 연락하면 그분이 전화를 받을까?' 하는 생각이 들었어요.

상1: '내가 연락하면 그분이 전화를 받을까?' 하는 생각은 전화를 받을 것이라고 생각한다는 것인지, 아니면 전화를 받지 않을 것 같다고 생각하는 것인지 어느 쪽인 것 같으세요?

내2: 전화를 받지 않을 것이고 그러면 저는 상처를 받는다는 쪽요. 그래서 슬프고, 못하겠어요.

상2: 전화를 받을 수도 있고, 못 받을 수도 있는데 받지 않는다는 생각을 하고 있다 보니 전화하기가 주저되고, 차라리 하지 말자 하며 안 하게 되나 보네요.

내담자가 질문식 표현법을 사용할 경우 상1에서처럼 선택 질문으로 자신의 생각을 좀 더 명료하게 바라볼 수 있도록 개입한다. 또다른 방법은 상담사가 내담자의 질문을 내담자에게 되물어 줌으로써 답을 스스로 생각하도록 하는 방법도 가능하니 적절하게 상황에 맞게 사용하길 바란다.

3) 체크리스트

내담자의 자동적 사고를 찾기 위해서 사고기록지를 활용하는데 실제로 상담현장에서 사용할 때는 생각처럼 쉽지 않다. 자신의 생각에 대해 생각하면서 생활하지 않고, 감정과 사고를 구분하기도 쉽지 않을뿐더러, 신체반응에 대해서도 알아차리면서 일상생활을 하지 않기 때문에 이를 구분하여 작성하는 것이 어렵다.

그럴 경우, 활용할 수 있는 것이 체크리스트 질문지이다. Hollon
과 Kendall(1980)이 만든 자동적 사고 질문지(Automatic Thoughts
Questionnaire: ATQ)가 가장 널리 알려진 질문지이다. 자동적 사고
질문지(ATQ)는 부정적인 자기진술로 구성된 질문지로 30개 문항
으로 구성된 5점 척도이다. 내담자가 자신의 인지를 찾지 못할 경
우에 사용하면 유용하다. '나 자신이 싫어.' '나는 아무것도 끝낼 수
없어.' 등이 그 예이다.

　하지만 단순히 부정적 자동적 사고만이 아니라 긍정적 사고의
부재가 병리적 현상과 관련되어 있다는 연구가 진행되면서 부정
적 사고뿐 아니라 긍정적 사고와의 균형의 중요성이 부각되었다.
이에 Ingram과 Wisnicki(1988)는 긍정적 자기 관련 진술을 중심
으로 긍정적 자동적 사고 질문지(ATQ-P)를 개발하였고, Kendall,
Haward와 Hays(1989)는 자동적 사고 질문지(ATQ)에 "나는 내가
자랑스럽다." "나는 무엇이든 할 수 있다." 등과 같은 긍정적인 항
목을 추가하여 자동적 사고 질문지를 개정(ATQ-R)하였다. 국내
에서도 자동적 사고 질문지의 표준화 연구가 진행되었다. 이주영
과 김지혜(2002)는 한국판 긍정적 자동적 사고 질문지(Automatic
Thoughts Questionnaire-Positive: ATQ-P)의 표준화 연구를 진행하여
주요우울장애 집단을 공황장애 집단과 정상집단으로부터 구별하
는 결과를 보였다. 양재원, 홍성도, 정유숙, 김지혜(2005)는 청소년
집단을 대상으로 부정적 자동적 사고 질문지와 긍정적 자동적 사
고 질문지의 타당화 연구를 진행하여 그 타당성과 유용성을 확인
하였다.

그러나 긍정적 자동적 사고가 부정적 자동적 사고보다 우울 증상과의 관련성이 약하기 때문에 긍정적 자동적 사고의 결함이 우울증을 유발하는 직접적인 역할을 한다기보다는 부정적 상황으로부터 개인을 보호하는 역할을 할 가능성이 높다(Lightsey, 1994). 상담장면에서 부정적 자동적 사고기록지를 불편해하는 경우, 긍정적 자동적 사고 질문지를 상호 보완적으로 활용하는 방안을 고려해 보길 권한다.

4) 심상 및 역할극

내담자가 자동적 사고를 찾는 것을 어려워할 경우, 사고기록지나 체크리스트와 같은 질문지를 사용하는 방법 외에 심상이나 역할극을 활용할 수 있다. 간단하게 설명하면, 심상은 내담자가 말로 표현한 상황에 대해 다시 상상을 통해 상황, 사고, 감정을 떠올리게 하는 방법이다. Rachman(1980)은 고통스러운 감정을 적절히 처리하기 위해 심상 개입을 사용한다고 하였다.

실제 상황을 상상을 통해 재연할 경우, 그 상황을 회상하면서 그때의 감정과 사고를 재경험할 수 있다. 이때 중요한 것은 상담사의 질문이다. 여기에서는 심상을 통해 자동적 사고를 찾는 개입에 대해서만 간략하게 살펴보고자 한다.

상1: 우울이 발생한 계기가 취업 실패라고 보시는 건가요? [탐색 질문]

내1: 그것도 있고. 원래 꿈은 음악 쪽으로 하는 거였는데 현실을 계속 생각하다

보니까 아주 어렸을 때부터 첫 번째 꿈 말고 두 번째 꿈으로 대학을 가거
나 직업을 찾거나 하는 그런 생각이 있어서 그것도 영향이 있는 것 같아
요. 꿈에 대한 괴리감? 현실과의 괴리감?

상2: 처음 ○○ 님의 꿈은 음악을 하는 것이었는데 그게 현실적으로 힘든 것 같
아서 다른 꿈. 좀 더 현실감 있는 꿈으로 바꾸면서 원래의 꿈이 좌절되었군
요. 그런데 어떻게 그런 현실감을 갖게 되었나요? [반영 후 탐색 질문]

내2: (웃으면서) 부모님이죠. 특히 엄마가 밥 못 벌어먹는다고…… 음악하면 가
난하게 산다고…… 그럴 수 있냐고 하셨어요. 맞는 말이라는 생각도 들고
게다가 시험을 못 치거나 대학에 불합격했을 때도. 재수해서 낮은 대학
갔을 때도 계속 제대로 하는 것이 없다는 둥. 공부를 하는 거니 안 하는
거니부터 시작해서 세상 사는 게 쉽지 않으니 정신 똑바로 차리라는 둥
그런 이야기를 계속 하시니깐 뭔가 결과가 안 좋으면 겁부터 나고 엄마가
또 뭐라고 하실까 하는 생각이 들어요.

상3: 취업 실패가 처음이 아니고 재수도 하면서 원하는 대학에 진학을 못 한 과
정이 있었군요. 그럴 때마다 어머니가 하신 말씀이 ○○ 님을 너무 힘들게
하다 보니 피하고 싶은 생각부터 하는 것 같고요. 그때 어떤 생각이 스쳐
지나갔나요? [반영적 공감 후 자동적 사고 B 찾기 시도. 그러나 상황이 구
체화되지 않고 여러 개 나열된 상황에서 자동적 사고 B를 찾기가 어려움. 여
러 생각이 한꺼번에 들거나 상황이 구체화되지 않아 그때 그 생각을 떠올리
기 어려울 수 있음]

내3: 스치는 생각요? [내담자는 아직 자동적 사고를 찾을 준비가 되지 않았기에
반문하는 듯]

상4: 네. 이런 실패를 경험할 때요.

내4: 글쎄요. 처음 실패요?

상5: 처음이든 언제든 실패를 경험할 때 드는 생각요? [자동적 사고 B를 재차 묻고 있는데, 아직 준비가 안 됨을 알아차리고 준비를 위한 다른 개입이 필요함]

내5: 그냥…… 뭐…… 어디서부터 잘못 됐지 하는 생각? [어렵게 찾긴 했지만 질문 형태이기에 이를 다듬는 작업이 필요한 상황. 상6을 볼 때 상담사의 선택은 심상인 듯]

상6: 그런 생각들이 들 때 어떤 장면이나 떠오르는 심상이나 이런 것들이 있나요? [개입에 변화를 줘야 함을 알고 있으나 심상이 무엇인지도 모르는 내담자에게 심상이라는 전문용어를 사용하는 것은 부담을 줄 수 있음. 심상을 사용하기 위해서는 준비가 필요함]

내6: 떠오르는 건 어렸을 때부터 열심히 안 했구나 이런 생각요. (웃음)

어머니가 했던 이야기가 머리 속에 들어 있기 때문에 자책하는 생각이 나올 수밖에 없으니 심상을 위한 작업을 하면 다음과 같은 전개가 가능하다. 상3에서부터 심상을 통해 자동적 사고를 찾는 과정을 다시 한번 시도해 보자.

상3: 취업 실패가 처음이 아니고 재수도 하면서 원하는 대학에 진학을 못한 과정이 있었군요. 그럴 때마다 어머니가 하신 말씀이 ○○ 님을 너무 힘들게 하다 보니 피하고 싶은 생각부터 나는 것 같고요. 혹시 지금 이런 이야기를 나누면서 떠오르는 상황이 있다면 이야기를 해 줄 수 있으세요? [상황을 구체화시키기 위한 질문]

내3: 음…… 고등학교 1학년 때 음악 공부를 본격적으로 해 보겠다고 말했을 때랑…… 대학 불합격 확인했던 때가 생각이 나요.

상4: 그 상황을 떠올려 보니 어떤 느낌이 드세요? [감정 C 찾기 질문]

내4: 답답해요. 음…… 화도 나고요.

상5: 답답함과 함께 불편한 감정이 느껴지는 듯한데…… 혹시 그때 어떤 생각이 떠올랐는지 생각나세요? [자동적 사고 B 찾기 질문]

내5: 음… 잘 모르겠어요.

상6: 그러면 그때 상황을 한번 떠올려 보면서 상상을 해 봤으면 합니다. 어떤 감정을 느꼈고, 어떤 생각이 들었는지를 한번 알아보려고 하는데 어떤지요? [심상에 대한 간단한 안내 후, 심상작업에 대한 선택권을 내담자에게 제공]

내6: 처음이지만…… 네.

상7: 그때에 집중하기 위해서 눈을 감고 그때를 하나씩 떠올려 보려고 합니다. 그런데 혹시 하다가 불편하거나 염려가 되는 부분이 있다면 멈추셔도 됩니다. 두 상황을 이야기하셨는데 어떤 상황이 좀 더 불편했던 것 같으세요? [강도의 차이가 있을 수 있기에 내담자가 선택할 수 있도록 하되 순차적으로 약한 것부터 시작하는 것을 권하고, 비슷할 경우 내담자가 선택하는 상황에서 시작]

내7: 음…… 둘 다 비슷한데 고등학교 때 음악 공부를 못하게 했을 때로 가고 싶어요.

상8: 그래요. 그러면 눈을 감으시고 그때를 한번 떠올려 보세요. [천천히 시간 간격을 두고 하나씩 질문] 고등학교 1학년 때라고 하셨는데 지금 어디인가요? [순차적으로 그때 그 상황으로 들어가기 위한 질문]

내8: 집요. 엄마랑 거실에 앉아서 이야기를 하고 있어요.

상9: 두 분이 어떻게 앉아 있나요?

내9: 음…… TV 켜 놓고 옆에 조금 떨어져서 앉아 있어요.

상10: 네. ○○ 님은 무엇을 하고 있나요?

내10: 엄마를 살피고 있어요. TV를 켜 놓긴 했지만 보지 않고 보는 척하면서요. 말을 해야 하는데 분명히 반대할 것 같은데 어떻게 말해야 할지 타이밍을 찾고 있는 것 같아요.

상11: 말하기 쉽지 않아 살피면서 때를 기다리고 있군요. 그런데 어떤 점이 그렇게 조심스러운가요? [우려에 대한 탐색]

내11: 엄마가 무서워요. 화를 내시면 막 소리치고 때리기까지 하세요. 그런데 어릴 땐 맞았는데 이젠 제가 힘이 세니깐 그냥 맞고만 있을 것 같지 않아서 그것도 무서워요.

상12: 혹시 다툼이 크게 일어날까에 대한 염려가 있으신 듯한데 지금은 상상을 하는 것이니 안전하니깐 계속 한번 해도 될까요? [안전장치 후 심상 지속 여부를 내담자가 선택할 수 있도록 질문]

내12: 네. 그때도 일이 일어나지는 않았어요. 제가 엄청 참았거든요.

상13: 엄마를 살피다가 적절한 때를 찾아 용기 내어 이야기를 했군요. 어떤 말을 하셨어요?

내13: 음악 공부를 하고 싶은데 공부를 하려면 학원에 다녀야 한다고요.

상14: 어머니가 뭐라고 하셨나요?

내14: 말도 안 된다고 소리를 치셨어요. 밥 벌어먹지 못한다고 왜 그딴 것을 하려고 하냐고. 없는 돈에 공부시켰는데 엉뚱한 짓 한다고 누굴 닮아서 그 모양이냐고…… 계속 그러셨어요. (울먹임)

상15: 이야기를 다 들어 보지도 않고 안 된다고 소리부터 치셔서 놀라기도 하고 무척 답답하고 속상했겠어요. [공감]

내15: 네, 맞아요. 지금도 손에 땀이 나요. 손에 힘을 주게 되네요. [신체반응 C를 스스로 표현]

상16: 그래서 어떻게 하셨어요? [행동 C 찾기 질문]

내16: 좀 더 설명을 하려고······ 제가 음악 공부를 왜 하려고 하는지····· 밥 못 벌어먹는 것도 알고 있지만 왜 하고 싶은지를 이야기하고 싶은데 엄마가 계속 말을 하시니깐 말을 못했어요. 멍했어요.

상17: 어머니가 계속 말을 하셔서 더 이상을 말을 이어 가질 못하셨군요. 그때 어떤 생각이 떠오르셨어요? [반영 후, 자동적 사고 B 찾기 질문]

내17: 난 밥벌레구나. 엄마는 날 무시하구나. (울먹이면서) 엄마는 늘 그랬어요. [자동적 사고를 찾음]

상18: 눈물을 흘리시는 것을 보니 정말 많이 서운하고 속상한 것 같은데 이제 눈을 뜨셔도 됩니다. 지금 어떠신가요? [지금-여기의 상태 점검]

내18: (눈물을 닦으면서) '내가 참 많이 힘들었구나' 하는 생각이 드네요.

상19: 그때를 떠올리면서 이야기하며 눈물을 흘리는 것을 볼 때 혼자서 많이 버거웠을 것 같습니다. 조금 전에 난 밥벌레구나. 엄마가 날 무시한다라는 말씀을 하셨는데 혹시 이런 생각을 했던 유사한 상황이 혹시 또 있으신가요? [공감 후 자동적 사고에 대한 확인 차원]

앞의 사례에서 심상을 통해 자동적 사고를 떠올리게 하는 개입 과정을 살펴보았는데 여기에서 역할극을 활용할 수도 있다. 역할극을 통해 내담자가 느꼈던 그 감정을 조금은 정화시키면서 사고

할 수 있는 여유 공간을 만들 수도 있으니 이를 적절하게 활용하는 것도 한 방법이다. 앞의 사례에서 역할극을 적용할 수 있는 시점에 서부터 다시 한번 개입을 시도해 보자.

상13: 엄마를 살피다가 적절한 때를 찾아 용기 내어 이야기를 했군요. 어떤 말을 하셨어요?

내13: 음악 공부를 하고 싶은데 공부를 하려면 학원에 다녀야 한다고요.

상14: 어머니가 뭐라고 하셨나요?

내14: 말도 안 된다고 소리를 치셨어요. 밥 벌어먹지 못한다고 왜 그딴 것을 하려고 하냐고, 없는 돈에 공부시켰는데 엉뚱한 짓 한다고 누굴 닮아서 그 모양이냐고…… 계속 그러셨어요. (울먹임)

상15: 이야기를 다 들어 보지도 않고 안 된다고 소리부터 치셔서 놀라기도 하고 무척 답답하고 속상했겠어요. [공감]

내15: 네. 맞아요. 지금도 손에 땀이 나요. 손에 힘을 주게 되네요. [신체반응 C를 스스로 표현]

상16: 그래서 어떻게 하셨어요? [행동 C 찾기 질문]

내16: 좀 더 설명을 하려고…… 제가 음악 공부를 왜 하려고 하는지…… 밥 못 벌어먹는 것도 알고 있지만 왜 하고 싶은지를 이야기하고 싶은데 엄마가 계속 말을 하시니깐 말을 못했어요. 멍했어요.

상17: 그때 생각하면 지금도 손에 땀이 날 정도면 정말 하고 싶은 이야기를 다 못하셨을 것 같은데 지금 제게 설명을 하셨던 것을 이제 제가 어머니 역할을 해 볼 테니 ○○ 님이 어머니가 앞에 있다 생각하고 한번 대화하듯이 해 보려고 하는데 어떤가요? 그때 못했던 말을 한번 해 보려고요. [역

할극에 대한 간단한 설명]

내17: 음…… 네. 한번 해 볼게요. 엄마! 나 음악 학원 보내 줘. 음악하고 싶어.

상18: [엄마 역할] 뭐? 하라는 공부는 안 하고 뭔 음악은 음악이야? 음악해서 밥 먹고 살 수 있어? 얘가 세상물정을 몰라도 너무 모르네. 쓸데없는 소리 말고 방에 들어가서 공부나 해. 하는 짓이라고는…….

내18: 맞아요. 엄마가 그랬어요. 저는 계속 손에 힘을 주고 있었고요.

상19: 그래요. 그때는 하지 못했던 말을 지금 한번 시도해 보세요. [내담자 관찰을 통해 역할에 몰입할 준비된 것을 확인한 후, 엄마 역할] 빨리 들어가서 공부해. 말 안 들려? 바보가 아니고서야 어떻게 음악 공부를 한다고 해? 너 대학 들어가면 이제 성인이니깐 지원 없다. 너가 돈 벌어서 공부. 집에서 돈을 주니깐 아무 생각이 없지? 멍청한 게 도대체 누굴 닮은 거야? 들어가! [역할극이 처음이라 내18처럼 현실로 빠져나오는 경우가 있기 때문에 내담자가 역할극을 다시 할 수 있도록 간단하게 안내한 후 엄마 역할을 통해 역할극에 집중하도록 개입]

내19: 엄마…… 적어도 왜 내가 음악을 공부하려고 하는지 한 번이라도 물어봐 줘야 하는 것 아냐? 내가 바보가 아니니깐 돈 벌지 못한다는 것도 알고 있고. 그래서 나도 걱정이 되는데. 그래서 엄마랑 의논도 하고 싶은데 무작정 안 된다고 소리만 치니깐 대화하기가 싫어져. 엄마는 왜 날 무시해? 음악 선생님이 내가 재능 있다고 하고 작곡해서 인터넷에 올렸더니 반응도 있고 해서 한번 본격적으로 해 볼까 하는 생각이 있어서 의논해 보려고 하는데 왜 날 무시해? 엄마가 내 음악 한 번이라도 들어 본 적 있어? 왜 날 무시해? (눈물) 나도 겁난다고…….

상20: [잠시 머물러 주고, 눈물을 닦으며 감정 추스르는 것을 확인한 후] 사실 나

도 잘할 수 있을지 염려되는데 엄마가 관심도 안 가져 주고 이야기도 못

하게 들어가라고 하니 더 답답하고 화도 났을 것 같습니다. 그때 어떤

생각이 떠올랐던 것 같아요? [공감 후, 자동적 사고 B 찾기 질문]

내20: 날 무시한다는 생각요. (울먹이면서) 엄마는 늘 저를 무시했던 것 같아요.

[자동적 사고를 찾음]

역할극은 심상보다는 조금 더 강하다고 할 수 있다. 내담자의 머리 속에서 상상하는 것을 상담장면에서 그대로 재연하기 때문에 그 당시의 상황에 대한 내담자의 감정과 생각이 좀 더 분명하고 강하게 경험하게 된다. 특히 집단상담에서는 집단원이 다양한 역할을 맡아 진행하면서 좀 더 현실적으로 와닿게 재연을 함으로써 그때의 자신을 직면하게 할 수도 있다. 개인상담에서는 상담사가 내담자의 삶에 중요한 사람의 역할을 함으로써 자동적 사고를 찾도록 개입하고 상담사가 내담자의 역할을 하는 등 역할을 바꿀 수 있다. 심상에서 어느 정도 내담자가 불편하고 고통스러운 감정을 직면할 준비가 되었다면 이를 역할극과 연결하여 자동적 사고를 찾도록 개입할 수 있다.

심상과 역할극을 각각 사용할 수도 있고, 적절하게 함께 활용할 수도 있으니 자동적 사고를 찾는 개입방법으로 적용하는 연습을 계속해 보길 권한다. 특히 심상과 역할극은 내담자에게는 낯설고 어색한 기법이기에 주저할 수 있는데, 상담사마저 익숙하지 않아 어색해한다면 상담장면에서 활용하는 데 어려움이 발생할 수 있다. 자연스럽게 활용할 수 있도록 심상과 역할극에 대한 훈련이 필

요하다. 이를 위해서는 연극이나 뮤지컬과 같은 공연을 관람하여 평소에 감정 및 역할 표현에 대한 간접적인 경험을 해 보길 권한다. 시간적으로 어려움이 있다면 TV 드라마나 영화를 통해서도 가능하다. 그러나 중요한 것은 연기가 아니라 진정성을 가지고 내담자와 함께 진솔한 만남을 하려는 자세이다. 연기는 서툴러도 함께 하려는 마음이 있다면 그것은 내담자에게 전달되기 때문이다.

◆ **학습문제**

1. 자신의 자동적 사고를 중심으로 사고기록지를 작성하여 동료들과 나눠 보자.
2. 작성한 사고기록지를 가지고 역할극을 통해 내담자의 자동적 사고 찾기를 연습해 보자.
3. 작성한 사고기록지를 활용하는 방안을 역할극을 통해 연습해 보자. 각자 한 번씩 상담사 역할을 하면서 사고기록지 활용에 있어서 어려운 점이 무엇인지 나누고 해결방안을 모색해 보자.

3. 자동적 사고 평가하기

상담을 진행하면서 내담자가 보고하는 자동적 사고를 모두 개입하기에는 비효율적이기 때문에 핵심이 되는 자동적 사고를 선택해서 개입하는 방법이 효과적이다. 그렇다면 핵심이 되는 자동적 사고를 어떻게 선택할 것인가? 내담자의 자동적 사고가 감정, 행동,

생리적 반응에 어느 정도로 영향을 미치고 있는지, 이러한 현상이 지속적으로 반복되고 있는지, 그리고 미래와도 관련되어 영향을 미칠 수 있는지 등을 통해 내담자와 이야기를 나누면서 자동적 사고를 평가하고 선택 여부를 결정한다.

1) 내담자와 함께하는 자동적 사고 평가

자동적 사고가 드러났고, 중요하다는 생각이 들었다면 내담자와 상호 협의하에 자동적 사고를 평가할지에 대해 결정해야 한다 (Beck, 2011). 이때 상담사가 독단적으로 결정할 수 없다. 왜냐하면 상담사는 내담자의 안내 없이는 내담자의 자동적 사고가 왜곡되었다고 판단할 수 없기 때문이다. 실제로 그것은 타당한 사고일 수도 있다. 더욱이 자동적 사고에 대한 평가는 내담자와 상호 협의해서 진행하는 것이 원칙이기 때문에 독단적인 판단은 기본원칙에도 어긋난다. 이러한 과정에 중요한 선택 결정자는 내담자이다. 내담자가 원하는 곳에서 시작해서 내담자와 함께 자동적 사고를 평가해야 한다. 내담자의 안내를 따라서 개입하되 내담자가 자신이 원하는 곳으로 가고 있는지에 대해서는 상담사가 확인하면서 함께해야한다. A를 원한다고 말하면서 행동은 B를 할 수도 있기에 내담자가 원하는 것인지를 확인하고 점검하면서 자동적 사고에 대한 평가가 진행되어야 한다. 이때 사용되는 것이 직면일 것이다. 불일치되는 부분을 잘 확인하면서 내담자의 자동적 사고를 평가하는 개입이 필요하다. 사례를 통해 살펴보자.

내1: 사람들이 나를 무시하다 보니 나도 모임에 안 가요. 굳이 갈 필요가 없지요. 안 가도 괜찮아요.

상1: 나를 무시하는 모임에는 가지 않고 그래도 괜찮다고 하셨는데 그렇다면 이곳 상담실에 온 것은 무엇을 위해 오셨나요? [생각과 행동의 불일치를 직면]

내2: 아…… 음…… 그러게요. 안 괜찮은가 봐요. 음…… 그래서 우울하고 집에 있으면 괜히 이유도 없이 화가 나고 그런 걸까요?

상담사는 내담자가 원하는 것이 무엇인지를 파악하고 그것을 수행함에 있어서 방해하는 생각이 무엇인지를 찾기 위해서 내담자의 이야기를 적극적으로 경청하고, 내담자가 원하는 방향을 정해 놓고 함께 가야 한다. 물론 이 방향은 상담이 진행되면서 변화할 수 있으나 이 또한 내담자와 함께해야 하고 자동적 사고 중 어떤 것을 집중적으로 다룰지도 내담자와 함께 선택해서 개입한다.

Beck(2011)은 내담자가 주요한 자동적 사고를 보고하더라도 중점적으로 다루지 않아도 되는 예외 상황들을 다음과 같이 제시하고 있다. ① 상담적 관계에 해롭다고 판단될 때, ② 내담자의 고통이 너무 심해서 사고를 평가하기 어려울 때, ③ 그 생각에 효과적으로 대응하도록 가르치기에 시간이 충분치 않을 때, ④ 다른 인지모델의 요소에 대해 작업하는 것이 더 중요하다고 판단될 때, ⑤ 다른 문제에 대한 탐색이 더 중요하다고 판단될 때 등이다.

먼저, 상담사가 내담자가 생각하고 느끼는 것이 상황에 적절하지 않다는 생각이 들 때 이를 다루게 되면 상담적 관계에 방해가 될 수 있다. 특히 상담 초기에는 상담사의 섣부른 판단일 수도 있고, 상담사의 판단이 타당하다 할지라도 내담자와의 상담동맹 관계가 단단하게 형성되지 않은 상황에서 성급하게 다루는 것보다는 좀 더 탐색하고 안전하게 개입하는 것이 필요하다. 적절한 시점을 찾아 개입하는 것이 중요하다.

둘째, 내담자의 고통이 너무 심해서 사고를 평가하기 어려울 때, 이를 직접적으로 성급하게 다루기보다는 본 상담에서 다룰 수 있는 만큼만 개입하고 내담자가 힘겨워하는 사고에 대해서는 추후 다른 상담에서 진행하는 것도 한 방법이다. 내담자가 상담사에게 와서 어떤 주제를 꺼냈다고 해서 상담사가 그것을 해결해 줘야 한다는 생각은 조금 내려놓는 것이 내담자를 위해서도 상담사를 위해서도 필요하다. 그러나 내담자가 원하고, 회기를 조정할 수 있다면 내담자가 고통스러워하는 부분에 대한 안전장치를 먼저 한 다음에 개입하는 것도 한 방법이다.

셋째, 자동적 사고에 효과적으로 대응하도록 가르치기에 시간이 충분치 않을 때는 이 또한 다음으로 미루는 것이 더 효과적이다. 실제로 자동적 사고를 다룬다는 것은 이에 대한 대안적 사고를 찾은 후 그것에 대한 효과적인 대안행동을 익히는 과정까지 포함한다. 이를 위해서는 충분한 시간, 즉 충분한 상담회기가 필요한데 내담자의 상황상 이를 확보할 수 없을 때는 할 수 있는 범위 내에서 안전하게 하는 것을 권한다. 병원에서 수술을 할 때는 이에 대한 몸상태를 확인하고, 수술 후 회복할 수 있는 여러 상황을 고려해서 수술을 하게 된다. 그렇게 하지 않을 경우 개복한 상태로 멈추게 되면 오히려 수술을 위한 개복 자체가 건강을 해칠 수 있기 때문이다. 상담도 이와 유사하다. 개입을 위해서는 내담자의 준비도와 상담사의 개입에 대한 유능감도 필요하지만 이를 다룰 수 있는 충분한 시간도 확보되어야 한다.

마지막으로, 내담자가 주요한 자동적 사고를 보고하더라도 상담사의 전문적인 경험으로 볼 때 다른 인지모델의 요소나 다른 문제에 대해 작업하거나 이야기를 나누는 것이 더 중요하다고 판단될 때는 재고할 필요가 있다. 그렇다고 해서 상담사가 주도적으로 개입해야 한다는 의미는 아니다. 내담자에게 상담사의 생각을 알려 주고, 이에 대해 이야기를 나눠 내담자의 동의하에 진행하길 권한다. 내담자의 동의 없는 일방적인 개입은 오히려 상담을 효율적으로 진행하지 못하도록 방해할 수 있기 때문에 비효과적이다. 내담자가 능동적으로 상담에 참여해야만 상담이 효과적으로 진행되기 때문에 상담과정에 내담자를 참여시키고 내담자가 이해할 수 있는 표현들로 설명하면서 상담을 진행해야 한다. 이런 관점에서 본다면 인지행동상담은 지시적이라기보다는 내담자 중심의 내담자를 위한 상담일 수 있다.

2) 자동적 사고 평가방법

자동적 사고 평가를 위한 여정에서 상담사가 사용할 수 있는 기법 중 하나가 소크라테스 질문법이다. 소크라테스 질문법은 변증법적 토론을 일컫는다. 정, 반, 합에 의한 토론으로 정에 대해 반하는 의견을 제시하여 모순을 찾아내고 비교해서 무엇이 옳은지에 이르게 하는 방식으로 불합리한 점을 찾아 객관적 진리를 찾도록 하는 방법이다. 소크라테스 질문법은 내 생각이 진리가 아닐 수 있음을 인정해야 한다. "아무것도 모른다는 사실만을 안다."라는 소크라테스의 표현에서처럼 상담사 또한 모름을 인정하고 내담자와 함께 자동적 사고를 평가하면서 찾아가야 한다.

　Beck(2011)은 자동적 사고에 대한 평가를 위한 소크라테스 질문법을 유형화하여 다음과 같이 제시하고 있다. 첫째, 증거에 대해서 질문하기이다. 예를 들면, "어떤 것을 통해서 이런 생각을 하게 되었나요?" "혹시 이에 반하는 경우가 있다면 무엇일까요?" 등이다. 대체적으로 내담자는 사고에 반하는 생각을 하지 못하는데, 상담사의 이러한 질문이 다른 관점에서 생각할 수 있게 한다. 둘째, 대안적인 설명(alternative explanation)에 대해서 질문하기이다. 예를 들면, "혹시 또 다른 가능성이 있다면 무엇일까요?" 등이다. 셋째, 탈재앙화(decatastrophizing)에 대해서 질문하기이다. 예를 들면, "최선의 상황은 어떤 경우일까요?" "최악의 상황은 어떤 경우일까요?" 등이다. 이러한 질문을 하는 것은 현실적인 결과를 생각하도록 하기 위함이다. 그러나 이 질문을 할 때 주의가 필요하다. 최악의 상황은 자동적 사고를 찾아서 최악의 상황이 아닌 현재 내담자가 할 수 있는 시도들을 하게 하기 위함인데 그것을 다룰 정도의 힘이 없거나 최악의 상황을 상상하는 것이 오히려 내담자의 불안을 더 확대시킬 우려가 있을 때는 주의가 필요하다. 넷째, 자동적 사고의 영향에 대해서 질문하기이다. 예를 들면, "당신의 이러한 생각

〈표 6-1〉 인지오류

- **이분법적 사고**(dichotomous thinking): 대부분의 상황을 극단적인 두 범주에 국한시켜 사고
- **선택적 사고**(selective abstraction): 일부 정보만을 가지고 결론을 내리고 다른 자료들은 무시
- **임의적 추론**(arbitrary inference): 증거가 없음에도 불구하고 어떤 결론을 내림
- **과잉일반화**(overgeneralization): 하나의 상황으로 내린 결론을 다른 상황에까지 확장시켜 적용
- **과장과 축소**(magnification and minimization): 부정적인 것은 과장하고 긍정적인 것은 축소
- **개인화**(personalization): 외적 상황과 자신을 연결시켜서 자신에게 적용
- **정서적 추론**(emotional reasoning): 자신이 느끼는 감정을 왜곡으로 생각지 못하고 인정
- **긍정적 경험의 평가절하**(disqualifying the positive): 긍정적 경험을 왜곡하여 부정적 경험으로 전환
- **파국화**(catastrophizing): 어떤 상황에 대해 현실적인 것을 고려하지 않고 지나치게 부정적으로 예상하고 두려워함
- **명명하기**(labeling): 타당한 근거도 없이 부정적인 이름을 붙임

은 당신에게 어떤 영향을 줍니까?" "당신의 생각이 바뀌면 이러한 영향에는 어떤 변화가 있을까요?" 등이다. 다섯째, 거리두기에 대해 질문하기이다. 객관적으로 생각할 수 있도록 하기 위해 유사한 상황의 누군가를 가정해서 생각하도록 하는 질문이다. 예를 들면, "만약 당신 친구가 당신과 유사한 상황이라면 어떤 이야기를 해 주고 싶나요?" 등이다. 여섯째, 문제 해결에 대해서 질문하기이다. 예를 들면, "이런 상황에서는 무엇을 해야 할까요?" "혹시 지금과 다

르게 해 본다면 어떻게 할 수 있을까요?" "그렇게 함에 있어서 혹시
방해하는 것이 있다면 무엇인가요?" 등이다.

이상과 같은 질문들로 충분하지 않을 때 대안적인 방법은 다음
과 같다(Beck, 2011). 첫째, 대안적으로 다양한 질문하기이다. 상담
사의 질문이 기계적이고 공식화되어 있을 경우 내담자는 상담사의
질문에 불편함을 가지고 진실된 상담이라고 생각하지 않는 경향이
있다. 유사한 질문이라도 자신의 언어로 조금 다양화시켜 유연하
게 개입할 때 좀 더 효과적일 수 있다. 둘째, 인지왜곡을 식별하기
인데 대체적으로 흔히 하는 인지오류를 열 가지 정도로 정리할 수
있다(〈표 6-1〉 참조). 셋째, 상담사의 자기개방을 통해 상담사의 자
동적 사고가 무엇이고 이를 어떻게 찾았는지에 대한 과정을 공유
하는 것도 한 방법이다.

3) 자동적 사고가 사실일 경우의 개입법

자동적 사고가 역기능적이어서 대안적 사고가 필요한 경우도 있
지만 자동적 사고가 사실인 경우도 있다. 이를 위해 자동적 사고
에 대한 평가를 진행해야 한다. 이 경우 자동적 사고를 대안적 사
고로의 전환이 필요한 것이 아니라 다른 개입이 진행되어야 한다.
Beck(2011)은 자동적 사고가 사실일 경우 다음 세 가지 방안을 제
안하였다. 첫째, 문제 해결에 초점 맞추기이다. 내담자가 처해 있는
상황을 분석하고 이에 대한 해결방안을 모색하는 것이 중요하다.
실제로 부모로부터 학대를 받고 있거나, 직장 내에서 괴롭힘을 당

하고 있는 것을 내담자의 부정적 자동적 사고로 인식하여 개입하는 것은 적절한 대처 시기를 놓쳐 위기 상황을 맞게 할 수도 있으니 자동적 사고에 대한 평가는 그만큼 중요하다. 둘째, 자동적 사고가 사실일지라도 그 의미의 해석이 타당한지에 대한 검증하기이다. 셋째, 앞서 제시한 두 가지 방법을 사용해도 해결되지 않는 일들도 있기 때문에 비현실적인 희망을 갖게 하기보다는 그러한 결과를 수용하도록 하는 방법이다. 예를 들어, 갑작스러운 사고로 장애 판정을 받은 경우, 시간이 지나면 원래대로 회복이 될 것이라는 비현실적인 희망을 갖게 하기보다는 현재 처한 상황을 수용하고 그에 적절한 적응을 위한 방안을 모색하는 개입이 더 효과적이다.

4) 자동적 사고 평가 시 고려점

여러 방안을 통해 내담자의 자동적 사고를 평가하고 이에 대한 개입을 진행했음에도 불구하고, 내담자가 자신의 자동적 사고를 여전히 믿으며 변화를 느끼지 못할 때가 있다. Beck(2011)은 자동적 사고의 평가가 효과적이지 않은 이유를 다음과 같이 다섯 가지로 제시하고 있다.

첫째, 핵심이 되는 자동적 사고나 심상들을 내담자가 충분히 표현하지 못했을 경우이다. 상담사는 내담자가 자신의 생각을 충분히 표현할 수 있도록 기다려 주고 생각의 자극이 되는 질문을 통해 표현의 장을 마련하는 개입을 할 필요가 있다. 이를 위해서는 상담사의 조급함이 방해가 될 수 있으니 인내심을 갖고 적절한 때를 기다려야 한다.

둘째, 자동적 사고의 평가가 적절하지 못하거나 피상적일 경우이다. 내담자가 자신의 자동적 사고를 바로 찾아 명확하게 하기에는 한계가 있다. 그런데 초심상담사도 유사하게 제대로 된 평가를 못하는 상황이 있다 보니 자동적 사고가 피상적인 경우가 종종 발생한다. 이를 예방하기 위해서는 상담사가 좀 더 경각심을 가지고 자동적 사고에 대한 명확한 이해와 평가가 가능하도록 학습과 수련이 필수적으로 진행되어야 한다. 수술을 하게 되는 의사들도 수술 시 필요한 실매듭 묶는 것을 끝없이 연습하고 또 연습을 하듯이 상담사들도 한두 번의 교육으로 끝내지 말고 온전히 체득될 수 있도록 슈퍼비전을 통한 준비에 좀 더 주력하길 바란다.

셋째, 내담자가 자동적 사고를 지지하는 증거라고 믿는 것들을 충분히 표현하지 못했을 경우이다. 무리한 개입은 효과성에 있어서 문제가 될 수 있다. '충분히'라는 것이 어느 정도이냐고 질문을 하는 사람들이 있는데, 내담자가 더 이상 없다고 할 때가 하나의 사인이 될 수 있다. 물론 그렇게 반응하고도 또다시 이야기를 하는 경우도 있지만, 그럴 경우 새로운 것인지 아니면 지금까지 언급한 것과 유사한 것인지를 확인하여 적절한 정리와 함께 개입이 이루어져야 한다. 또한 회기가 정해져 있기 때문에 회기를 연장할 수 없는 상황이라면 내담자에게 이를 알리고, 지금까지 나온 것을 토대로 해서 개입하는 것도 한 방법이다. 시간에 쫓겨서 무리하게 개입하거나 회기에 여유가 있는데도 내담자의 이야기를 사전에 차단하는 것은 오히려 상담의 효과성과 효율성에 방해가 될 수 있으니 전반적인 사례개념화에 근거해서 민감하게 반응하길 바란다.

넷째, 내담자의 자동적 사고가 핵심신념일 경우에는 근원적인 것이라 한 번의 평가로는 효과적으로 다루기 어렵다. 이를 예방하기 위해서는 상담사가 내담자의 자동적 사고와 핵심신념에 대한 명확한 파악이 선행되어야 하니 이에 대한 평가를 할 수 있는 능력을 갖추길 바란다.

다섯째, 머리로는 적응적 반응을 믿지만, 감정적으로는 믿지 않는 경우이다. Beck은 감정이 자동적 사고로 들어가는 통로임을 강조한 것처럼 감정에 대한 충분한 공감과 수용으로 표현되고 이해받는 경험이 이루어져야 한다. 이러한 맥락에서 볼 때 인지행동상담은 인지만 중요하게 여기는 차가운 이론이기보다 인지뿐만 아니라 감정을 중시하는 따뜻한 이론이라 볼 수 있다.

❖ **학습문제** ❖

1. 자신이 사용하는 인지오류는 무엇인지 생각해 보고 동료들과 나눠 보자.
2. 자동적 사고를 개입함에 있어서 어려웠던 상황을 공유하고 동료들과 함께 원인을 찾아 해결방안을 모색해 보자.

제 7장

인지재구조화
다루기

1. 자동적 사고, 중간신념, 핵심신념과 인지도식 연결하기

이 장에서는 자동적 사고, 중간신념, 핵심신념과 인지도식을 연결 지어 살펴보고자 한다. 먼저, 자동적 사고는 상황에 대해 스쳐지나가는 생각이라고 한다면 중간신념은 태도, 규칙, 가정들로 구성된 신념이고, 핵심신념은 자신과 다른 사람에 대한 절대적인 생각이다. Beck은 도식(schema)을 인지구조로 보았고, 핵심신념은 그 구조의 구체적인 내용으로 간주하여 도식과 핵심신념의 두 가지를 구분하였다. 그러나 핵심신념을 도식이라고 부르는 학자도 있다. 중간신념을 수정하는 것은 자동적 사고를 수정하는 것보다 어렵기는 하지만 절대적인 생각인 핵심신념을 수정하는 것보다는 쉬운 편이라 할 수 있다. 처음부터 핵심신념을 찾기는 어렵다. 상황을 통해서 자동적 사고와 그것으로 인한 감정과 행동을 찾아 이러한 자동적 사고가 어떤 사고에 의해 나타나고 있는지 논리적으로 연결되는 핵심신념을 찾아야 한다. 이러한 핵심신념을 대처하기 위해 어떤 가정과 규칙으로 중간신념을 갖고 있는지도 파악할 필요가 있다.

1) 중간신념과 핵심신념

자동적 사고 찾기는 제6장에서 다루었기 때문에 이 장에서는 중간신념과 핵심신념 찾기를 살펴보자. 먼저, 중간신념은 태도, 규칙, 가정들로 구성되어 있다. 태도는 어떤 상황에 직면했을 때 취하는 자세나 입장을 의미하는 것으로, 반복된 실패를 경험하거나 자신에게 의미 있는 일에서 실패를 경험한 경우 '난이도가 높은 문제는 도전할 필요가 없다'는 입장을 취하는 것이 그 예이다. 이러한 태도로 인해 '난이도가 높은 문제는 도전하지 말라'는 규칙을 갖게 되고, '만약 내가 도전해서 실패하면 사람들이 나를 싫어할 것이기 때문에 사랑받기 원한다면 실패하면 안 된다.'라는 가정을 갖게 된다. 이와 같이 태도, 규칙, 가정들로 구성된 중간신념은 핵심신념의 영향으로 형성되고, 이렇게 형성된 중간신념은 자동적 사고에 영향을 준다. 즉, 핵심신념이 자동적 사고의 근원지라 할 수 있지

사례 A

핵심신념: 나는 사랑받을 수 없는 사람이다.

중간신념 ── 가정: 사랑받기 위해서는 그 사람들이 원하는 것을 해 줘야 해. (긍정적)
　　　　　　　　　　원하는 대로 해 주지 않으면 나는 사랑받지 못할 거야. (부정적)
　　　　　　└─ 규칙: 나는 항상 최선을 다해서 열심히 해야 해.
　　　　　　　　　　힘들어도 참아야 해.

보상전략: 다른 사람들을 관찰해서 필요를 채워 주고 문제를 해결해 줌
　　　　　　힘들 때 다른 사람들이 알면 안 되기 때문에 집에서 혼자서 지냄

A. 상황 ⟶ **B. 사고** ⟶ **C. 감정:** 가슴이 아프고 속상하다.
남자친구와　　　내가 뭘 잘못했나?　　**행동:** 잠을 못 자고 아무것도 할 수 없다.
헤어짐　　　　(의미: 나를 좋아하는
　　　　　　　사람은 없어)

만, 상담 초기에는 핵심신념을 직접적으로 다룰 경우 무리한 개입이 될 수 있기 때문에 내담자가 인식하기 쉬우면서 핵심신념에서 나온 자동적 사고를 인식하고 수정하도록 개입하는 것이 효율적이다(Beck, 2011). 자동적 사고, 중간신념, 핵심신념에 대한 개념 정립을 위해 예를 들어 설명하면 사례 A 와 같다.

중간신념에 긍정적 가정과 부정적 가정이 있는데 여기서 언급하는 긍정적 가정은 적응적인 건강한 가정을 의미하는 것이 아니다. 긍정적 가정이라는 것은 일종의 합리화로 불안에 대한 방어적 형태로 나타난다. 긍정적인 가정이 역기능적인 가정이 아닌 현실적인 신념인지에 대한 점검이 필요하다.

보상전략은 핵심신념에 대처하기 위해 중간신념을 갖게 되고, 그것을 행동적 전략으로 발전시킨 것이다. 동일한 핵심신념을 가졌다고 해도 중간신념과 보상전략이 다를 수 있는데, 이 또한 내담자를 보편적 잣대로 이해하고 개입하기보다 개별적인 특성을 고려하여 내담자에게 적합한 개입이 되도록 관찰과 탐색이 선행되어야

사례 B

핵심신념: 나는 사랑받을 수 없는 사람이다.

중간신념 ── 가정: 사랑받기 위해서는 다른 사람들보다 뛰어나서는 안 된다.
　　　　　　　　능력이 뛰어나면 사람들이 나를 싫어할 것이다.

　　　　── 규칙: 너무 열심히 하지 말고 적당히 하자.
　　　　　　　내 생각을 드러내지 말자.

보상전략: 다른 사람들이 하자고 하는 대로 하면 돼.
　　　　사람들에게 늘 물어보고 도움을 요청함

〈표 7-1〉 보상전략

• 부정적인 감정들을 회피한다.	• 좋은 감정만을 표현한다(예: 주의를 끌기 위해서).
• 완벽해지기 위해 노력한다.	
• 지나치게 책임감을 가진다.	• 일부러 무능하거나 무력해 보이려고 한다.
• 친밀해지는 것을 회피한다.	
• 남이 알아봐 주기를 바란다.	• 책임을 회피한다.
• 다른 사람과의 대결을 피한다.	• 부적절하게 친밀함을 구한다.
• 상황을 통제하려고 노력한다.	• 주목받는 것을 피한다.
• 어린아이처럼 행동한다.	• 다른 사람을 화나게 한다.
• 다른 사람을 기쁘게 하려고 노력한다.	• 다른 사람에 대한 통제를 포기한다.
• 권위주의적으로 행동한다.	• 다른 사람과 거리를 두거나 자신의 즐거움을 추구한다.

한다. **사례 B** 는 **사례 A** 와 핵심신념이 동일하지만 중간신념과 보상전략이 다름을 보여 주는 예이다.

보상전략 자체가 잘못된 것은 아니다. 보상전략은 대부분의 사람이 사용하는 정상적인 행동이다. 다만, 스트레스 상황에서 이러한 전략을 과도하게 사용하는 것이 문제인 것이다. Beck(2011)은 전형적인 보상전략을 〈표 7-1〉과 같이 제시하고 있다.

2) 중간신념과 핵심신념을 찾기 위한 방법

Beck(2011)은 중간신념과 핵심신념을 찾기 위한 방법으로 다음 일곱 가지를 제안하고 있다. 사실 상담장면에서는 자동적 사고, 중간신념, 핵심신념을 명확하게 찾아서 핵심신념까지 다루는 상담을 진행하는 경우는 드물다. 대체적으로 상담회기가 짧기 때문에 내담자가 자동적 사고만 알아차리고 이를 대안적 사고로 변경할 수만 있어도 효과적인 상담이라고 할 수 있다. 그렇다면 상담사들은 도대체 무엇을 위해 중간신념과 핵심신념을 찾는 방법을 공부해야 하는 것일까? 바로 상담의 효과성을 높이기 위함이다. 효과적인 상담을 진행하기 위해서는 내담자에 대한 올바른 이해가 필수인데 이것이 좀 더 명확한 사례개념화가 전제되어야 하기 때문이다.

중간신념과 핵심신념을 찾기 위한 방법은, 첫째, 자동적 사고로 표현된 신념으로 파악한다. 상담사가 내담자의 자동적 사고로 표현된 것들을 기초로 중간신념을 파악하는 방법이다. 그러나 내담자들은 중간신념을 자동적 사고로 표현하는 경우가 종종 있기 때문에 이를 실제로 구분하기는 쉽지 않다. 둘째, 중간신념의 가정의 첫 부분을 제시해서 나머지를 내담자가 채워 나가도록 한다. 문장완성검사처럼 문장의 앞부분을 상담사가 가정법으로 표현하고 뒷부분을 내담자가 표현하게 함으로써 이를 구분하는 방법이다. 셋째, 직접적으로 "○○ 상황에서 어떤 규칙을 가지고 있나요?"와 같은 질문으로 유도하여 규칙이나 태도를 이끌어 낸다. 넷째, 하향식 화살 기법(Burns, 2000)을 사용한다. 하향식 화살 기법은 내담자가 자기성찰로 나아갈 수 있도록 의미를 질문하면서 중간신념과 핵심신념을 찾아 들어가는 과정이다. 즉, 자동적 사고에 대해 무엇을 의미하는지 내담자에게 계속 질문하면서 중간신념과 핵심신념을 찾는 방법이다. 긴 부연설명보다는 간단명료한 형식의 질문을 사용할 것을 권한다. 단, 질문이 계속 반복되다 보면 버거워할 수 있으니 생각의 공간을 만들 수 있는 간단한 공감을 함께 사용하는 것도 하나의 방법이다. 그렇지 않으면 내담자가 취조받는 것과 같은 생각과 함께 생각하지 않은 부분을 계속 찾아 들어가야 하기 때문에 버거울 수 있다. 자동적 사고가 내담자'에게' 무엇을 의미하는지 질문하면 중간신념을 찾을 수 있고, 그 중간신념이 내담자 자신에 '대해서' 또 무엇을 말해 주는지(무엇을 의미하는지) 질문하면 핵심신념을 찾을 수 있다. 그러나 섣부른 의미 찾기는 오히려 방해가 될 수 있으니 주의가 필요하다. 하향식 화살 기법은 부정적인 감정의 변화를 보이거나 이와 유사한 신념을 표현할 때, 중간신념이나 핵심신념이 드러날 때 종료하면 된다. 다섯째, 내담자의 자동적 사고를 검토하여 공통된 주제를 찾는다. 자동적 사고들을 정리하다 보면 공통된 주제들이 나오는데 그것을 기반으로 찾는 방법이다. 여섯째, 내담자에게 자신의 신념이 무엇인지 직접 물어본다. 직접적으로 질문을 한다고 해서 내담자가 자신의 신념이 무엇이라고 명확하게 대답할 것이라는 기대를 갖기보다는 생각에 자극을 준다고 생각하는 편이 더 나을 수 있다. 이 책을 읽고 있는 여러분이 '중요하게 여기는 신념이 무엇이냐?'라는 질문을 받았을 때 바로 대답할 사람은 많지 않을 것이다. 어쩌면 거의 없다고 봐야 할지도 모르겠다. 상담사들이 만나는 내담자들도 유사하다. 그래서 무엇인가 쉽게 찾을 것이라는 기대를 하기보다는 직접적으로 질문하면서 생각하도록 자극하고, 그러한 과정을 통해 앞에서 제시한 방법들을 하나씩 시도해 보는 형태로 진행할 것을 권한다. 마지막은 신념에 관한 질문지나 척도를 작성하도록 하는 방법이다. 이 방법도 앞에서 제안한 방법들과 함께 사용한다면 효과적일 수 있다.

중간신념과 핵심신념을 찾는 일곱 가지 방법에 대해 간략하게 살펴보았는데 태도, 규칙, 가정들로 구성된 중간신념은 규칙이나 태도보다 가정의 형식으로 표현된 중간신념을 찾아 다루는 것이 좀 더 용이하다. 가정법적 화법을 사용하기 때문에 내담자의 이해도를 높일 수 있다. 중간신념과 핵심신념에 대해 내담자가 어느 정도 믿고 있는지를 척도질문을 통해 확인해서 수정작업을 할 것인지를 결정할 수 있다. 그 외 내담자의 신념으로 자신이 얻은 것(득)과 잃은 것(실)을 생각해 보게 하여 자신의 신념 자체를 평가한 후 수정 여부를 결정하는 방법도 있다.

3) 핵심신념 수정

중간신념과 핵심신념을 찾았다면 이를 수정하는 개입이 필요한데, 중간신념과 핵심신념을 수정하는 방안은 유사하기 때문에 핵심신념을 중심으로 살펴보고자 한다. 먼저, 부정적인 핵심신념은 무능함과 연관된 신념, 사랑받지 못함과 연관된 신념, 그리고 추후에 무가치함과 관련된 신념까지 세 가지로 분류된다(Beck, 1999). 부정적인 핵심신념은 자신뿐 아니라 타인과 세상에 대해서 가질 수 있다. 내담자가 가지고 있는 부정적인 핵심신념을 찾아서 이를 수정하는 개입을 해야 하지만 상담 초기에 다루면 어려움이 발생할 수도 있으니 주의가 필요하다. Beck(2011)은 이와 같은 상황을,

첫째, 완고하고 지나치게 일반화된 핵심신념을 가진 경우, 둘째, 인지들이 절대적인 사실이라고 확고하게 믿는 경우, 셋째, 핵심신념을 반박할 때 격렬한 감정을 경험하는 경우, 넷째, 상담자와 충분한 상담동맹 관계가 형성되지 않았을 경우로 제시하고 있다. 이러한 경우들과 같이 핵심신념을 바로 다루기 어려울 때는 자동적 사고와 중간신념을 먼저 다루는 것이 필요하다. 핵심신념을 자동적 사고로 생각하여 개입할 경우에도 적절한 반응이 나타나지 않을 수 있으니 주의가 필요하다.

핵심신념을 식별하고 수정하기 위해서 다음과 같은 과정을 거친다. 첫째, 핵심신념을 범주화하기이다. Beck(2011)은 핵심신념을 무능함, 사랑받지 못함, 무가치로 범주화하였다. 자세한 예는 〈표 7-2〉와 같다. 핵심신념이 세 가지로 범주화되지만 하나의 핵심신념을 가지고 있기보다는 중복되는 경우도 있다.

둘째, 내담자의 자동적 사고나 중간신념을 식별할 때 사용했던 방법으로 핵심신념을 식별하고 구체화하기이다. 구체화하는 방법은 자동적 사고를 식별하는 개입과 유사한데 상담사가 이를 구별하기가 익숙하지 않아 개입 시 어려움이 있는 듯하다. 내담자에게 적용하기 위해서는 정기적인 슈퍼비전과 함께 충분한 학습이 필요하다.

셋째, 핵심신념에 대한 가설을 내담자에게 제시하고 가설이 적절한지 확인하기이다. 내담자에게 확인하면서 추가적인 정보를 수집하여 가설을 다듬어 채택 여부를 결정한다. 핵심신념은 사실인 것도 있지만, 대부분의 또는 모든 핵심신념이 사실인 것은 아니다.

〈표 7-2〉 Beck의 핵심신념 세 가지 사례

1. 무능함의 핵심신념
   • 나는 무능력하다. 나는 도움이 필요하다.
   • 나는 힘이 없다. 나는 쓸모없는 사람이다.
   • 나는 통제력이 없다. 나는 제대로 할 줄 아는 게 없다.
   • 나는 약하다. 나는 실패자다.
   • 나는 쉽게 상처받는다. 나는 갇혔다.
   • 나는 부족하다. 나는 결함이 있다(타인의 기대에 부응할 수 없다).
   • 나는 어찌할 바를 모른다. 나는 충분하지 못하다. 나는 패배자다.

2. 사랑받지 못함의 핵심신념
   • 나는 사랑받을 수 없다. 나는 별종이다.
   • 나는 호감을 주지 못한다. 나는 나쁜 사람이다. 그래서 사람들이 나를 사랑하지 않을 것이다.
   • 나는 달갑지 않은 사람이다. 나는 결함이 있다. 그래서 사람들이 나를 사랑하지 않을 것이다.
   • 나는 매력적이지 못한다. 나는 사랑받을 만큼 충분히 좋지 못하다.
   • 나는 꺼려지는 사람이다. 나는 거절당하게 되어 있다.
   • 나는 관심받지 못한다. 나는 버림받게 되어 있다.
   • 나는 외로울 수밖에 없다.

3. 무가치함의 핵심신념
   • 나는 가치가 없는 사람이다. 나는 부도덕하다.
   • 나는 받아들여질 수 없는 사람이다. 나는 위험하다
   • 나는 나쁘다. 나는 악하다.
   • 나는 쓰레기다. 나는 악마다. 나는 살 가치가 없다.

핵심신념은 어린 시절의 영향이 크며, 성장하면서 핵심신념과 일치되는 정보는 수용하고 불일치되는 정보는 무시하면서 핵심신념을 계속 강화시켜 왔기 때문에 사실이 아닌 것도 굳어진 경우가 많다. Beck(2011)은 가장 근원적인 수준의 믿음인 핵심신념에 의해 모든 상황을 해석하고 있기 때문에 부정적 정보는 즉각적으로 받아들여 핵심신념을 강화시키고, 긍정적 정보는 부정적 정보로 바꾸거나 배제해 인식조차 되지 않는다고 하였다. 상담에서는 이러한 작동을 인식하여 멈추게 하고, 긍정적 정보의 씨앗을 다시 싹트게 하는 작업이 진행되어야 한다. 핵심신념은 검증을 통해 유지 여부를 재확인해야 한다. 교육을 통해 이러한 과정을 알려야 한다고 생각하지만, 교육을 하다 보면 상담에서 벗어날 수 있고 내담자를 수동적으로 만들 수 있기 때문에 이 과정을 상담과정에서 내담자가 경험할 수 있도록 해야 한다.

넷째, 핵심신념에 대한 일반적인 설명과 함께 내담자가 가진 핵심신념에 대해 설명하고 핵심신념이 현재 어떻게 작용하고 있는지를 알 수 있도록 한다. 이 경우도 설명보다는 내담자가 자신의 상황에서 어떻게 작용하고 있는지를 소크라테스 질문을 통해 스스로 생각하여 통찰하고 경험할 수 있도록 하는 것이 더 효과적이다. 다만, 내담자가 이러한 과정을 어려워하는 경우도 있기 때문에 내담자의 눈높이에서 생각할 수 있도록 상담사의 공감과 질문이 중요하다.

다섯째, 새로운 핵심신념 찾기이다. 지나친 긍정적인 신념보다는 적절한 현실적 신념을 찾도록 해야 내담자가 부담을 가지지 않는다. 그런데 이 적절한 신념이라는 것 자체가 쉽지 않다. 다만, 긍정적인 신념이라고 하면 지나치게 이상화된 신념을 찾을 수 있기 때문에 현실 가능한 핵심신념을 찾도록 하는 것이 중요하다. 예를 들면, '나는 결코 사랑받을 수 없다'를 '나는 모두에게 사랑받을 수 있다'로 바꾸기보다 '나를 사랑하는 사람도 있다(또는 나에게도 사랑받을 점이 있다)'가 보다 현실적이다.

　여섯째, 내담자와 함께 핵심신념을 평가하고 수정한다. 앞에서 다룬 소크라테스식 질문법, 역할극 등을 활용할 수 있다. 그 외에 극단적 대조법은 인지연속성과 유사한 기법으로 극단적으로 부정적인 면을 가진 사람과 비교하도록 하는 방법이다. 이때 대상은 실존인물 또는 가상 인물 모두 가능하다. 극단적 대조법을 사용할 시 주의할 점은 비교 대상이 자신과는 다르다고 생각할 수 있기 때문에 자신에게 적용함에 있어서 거부할 수 있다. 극단적 대조법 이외에도 책이나 영화 또는 은유 사용하기도 가능하다. 예를 들면, 부모로부터 모욕당한 내담자에게 〈콩쥐팥쥐〉 이야기를 통해 자신을 보도록 하는 방법이다. 이러한 매체를 활용한 전략은 제11, 13장에서 좀 더 다루도록 하겠다.

　마지막 과정은 내담자가 적응적인 핵심신념을 구체화하여 강화하도록 하는 것이다. 강화시키는 방법은 두 가지이다. 하나는 새로운 적응적인 핵심신념을 지지할 수 있는 정보 찾기이고, 다른 하나는 새로운 핵심신념에 대해 실험하여 경험하도록 촉진하기이다.

◆ 학습문제 ◆

1. 자신의 중간신념, 핵심신념이 무엇인지 생각해 보고 동료들과 나눠 보자.
2. 자신이 사용하고 있는 보상전략이 무엇인지 생각해 보고 동료들과 나눠 보자.

2. 인지재구조화 작업에서의 장애물

인지재구조화 작업에 있어서 여러 가지 어려움이 발생하는데, 이러한 어려움을 발생시키는 장애물들을 상담사 요인과 내담자 요인으로 나눠 살펴보고자 한다.

1) 상담사 요인

인지재구조화 개입 시 장애물이 되고 있는 상담사 요인은 다음과 같다. 첫째, 상담사들이 기법에 익숙하지 않아서 장애가 발생하는 경우가 많다. 인지행동상담은 워낙 다양한 기법이 많아서 기법으로 개입을 하면 쉬울 것 같지만 상담현장에서는 배운 대로 착착 진행되지 않는 경우가 많다. 이런 경험을 한 초심상담사들 대부분이 인지행동상담 기법에 문제가 있다고 생각하는데 정말 그럴까? 슈퍼비전을 진행하다 보면 상담현장에서는 기법대로 되지 않는다며 이론 탓을 하는 초심상담사들을 종종 만나게 된다. 그런데 그들의 축어록을 보면 기법대로 하지 않은 경우가 허다하다. 아직 익숙하지 않아서 그럴 수 있으나 문제는 자신이 제대로 개입하지 못했다는 생각을 하지 못한 채 이론 탓, 내담자 탓을 한다는 것이다. 물론 인지행동상담이 모든 상담의 해법이라는 의미는 아니다. 적어도 자신이 부족한 점을 알고 이를 현장에서 어떻게 적절하게 적용할 것인지를 고민하는 자세가 필요하다.

　초심상담사들이 흔히 잘못 이해하고 있는 부분이 인지행동상담은 지시적이고 인지적인 측면만 다룬다는 점이다. 이로 인해 정서적 만남 없이 무리한 진행으로 개입을 하다 보니 내담자의 저항에 부딪혀 상담이 원활하게 진행되지 않는다. 인지행동상담도 상담동맹 관계 형성은 기본이고, 정서적 만남을 통한 개입이 진행되어야 한다. 그다음으로 실수하는 부분이 자동적 사고에 대한 이해 부족이다. 초심상담사도 자신의 사고 틀에 갇혀 있다 보니 내담자의 자동적 사고를 분별하지 못하고 그냥 스쳐 지나가 버려서 개입이 제대로 진행되지 않는 경우가 흔히 있다. 자동적 사고에 대한 개념적 이해가 선행되어야겠지만 이와 동시에 새로운 관점에서 사고할 수 있는 열린 자세를 위한 실험적 시도가 일상에서 필요하다. 초심상담사가 기법에 익숙하지 않다 보니 내담자의 눈높이에 맞게 개입에 대한 설명이 진행되지 않고 어려운 전문용어를 사용하게 됨으로써 내담자의 불안을 자극하여 방어적 자세를 더 강화시키게 되는 경우도 있다. 이는 내담자의 준비도와 이해도를 살필 여유가 없다 보니 발생하는 현상이라 할 수 있다. 이론의 주요 개념과 기법에 익숙해지도록 지속적인 연습과 슈퍼비전을 통해 내담자의 연령, 학력, 동기 등을 고려하여 내담자가 이해하기 쉬운 표현들로 쉽게 접근하도록 사전 준비가 필요하다.

　둘째, 상담사의 조급함이다. 내담자에 대한 안타까움과 상담사의 지나친 의욕이 앞서서 무리한 진행을 할 경우 의도와 다르게 역효과가 나타날 수 있다. 더욱이 기관에 소속되어 평가를 받는 상황에서는 상담성과에 대한 부담으로 조급함이 더 커져서 무리한 개입을 진행하게 만든다. 상담사의 민감성을 활용하여 내담자의 속도에 맞추고 내담자의 피드백을 통해 개입의 적절성을 확인하면서 개입해야 한다. Wills(2016)는 인지행동상담에 익숙한 상담사들이 내담자에게 아무런 준비 없이 자동적 사고 찾기와 대안적 사고 찾기 등을 제안해서 시도해 보게 하는 것은 주의가 필요하다고 보았다. 상담사도 그렇게 쉽고 간단한 과정이 아님을 익히 경험을 통해 알면서도 상담에서는 조급함 때문에 무리한 진행을 하는 경우가 있다. 교육이라는 명목하에 전문용어를 사용하면서 인지행동상담을 가르치고, 소크라테스 질문법을 마구 던지면서 부담을 주는 것은 자제해야 한다. 근거 있는 설득이라 할지라도 상담사의 주도적인 설득일 때 내담자는 이에 저항하기 마련이다. 내담자 스스로 자신의 사고에 대해 재점검할 수 있는 설득의 자원을 찾도록 안내하는 것이 상담사의 역할이기 때문에 여유를 가지고 내담자의 속도에 맞춰 개입할 필요가 있다.

셋째, 상담사의 역전이이다. 상담사 자신의 문제가 상담과정에 영향을 미치거나(Ledley, Marx, & Heimberg, 2014) 내담자와 상담하는 것이 불편할 때, 이러한 상황이 빈번하게 반복적인 형태로 나타난다면 역전이를 고려해야 한다. 역전이가 반드시 장애물이라고만 볼 수는 없는데, 그것이 오히려 상담자원으로 활용될 수도 있기 때문이다. 그리고 상담사가 불편해하는 부분이 상담 주제와 무관할 때는 주제를 제한해서 상담을 진행해도 무방하다. 그러나 상담사의 역전이가 상담 개입에 장애물로 작용하고 있다면 내담자와의 이야기를 통해 다른 상담사에게 의뢰하고 상담사는 교육 분석을 받기를 권한다. 교육 분석을 통해 자신을 점검하는 것이 상담사로서 성장의 기회가 될 수 있기 때문에 그것을 숨기거나 묻어 두기보다는 적극적으로 대처하길 권한다. 또한 교육 분석을 통해 상담사 자신을 들여다볼 수 있도록 기회를 제공해 준 내담자에게 고마운 마음을 갖기 바란다. 역전이로 인해 속상하고 무력감을 느끼기도 하지만 이러한 내담자들이 교육 분석을 통해 더 건강한 상담사로 성장할 수 있는 기회를 갖게 해 준 고마운 내담자이기 때문이다.

넷째, 문화 차이이다. 상담사와 문화 차이가 있는 내담자를 상담할 때 주의할 점은 다음과 같다. ① 내담자의 문화적 환경에 대한 이해가 선행되어야 한다. 다양한 문화가 혼재되어 있는 사회에 살고 있기 때문에 문화에 대한 이해는 필수적이다. ② 문화적 특수성을 고려하지 않은 채 인지왜곡으로 단순화시키지 않도록 주의가 필요하다. ③ 비판단적 입장을 유지해야 한다(Ledley et al., 2014). 이를 위해서는 자신의 신념과 가치관 및 문화 이해도를 점검하고 알고 있어야 한다.

다섯째, 상담사 소진이다. 상담이라는 일 자체가 소진이 잘 되는 직무 중 하나이다. 건강하고 밝은 이야기를 듣는 것이 아니고 모든 감각을 총동원해서 집중해서 경청하며 반응해야 하기 때문에 에너지 소모가 많다. 게다가 상담기관 종사자들의 경우 상담 업무도 많은데 행정적 업무도 많아 이를 수행함에 있어서 어려움이 발생한다. 상담만 전문적으로 할 것이라 생각했는데 막상 취업하고 나니 상담보다 행정 업무가 중점이 되면서 정체성의 혼란까지 겪게 될 경우, 상담사의 소진은 더 빨리 오게 된다. 이렇게 소진된 상황에서 상담을 진행할 때 내담자의 이야기에 집중하기가 쉽지 않고 개입에 어려움이 발생할 수 있다. 이를 예방하기 위해서는 자신의 한계를 파악하고 인정하는 것이 선행되어야 하고, 상담사 자신의 기본적 욕구를 돌보며 일과 휴식의 균형을 유지하는 것이 필요하다(Wright et al., 2006). 어떤 방식이 자신에게 쉼을 주는지 그 방안을 모색하고 충분한 휴식을 취하면서 자기관리가 되어야 소진을 예방하고 대처할 수 있다. 또한 자신이 감당하기 버거운 사례는 슈퍼바이저의 지도를 받으면서 진행하여 스트레스의 원인이 되도록 하기보다 자기성장의 기회로 활용하길 바란다.

바쁘게 상담을 하다 보면 자신의 역량을 개발하고 강화하는 시간 투자가 어렵게 된다. 소위 '바닥 긁는 소리가 난다'는 표현이 있듯이 대학원을 다니면서 배운 것으로 상담을 진행하는 데는 한계가 있기 마련이다. 습관적인 반복이 지속될 경우, 소진되기 쉽기 때문에 새로운 이론이나 기법을 학습하여 상담사로서의 능력을 발달시키는 데 주력하길 바란다. 이러한 노력이 병행될 때 소진을 예방할 수 있다. 또한 업무에 대한 생각에 있어서도 행정 업무가 상담사들과 무관하다는 생각은 바꿀 필요가 있다. 행정 업무 없이 기관이 존재할 수 없고, 행정 업무를 가볍게 생각하는 상담사는 기관에서 고용할 필요가 없기 때문에 상담사의 일터는 그만큼 줄어들게 되거나 고용 형태가 시간제로 바뀔 수밖에 없어 상담사의 고용은 불안정하게 될 가능성이 높다. 이는 상담사에게 오히려 손해가 되는 일이기 때문에 이에 대한 준비가 필요하다.

2) 내담자 요인

Ledley 등(2014)은 인지행동상담 개입 시의 어려움을 네 가지로 설명하고 있다. 첫째, 내담자의 조급함이다. 필요한 방법을 찾아 빠른 해결을 원하다 보니 자신의 평소 생각을 점검하고 인지재구조화 하는 과정을 조급해하고 답답하게 생각하는 경우가 발생한다. 상담사에게 계속 질문하지 말고 방법을 알려 달라며 재촉하는데, 이때 상담사도 함께 조급할 경우 오히려 무리한 개입을 하게 될 수 있으니 주의가 필요하다. 내담자의 조급함에 대해 공감하며 공간을 마련한 후, 내담자의 조급함이 내담자가 원하는 방법을 찾는 데 오히려 방해가 됨을 인지재구조화를 통해 깨닫게 하여 자신의 패턴을 보게 하는 것도 한 방법이다. 내담자의 조급함이 패턴으로 현재 주호소문제와도 연결되어 있을 가능성이 높기 때문에 이러한 장애물에 대한 이해가 되지 않은 상황에서의 개입은 한계가 있다.

둘째, 인지행동상담에서는 시점이 현재이다 보니 과거를 다루지 않음에 대한 염려가 있다. 일반 대중을 위한 상담 관련 책들이 대체적으로 정신분석과 같은 과거를 중시하는 이론에 기초하여 집필되고 있다 보니 과거에 대한 분석이 중요하다는 선입견을 가지고 상담에 임하는 내담자가 많은 편이다. 사실 인지행동상담도 과거와 현재의 연장선상에서 개입하고 있으나 중요한 것은 과거가 내담자의 현재 사고에 어떤 영향을 주고 있는지에 대한 탐색이다. 그러다 보니 현재와 관련된 과거만 탐색하고 현재와 연결하여 개입하기 때문에 과거에 무관심한 것으로 오해를 하게 된다. 인지행동상담은 과거를 다루지 않는다기보다 바꿀 수 없는 과거보다는 현재의 사고와 행동을 수정하는 것이 더 생산적이라는 관점을 가지고 있다. 다만, 이런 맥락의 연장선상에 있는 과거는 다루기도 한다. Beck(1995)은 다음과 같은 세 가지 상황에서의 과거는 의미 있게 다룰 필요가 있다고 한다. 즉, 내담자가 강하게 원할 때, 현재에 초점을 둔 개입이 내담자의 인지·정서·행동적인 면에서 변화를 이끌어 내지 못할 때, 내담자의 왜곡된 인지의 기원을 파악하여 현재 어떤 영향을 주고 있는지를 이해함에 있어서 중요하다고 판단될 때이다. 그러나 과거에 머물러서 과거 중심으로 다루는 것이 아니라 과거와 현재를 연결시켜 현재에 초점을 두어서 개입을 한다. 현재에 영향을 주고 있는 과거만을 선별적으로 탐색하여 현재로 연결시키는 것이 중요하다. 인지행동상담에서는 단순한 원인 파악의 차원에 머무는 것은 무의미하고 과거 탐색을 통해 현재의 사고와 행동에 대한 이해뿐 아니라 변화를 위해 활용하는 것이 주목적임을 안내한다. 이를 위해서는 내담자의 원하는 바가 현재 주 호소문제의 해결인지에 대한 확인을 통해 내담자의 이해에 기초하여 함께 작업하는 것이 선행되어야 한다.

셋째, 자신의 문제가 생물학적으로 결정된 것으로 이해를 하는 경우이다. 이는 한국적 상황에서 흔하지는 않다. 생물학적인 것도 있지만 환경적 요인이나 심리적 요인을 경시하는 것은 어떤 생각에서 기인한 것인지에 대한 탐색이 필요하다. 죄책감에서 벗어나기 위함인지, 자신의 노력이나 의지 및 책임감으로부터 자유롭기 위한 책임 회피인지에 대한 탐색을 통해 이에 대한 장애물을 최소화하여 개입이 진행되어야 한다.

넷째, 인지행동상담 효과에 대한 불신이다. 상담효과가 지속적이지 못하다고 생각하는 경우가 있는데, 이는 작은 노력으로 큰 성과를 얻고자 하는 생각과 내담자 스스로 변화를 유지하기 위한 노력과 투자에 대한 생각을 탐색하는 개입이 필요하다. 또한 인지행동상담 효과에 대한 불신은 인지행동상담에 대한 불신이라기보다 상담에 대한 불신에서 기인하는 경우가 있다. 상담을 받으러 오기는 했지만 상담이 효과적일지에 대한 불신을 기본적으로 가지고 있기 때문에 어떤 이론적 배경에서든 나타날 수 있는 내담자의 패턴일 수 있다. 내담자와 유사한 사례를 통해 동기화할 수 있으나 자신은 예외일 것이라 생각할 수도 있다. 그럴 경우에는 내담자에 대한 공감과 함께 상담효과에 대한 의문을 가지고 있으면서도 상담을 선택하게 만든 것이 무엇인지를 생각하게 한 다음 그것을 동기화하여 상담에 임하는 태도의 변화를 갖게 하는 것도 한 방법이다.

◆ 학습문제 ◆

1. 상담사의 소진 예방을 위해 자신이 활용하고 있는 방안을 동료들과 함께 공유해 보자.
2. 인지재구조화 장애물 중 상담사 요인으로 무엇이 있는지 스스로 점검하고 동료들과 나눠 보자.
3. 동료들과 함께 상담사로서의 장애물을 해결하기 위한 대안을 모색해 보자.
4. 동료들과 함께 인지재구조화 장애물 중 내담자 요인으로 무엇을 경험했는지 공유하고, 그것에 대한 해결방안을 찾아보자.

제8장

인지 개입을 통한
인지행동상담

자동적 사고에 대한 대처를 위한 방법으로 여러 가지 방안 중 인지적 접근법을 중점적으로 다루고자 한다. 이는 자동적 사고뿐 아니라 중간신념과 핵심신념을 수정하기 위한 방법으로도 사용 가능하다. 사례를 통해 살펴보자.

1. 소크라테스 질문법

소크라테스 질문법은 인지행동상담에서 내담자와 상담사 간의 상담적 상호작용을 드러내는 기법이다(Kazantzis et al., 2018). Beck(Kazantzis et al., 2018 재인용)은 소크라테스 질문법이 내담자로 하여금 자신의 생각이 정확하고 논리적인지 평가하도록 하고, 생각의 의미를 생각해 보게 하여 다른 관점을 채택하도록 자극하고, 생각 전환의 효과에 대해 이해하도록 한다고 하였다. 소크라테스 대화법이라고도 불리는 소크라테스 질문법은 소크라테스 대화법이라고 해서 단순히 이야기하는 것이라 오해할 수 있는데, Hofmann(Kazantzis et al., 2018 재인용)은 단순한 이야기를 하는 것이 아니라고 보았다. 내담자들이 스스로 발견하고 평가하고 관찰하도록 상담과정에 참여시키기 때문에 대화법(talk therapy)이라기보다는 '상담질문(questioning therapy)' '상담하기(doing therapy)'이다. 개방적인 질문을 통해 내담자가 생각하지 못한 관점에서 사고하도록 자극을 주는 소크라테스 질문법은 내담자의 호기심을 자극하여 상담에서의 능동적 참여를 촉진시킬 수 있다(Wright et al., 2006). 즉, 내담자 스스로 상담과정에 참여하도록 사고를 자극하는 질문 형태이다. 인지행동상담에서 소크라테스 질문법의 역할에 관한 Clark와 Egan(2018)의 연구에 따르면, 첫째, 소크라테스 질문법은 상담적 변화를 촉진하고 특히 자동적 사고를 자극하여 신념변화를 촉진하고 인지오류를 수정하도록 한다. 또한 내담자의 통찰을 촉진시키고, 상담에 필요한 기억들을 회상하도록 한다. 내담자로 하여금 소크라테스 질문과정을 내면화할 수 있도록 허용함으로써 유사한 상황에서 재발을 예방하고 더 의미 있는 타당한 결론에 도달하게 할 수 있다. 둘째, 내담자에게 힘을 주고 상담과정에의 참여를 증가시킴으로써 상담적 가치가 있다. 소크라테스적 접근이 내담자 자신의 어려움을 이해하도록 하고, 그들 자신의 방법으로 해결책을 찾음으로써 자기효능감을 촉진시키기도 한다.

Hofmann(Kazantzis et al., 2018 재인용)은 소크라테스 질문법을 상담 초기에 사용할 경우 저항, 방어 및 회피 행동을 초래할 수 있기 때문에 사용 시점을 결정하는 것이 매우 중요하다고 하였다. 준비되지 않은 내담자에게 소크라테스 질문을 사용할 경우 대결구도가 될 수 있기 때문에 자신에 대해 새로운 통찰력을 받아들일 준비가 되었는지를 분별하여 사용하도록 권하고 있다. Wright 등(2006)도 자동적 사고 수정을 위해 소크라테스 질문법을 사용할 때 유념해야 할 여섯 가지를 제안하고 있다. 첫째, 변화의 가능성을 열어주는 질문이어야 한다. 인지오류에 빠져 있다 보면 사고전환을 위한 여유 공간이 부족하다. 이로 인해 유사한 사고를 반복적으로 하는 경향이 있는데, 이때 소크라테스 질문을 통해 사고의 전환을 위한 공간을 열어 줌으로써 변화의 가능성을 경험하게 한다. 둘째, 부정적 사고 패턴에 대한 변화성과를 얻을 수 있는 질문이어야 한다. 사고의 전환이 감정과 행동의 변화를 초래함을 경험하게 하는 것이 중요하다. 이러한 목적성을 가지고 내담자 사고에 자극이 될 수 있는 질문을 진행해야 한다. 셋째, 내담자가 참여할 수 있는 질문이어야 한다. 상담사가 상담사의 생각을 주입하는 것이 아니라 내담자가 스스로 생각하도록 하여 상담의 주체가 될 수 있도록 질문해야 한다. 이것이 어느 정도 익숙해지면 내담자가 스스로 자신에게 질문을 해서 자신의 사고를 자극하는 형태가 되도록 하는 것이 필요하다. 넷째, 내담자에게 압박이 아니라 도전이 되는 유용한 질문이어야 한다. 질문을 계속 받다 보면 압박감으로 다가갈 수 있는데, 이는 적절한 개입이라고 보기 어렵다. 질문의 방식이 압박이 아니라 생각 자극이 되도록 하기 위해서는 내담자가 사고할 수 있는 눈높이에서 질문이 진행되어야 하고, 공감을 통해 생각할 공간을 마련하면서 질문이 진행되어야 한다. 상담사의 조급함이 계속되는 질문으로 이어져 내담자가 압박감을 느낄 수 있으니 주의가 필요하다. 내담자를 위한다고 한 행동이 상담사의 조급함이나 자신의 상황으로 인해 나타나는 현상일 수 있으니 슈퍼바이저와 함께 이에 대한 점검을 해 보길 권한다. 다섯째, 내담자가 창의적인 사고를 할 수 있는 질문이어야 한다. 즉, 정해진 결론으로 이끄는 의도된 질문이 되지 않도록 주의해야 한다. 의도성을 가지고 있다 보면 질문 형태가 닫힌 형식으로 나타나는 경우가 있다. 여섯째, 필요시

폐쇄형 질문을 할 수 있으나 가능하면 개방형 질문으로 진행해야한다. 내담자를 위한다는 마음에서 상담사의 우려와 조급함 등으로 인해 의도적인 질문이 반복되면 오히려 내담자의 자율적 사고를 방해할 수 있으니 내담자를 신뢰하는 마음으로 내담자의 속도에 맞춰 소크라테스 질문이 진행되어야 한다.

소크라테스 질문법은 자동적 사고를 수정할 때뿐 아니라 중간신념이나 핵심신념을 수정할 때도 사용하는데, Wright 등(2006)은 핵심신념을 수정할 때 소크라테스 질문법을 효과적으로 사용할 수 있는 방안 여섯 가지를 제시하였다. 상담현장에서는 구분 없이 사용 가능하기 때문에 유사한 맥락에서 이해하여 적절하게 사용할 수 있길 바란다. Wright 등(2006)이 제안한 방법을 살펴보면, 첫째, 사례개념화를 통해 질문의 방향을 잡아야 한다. 상담도 방향성을 가지고 진행해야 하는데 이때 필요한 지도가 사례개념화이다. 소크라테스 질문도 사례개념화를 통해 방향성을 잡고 진행해야 효과적이다. 슈퍼비전을 하다 보면 수련생들이 자신의 질문이 어떤 방향을 향하고 있는지 모른 채 진행할 때가 종종 있다. 사례개념화가 명확하지 않을 때 나타나는 현상인데 상담사가 나아갈 방향을 알고 있어야 내담자와 함께 그 방향을 보고 나아갈 수 있기에 사례개념화에 좀 더 시간과 에너지를 많이 투자하길 바란다. 둘째, 내담자의 사고에서 모순을 발견하도록 질문한다. 내담자는 자신의 생각과 행동의 모순 또는 생각과 생각의 불일치를 발견하지 못한 채 생활하는 경우가 많다. 그러한 모순과 불일치로 인해 혼란과 갈등이 생기고 고민이 되는 점이 있기 때문에 이러한 모순을 발견하도록 질문하는 것이 효과적이다. 이를 위해서는 상담사가 내담자의 생각과 행동을 잘 기억하여 불일치되는 점을 잘 발견하고 보여 줘야 하는데 이럴 때 소크라테스 질문을 할 수 있다. 셋째, 대안적 사고를 할 수 있도록 격려하는 질문을 할 때 소크라테스 질문이 가능하다. 상담사의 말을 통해 전달되기보다 내담자 내면에 가지고 있는 대안적 사고를 스스로 깨닫고 표현하도록 질문을 해야 한다. 넷째, 소크라테스 질문을 할 때는 내담자의 생각이나 경험을 앞서지 않도록 질문해야 한다. 상담사들이 상담사로서의 전문성을 내려놓고 상담사의 해석을 포함한 폐쇄적인 넘겨짚기식 질문을 하는 경우가 종종 있다. 상담사의 표현에 '맞다'고 격하게 반응하는 내담자를 보면서 뿌듯해하는 상담사가 있는데 넘겨짚기식 질문은 자제해야 할 행동 중 하나이다. 이것에 익숙해지면 내담자가 아니라고 반응할 때 오히려 위축되고, 뭔가를 맞혀야 한다는 부담감으로 내담자의 이야기에 집중하지 못하고, 자신의 생각에 매몰될 수 있기 때문이다. 다섯째, 감정을 활성화시키는 질문이 필요하다. 인지행동상담은 감정과 무관하다고 생각하는 사람들이 종종 있는데 그렇지 않다. 오히려 상담사의 소크라테스 질문을 통해 내담자의 잠재된 감정을 활성화시켜 느끼게 하고 표현하게 할 뿐 아니라 감정접촉을 통해 인지오류를 탐색하여 고통스러운 감정에서 자유로울 수 있도록 하는 개입도 가능하다. 여섯째, 핵심신념을 변화시키기 위한 발판이 되는 질문을 할 때도 소크라테스 질문법이 사용된다.

Padesky(1993)는 소크라테스 질문법에 대해 다음 네 가지를 설명하고 있다. 첫째, 소크라테스 질문법은 내담자가 답변할 수 있는 질문이다. 예를 들어, 아버지에 대해 이야기할 때 자신의 감정을 인식하지 못한 내담자에게 "지금 기분이 어때요?"라는 질문은 내담자가 대답할 수 없기 때문에 상담관계를 약화시킬 수 있어서 적절하지 못하다. 오히려 '아버지에 대해 이야기할 때 몸의 변화에 대해 어떻게 인식하고 있는지' 또는 '아버지를 생각할 때 떠오르는 이미지'에 대해 질문하여 그것을 통해 느낌을 찾아갈 수 있도록 질문하는 것이 더 효과적이라고 할 수 있다. 둘째, 소크라테스 질문법은 내담자와 함께 다루고 있는 문제와 관련성이 있는 질문으로 해야 하고, 내담자가 현재 매여 있는 초점에서 벗어나 다른 관점에서 생각할 수 있도록 환기시킬 수 있어야 한다. 내담자들이 관련 있는 기억을 떠올릴 수 있도록 하는 질문이 좋은 질문이다. 이를 위해서 상담사가 내담자와 다른 관점에서 생각과 감정이 활성화되어 있어야 내담자가 인지하지 못한 중요한 정보를 인식할 수 있다. 셋째, 소크라테스 질문은 일반적으로 구체적인 질문에서 추상적인 질문으로 진행된다. 특히 상담 초기에는 구체화를 통해 서로의 이해를 확인할 수 있다. 이런 과정 다음에 내담자들이 새로운 생각과 실험을 할 수 있도록 하기 위해서는 추상적인 질문을 통한 자극이 필요하다. 소크라테스 질문의 최종 목표는 내담자가 자신의 생각을 재평가하고 새로운 관점을 구성하도록 함께 하는 것이다. 이러한 가능성을 높이기 위해 Padesky(1993)는 안내된 발견(guided discovery)과정을 제안하고 있는데, 이는 다음 절에서 좀 더 다루도록 하겠다. 그렇다면 소크라테스식 질문을 어떻게 표현할 수 있는가? 소크라테스 질문법을 Wills(2016)의 질문 예들을 통해 살펴보자(〈표 8-1〉 참조).

〈표 8-1〉 Wills(2016)의 질문 예

1. ○○○이라고 말했는데 그것의 의미는 무엇입니까?

2. ○○○이 사실이라고 생각하는 증거는 무엇이고, 혹시 반대되는 증거가 있다면 무엇입니까? ['증거'라는 표현이 내담자에게 불편감을 줄 수 있기 때문에 다음과 같이 바꿔 사용할 수 있다 → 어떤 점에서 (무엇을 보면) ○○○이 사실이라고 생각합니까? 만약 생각과 다르다면 어떤 점에서 그럴까요?]

3. 당신이 생각하는 최악(최선)의 상황은 무엇입니까?

4. 그런 일이 일어날 것이라고 생각하게 만드는 것은 무엇입니까?

5. 그 일이 발생한다면 무엇을 할 것이고, 어떻게 대처할 것 같습니까?

6. 이전에도 유사한 상황이 발생한 적이 있습니까? 있다면 그때는 어떻게 대처했습니까?

7. 그 생각을 하면 지금 어떤 느낌이 듭니까?

8. 혹시 다른 관점에서 이 상황을 본다면 무엇이 보입니까?

9. 당신 생각에 있어서 얻는 것은 무엇이고 잃는 것은 무엇입니까?

10. 다른 관점에서 상황을 본다는 것은 당신에게 어떤 의미입니까?

11. 당신 스스로에게 조금 더 유익하게 하려면 무엇이라고 말할 수 있습니까? 어떤 행동을 할 수 있습니까?

12. 지금과 다른 행동을 한다면 어떻게 다르게 하고 싶은가요?

13. 이것이 가능하도록 하기 위해서 당신이 준비해야 할 일은 무엇입니까?

이상에서 살펴보았듯이 소크라테스 질문법을 사용하는 방식이 학자들마다 약간씩의 차이가 있기는 하지만 다음과 같은 공통점이 있다. 첫째, 열린 질문을 사용한다. 둘째, 내담자의 감정을 활성화시키도록 한다. 셋째, 내담자의 사고를 자극하여 내담자가 인지하지 못했던 생각을 스스로 하게 한다. 넷째, 이러한 과정은 다른 관점에서 생각할 수 있도록 공간을 만들어 주어서 대안적 사고와 행동을 찾아 시행하도록 한다.

◦ 학습문제 ◦

1. Wills(2016)의 소크라테스 질문법을 활용하여 동료들과 함께 10분씩 이야
기를 한 후 경험을 나눠 보자.
2. 소크라테스 질문법을 활용해서 자동적 사고를 대안적 사고로 수정하는 과
정을 연습해 보자.

2. 안내된 발견

소크라테스적 접근법과 관련이 깊은 안내된 발견(guided discovery)
은 귀납적 추론을 통해 상담사의 역할은 최소화하면서 내담자가
효과적인 해결책을 찾는 여정에서 새로운 정보를 발견하고 합리
적인 결정을 할 수 있도록 한다(Overholser, 2018). 상담이 진행될
때 안내된 발견을 사용할 경우, 내담자가 자신의 해결방안을 찾도
록 격려하면서 협업과정이 향상될 수 있다(Padesky & Beck, 2003).
Overholser(2018)에 의하면 안내된 발견은 지적 겸손(intellectual
modesty), 공감적 경청(empathic listening), 체계적 질문(systematic
questioning), 내담자의 능력에 대한 믿음(trust in the client's
abilities), 유용한 초점을 유지하기 위한 방향 전환(redirection to
maintain focus), 회기 간 보완을 위한 활동(activities completed
between sessions), 유용한 자료 강조(highlighting useful material) 그
리고 간략한 설명(occasional brief explanations)의 8개 요소로 구성

되어 있다.

첫째, 지적 겸손은 소크라테스적 모름에서 출발한다. 이러한 모름의 태도로 임할 때, 상담사가 자신이 모르는 것뿐 아니라 아는 것조차도 호기심을 가지고 모든 회기에서 겸손히 탐색하게 한다. 이러한 자세는 상담사뿐 아니라 내담자에게도 적용되어 확신하고 있는 것조차도 모름에서 출발하여 자신의 생각과 태도를 재고해 보게 한다. 상담사는 내담자의 질문에 답을 하는 것이 아니라 다양한 질문을 통해 내담자 스스로 결론에 도달하고 자신의 해결책을 찾을 수 있도록 함께 하는 것이 중요하다.

둘째, 공감적 경청으로 내담자의 주요생활 상황, 감정, 갈등 등에 대한 이해가 중요하다.

셋째, 체계적 질문이다. 상담사는 내담자가 대답할 수 있는 질문을 하고 이러한 질문을 통해 내담자가 자신의 상황에 주의를 기울이도록 할 수 있다. 안내된 발견의 질문을 통해 내담자가 자신의 신념을 점검하고, 새로운 대안을 찾을 수 있도록 문제를 탐색하게 한다(Beck, 2011).

넷째, 내담자의 능력에 대한 믿음이다. 상담사는 안내된 발견을 통해 내담자로 하여금 새롭고 유용한 통찰을 갖게 하고, 배우고 성장할 수 있는 내담자의 능력에 대한 신뢰를 중요시한다.

다섯째, 유용한 초점을 유지하기 위한 방향 전환이다. 상담사는 내담자가 최근 상황과 사소한 걱정에 너무 많은 시간을 소비할 때 이야기를 멈추게 하거나 다른 주제로 방향 전환을 하기도 한다. 초심상담사는 주제 전환을 주저하여 그대로 두는 경우가 있는데, 이는 오히려 상담사의 집중력을 잃게 만들고 상담시간을 낭비할 수 있으니 주의가 필요하다. 특히 상담현장에서는 대체적으로 단기상담이 진행되기 때문에 상담시간을 효과적으로 사용하기 위해 상담사가 중간에 끼어들어 방향 전환을 해야 함에도 주저하는 상담사들이 있다. 이런 경우 상담사의 자동적 사고가 무엇인지에 대한 탐색이 필요하다. 끼어들기나 방향 전환이 상담사를 위함이 아니라 내담자를 위함인데도 내담자가 원하지 않고 자신의 이야기를 길게 하고 싶어 하는 것을 들어 주는 것이 상담사의 역할이라고 생각하는 경우가 종종 있다. 그런데 내담자의 긴 이야기를 상담사가 이해하지도 못하고 있을 뿐 아니라 그것이 내담자의 패턴이고, 이러한 패턴이 내담자의 현 상황에 영향을 주고 있음에도 불구하고 개입을 하지 못한다면 이것은 내담자를 위함이라고 보기 어렵다.

여섯째, 회기 간 보완을 위한 활동이다. 상담을 진행하다 보면 논리적 사고에 초점을 둔 합리적 대화보다 행동전략이 필요할 때가 있다. 비활동 상태가 오래될 경우 부정적 생각을 하게 되고, 이는 부정적 감정에 이어 비활동 경험을 지속시키기 때문에 행동 활성화는 필요한 개입 중 하나이다. 특히 자동적 사고가 내담자의 비활동을 유지하려고 하기 때문에 이에 대한 예측과 함께 그것에 대비를 하면서 행동 활성화를 진행해야 한다. 이에 대한 대비책으로 활동 이후 활동에 대한 자신의 느낌을 기록하고 평가하게 해서 다름에 대한 경험을 인지하여 서서히 확장해 나가는 것이 필요하다. 예를 들면, 과거 삶의 경험에 대한 글쓰기라든지, 활동계획 세우기 과제 등이다. 특히 글쓰기를 통해 자신의 감정에 관심을 가지고 알아차리게 되고, 표현되지 않은 감정을 상담회기 내에서 풀 수 있는 기회를 마련하게 된다. 이러한 과정을 통해 내담자로부터 수집된 정보는 상담 종결 후 예방전략 수립에 유용한 자료로 사용된다.

일곱째, 유용한 자료 강조이다. 상담사는 안내된 발견을 통해 상담을 진행하면서 발견한 주요한 깨달음을 강조하고, 내담자로 하여금 스스로 진행된 상담을 요약하게 함으로써 내담자에게 유용한 부분을 강조한다. 내담자의 삶의 경험과 일종의 패턴으로부터 일반화를 형성하기 위한 귀납적 추론을 사용하고, 요약 후 탐색적 질문을 통해 내담자가 새로운 관점을 통합할 수 있도록 개입한다.

마지막은 간략한 설명이다. 상담사는 자신의 배경과 전문적인 경력을 설명하기도 하지만 내담자의 불일치된 신념의 오류를 직면할 때도 부드럽게 자극이 되는 설명을 통해 새로운 관점을 찾도록 한다. 상담사 혼자 개입전략을 선택하기보다 내담자가 이해할 수 있도록 설명하고 공유하면서 개입하는 것이 효과적이다. 내담자를 상담과정에 참여시킬 때 가장 주의해야 할 것은 교훈적인 강의가 되어 내담자를 수동적으로 만들지 않도록 하는 것이다.

Padesky(1993)는 안내된 발견의 4단계 과정을 제시하였다. 첫 번째는 정보를 얻을 수 있는 질문을 하는 단계이다. 이 질문은 내담자와 다루고 있는 주제와 관련 있는 상황을 구체화하고 이해를 돕기 위해 필요하다. 특히 상담 초기에 이러한 작업이 필요하며 더 나아가 이러한 과정을 통해 내담자가 자신에 대해 새로운 인식을 갖게 된다. 두 번째 단계는 듣기이다. 질문 자체가 중요하기보다 듣는 것이 중요하다. 질문을 할 때 예상했던 답변이 있다 하더라도 예상치 못한 정보를 구별해 낼 수 있기 위해서는 듣기에 집중해야 한다. 이를 위해서는 예상 답변을 갖기보다는 호기심을 가지고 질문하는 자세가 중요하다. 세 번째 단계는 요약이다. 상담을 진행하다 보면 내담자는 생각을 정리할 여유 공간이 없다 보니 상담이 끝나고 중요한 것을 한 것 같은데 정리가 되지 않아 기억이 안 난다는 이야기를 들어 봤을 것이다. 상담 중에 소크라테스 질문을 받다 보면 계속 생각을 해야 하기 때문에 상담의 요약은 중요하다. 특히 내담자에게 의미 있고 관련 있는 내용일 경우에는 더욱 중요하다. 또한 요약을 통해 내담자와 상담사의 이해가 유사한지를 확인할 수 있으며, 새로운 정보를 전체적으로 볼 수 있다. 네 번째는 내담자가 상담을 통해 알게 된 내용을 자신의 상황과 생각에 적용할 수 있도록 정리하고 종합할 수 있는 질문을 통해 마무리하는 단계이다.

효과적인 대화를 위해서는 다양한 주제를 탐구하고 새로운 방안을 찾고, 무엇보다 서로를 신뢰하는 마음으로 다른 견해를 존중하는 자세가 중요하다(Overholser, 2018). 이러한 태도로 내담자와 상담을 진행하면서 상담사가 선택하고 결정하는 것이 아니라 내담자가 인식하지 못했던 불일치를 직면하여 내담자가 자신의 생각을 인식하고 자신의 삶을 새롭게 재조명하게 한다. 그러나 상담사는 상담회기를 진행할 때 상담사 자신뿐 아니라 내담자를 안내하는 핵심신념을 가지고 있는데, 이러한 신념이 상담사의 의도를 사용하도록 안내하여 내담자의 동기를 부여하는 데 사용된다(Overholser, 2018).

Overholser(2018)는 상담 중에 활용하는 신념 여덟 가지를 제시하고 있다. 첫째, 모든 사람은 변화할 수 있다. 내담자들 중에 상담이 다른 사람에게는 유익할지 몰라도 자신에게는 효과가 없다고 생각하는 경우가 있는데 이에 대한 생각의 전환이 필요하다. 둘째, 변화는 지속적인 노력이 필요한 점진적인 과정으로, 비현실적인 기대를 가지고 상담에 임하는지에 대한 점검이 필요하다. 이는 비단 내담자에게만 해당되는 것이 아니다. 초심상담사들은 조급함과 불안으로 인해 단기간에 큰 성과를 내야 한다는 부담으로 무리한 개입을 하는 경우가 종종 있는데 이 또한 점검이 필요하다. 작은 변화의 씨앗을 귀하게 여길 수 있길 바란다. 셋째, 전적으로 좋은 사람도 나쁜 사람도 없다. 부모의 영향을 받아 성장하지만 부모 이외에 다양한 환경에 노출되어 영향을 받은 것처럼 부모도 고정관념과 차별이라는 넓은 사회적 맥락에서 부모에 대한 새로운 인식이 시작되어야 한다. 넷째, 대인관계가 중요하기 때문에 사회적 고립을 선택한 내담자들에게 새로운 사회적 연결을 시작하도록 하는 개입이 필요하다. 다섯째, 지금 경험하고 있는 상황이 시간이 지나면 처음처럼 심각하지 않을 수 있다. 이는 현재 고통을 가볍게 여기는 것으로 오해의 소지가 있기 때문에 주의가 필요하나 상담이 진행되면서 생각의 전환이 필요하다. 여섯째, 과거를 바꾸거나 지울 수 없으나 과거로 인해 계속 손상받을 만큼 연약하지도 않으며, 계속해서 내담자를 괴롭히게 내버려 두기보다는 상담을 통해 과거의 기억을 내담자의 경험과 통합하게 한다. 일곱째, 감정은 자연스러운 것으로 불안이나 고통과 같은 부정적 감정조차도 정상적이다. 여덟째, 적응적 반응에서는 기분이나 행동의 균형을 찾을 수 있다.

이와 같은 여덟 가지 신념이 상담의 안내를 하기도 하지만 구조화된 매뉴얼이 되지 않도록 주의가 필요하다.

◆ 학습문제 ◆

1. Padesky(1993)의 안내된 발견 4단계 과정을 동료들과 함께 연습해 보자. 각자 한 번씩 상담사 역할을 하면서 안내된 발견의 활용에서 어려운 점이 무엇인지 나누고 보완하기 위한 대안을 모색해 보자.
2. Overholser(2018)의 신념 여덟 가지 중 자신의 마음에 새기고 싶은 것과 그 이유는 무엇인지 동료들과 함께 나눠 보자.

3. 하향식 화살 기법

하향식 화살 기법(downward arrow technique)은 내담자가 왜곡된 사고를 한다고 해서 반대되는 증거를 바로 찾도록 질문하기보다 내담자의 생각을 '수용한다면'이라는 조건하에 순차적인 질문을 통해 적합한 추론이 나올 때까지 질문하는 방식이다. 예를 들면, "어떤 점에서 수준 낮은 사람이라는 생각을 하게 되었나요?"보다는 "만약 그 사람들이 당신을 수준 낮은 사람이라고 생각하는 것이 사실이라면 그 생각은 당신에게 어떤 의미인가요?"라고, 좀 더 간단하게 표현해 "수준 낮다는 말이 무슨 뜻인가요?" "수준 낮다는 표현이 어떻게 들리나요?" "수준 낮다는 말을 들으면 어떤 생각이 드나요?"라고 질문할 수 있다. 상담사의 간단명료한 질문은 내담자의 생각을 자극하기에 보다 효과적이다. 복잡하고 긴 질문이나 한 번에 여러 개 질문하는 방식은 내담자를 혼란스럽게 할 수 있으니 주의하길 바란다.

하향식 화살 기법 질문은 내담자와 함께 심층으로 내려간다는 자세로 사용하길 권한다. 생각의 밑바닥에 여러 생각이 뒤섞여 있는데 그곳으로 내담자와 함께 한 계단씩 내려간다는 생각으로 임하는 자세가 중요하다. 어떤 생각들이 뒤섞여 있는지 명확하지 않은 상태에서 자신의 내면을 들여다본다는 것이 여러 염려와 불안을 갖게 할 수 있기 때문에 공감적 반응과 함께 하향식 화살 기법을 사용할 때 내담자가 안전감을 느끼면서 자신의 내면과 마주할 수 있게 된다.

◦ 학습문제 ◦

1. 하향식 화살 기법을 활용해서 중간신념 찾기를 연습해 보자.
2. 각자 한 번씩 상담사 역할을 하면서 하향식 화살 기법 활용에 있어서 어려운 점이 무엇인지 나누고 보완하기 위한 대안을 모색해 보자.

4. 인지적 연속성

인지적 연속성은 이분법적 사고를 가지고 있는 사람들에게 사용되는 기법이다. 이분법적 사고를 하는 경우, 내담자의 생각이 양극단에 집중되어 있는데 이런 극단만 있는 것이 아니라 중간 단계도 있음을 생각할 수 있도록 한다. 즉, 인지의 연속선상에서 여러 가지를 고려하여 폭넓게 사고하도록 하는 방법이다. 이분법적 사고를 연속적인 관점에서 사고하도록 개입하고, 무엇이 이러한 위치에 있게 하는지, 조금이라도 나아가기 위해 무엇을 해야 하는지 등을 질문하여 사고의 유연성을 갖도록 한다.

● 학습문제 ●

1. 자신의 이분법적 사고를 탐색해 보자.
2. 자신의 이분법적 사고 중 하나를 선택해서 연속적 관점을 가지도록 동료들과 함께 연습해 보자. 각자 한 번씩 상담사 역할을 하면서 인지적 연속성의 활용에서 어려운 점이 무엇인지 나누고 보완하기 위한 대안을 모색해 보자.

5. 타자를 준거점으로 사용

Beck(2011)은 타자를 준거점(reference)으로 사용하는 방법을 세 가지로 제안하고 있다. 첫 번째 방법은 자신의 신념에 대해 심리적 거리를 확보하기 위해 다른 사람의 신념을 가지고 검토하여 자신에게 적용하도록 하는 방법이다. 상담에서의 초점은 내담자에게 둬야 함을 강조하고 있는데, 이 방법은 자신과 다른 신념을 가진 타인의 신념에 대해 말할 수 있도록 하여 초점이 타인에게 가게 하는 것처럼 보이지만 결국 그러한 신념을 자신에게 적용하도록 함으로써 다시 내담자에게 초점을 돌리게 한다. 물론 타인의 신념을 자신에게 적용하는 것이 쉽지 않겠지만 이러한 과정을 통해 생각에 자극을 줌으로써 서서히 다른 관점에서 생각할 수 있도록 개입하는 방법이다.

두 번째 방법은 자신의 역기능적인 생각과 비슷한 생각을 가진 사람을 떠올리게 해서 그 사람의 생각에 대해 어떻게 생각하는지 질문하여 평가하게 한다. 타인의 생각에 대한 평가를 통해 왜곡된 증거를 찾고 이를 자신에게 적용하게 한다. 예를 들면, "만약 지인인 ○○ 님이 이런 생각을 하고 있다면 그 사람에게 무엇이라고 말해 주겠습니까?"에 대해 답하게 한 다음에 그 대답을 자신에게 적용해서 자신에게도 동일하게 들려주도록 하는 방법이다.

세 번째 방법은 자신의 자녀나 자신이 아끼는 누군가가 자신과 유사한 생각을 하고 있다고 가정해서 자신의 신념으로부터 거리를 두는 것이다. 자신의 자녀가 스스로 '쓸모없는 사람'이라고 생각한다면 어떤 생각이나 감정이 드는지 생각하게 하고, 그러한 생각을 어떻게 하고 싶은지 질문하여 스스로 생각하게 한다. 자신이 아끼고 사랑하는 사람이 스스로를 '쓸모없는 사람'이라고 생각하는 것을 그대로 두고 싶은 사람은 없을 것이다. 이때 어떤 생각으로 바꾸게 하고 싶은지 내담자로 하여금 생각하게 한 다음에 그것을 자신에게 적용해 보길 권하는 방법이다.

이상에서 언급한 세 가지 방법 모두 일종의 거리두기이다. 자신의 생각에 빠져 있다 보면 객관적으로 생각할 공간이 없다. 그러다 보니 계속해서 역기능적인 사고를 하게 되어 자신의 생각에 대한 다른 관점을 가지거나 다른 생각을 하기가 어렵다. 이럴 경우, 타자를 통해 자신으로부터 거리두기를 하여 객관적으로 생각해 보게 하는 방법이다.

● 학습문제 ●

1. 타자를 준거점으로 사용하는 방법 세 가지 중 한 가지씩 선택하여 동료와 함께 연습해 보자.
2. 각자 한 번씩 상담사 역할을 하면서 타자를 준거점으로 사용함에 있어서 어려운 점이 무엇인지 나누고 보완하기 위한 대안을 모색해 보자.

6. 자기노출

상담사의 자기노출은 내담자로 하여금 자신의 신념을 다른 시각에서 볼 수 있도록 공간을 열어 준다. 내담자는 상담사가 자신과 다를 것이라는 기대를 갖고 있는데, 자신과 유사한 경험을 했다는 상담사의 자기노출은 내담자의 생각을 흔들어 놓게 만든다. 이러한 현상이 내담자에게 새로운 관점에서 생각할 수 있는 공간을 만들어 준다.

상담사의 자기노출 시 주의할 점은, 첫째, 상담사의 이야기가 너무 길지 않도록 해야 한다. 유사한 경험에 중점을 둬서 내담자가 자신과 유사한 경험을 했다는 생각을 가질 수 있을 정도로만 간단하게 표현한다. 가끔 슈퍼비전에서 상담사의 자기노출 시간이 상담 시간의 1/3을 차지하고 있는 축어록을 볼 때가 있는데 상담시간은 내담자의 시간임을 기억하기 바란다. 둘째, 내담자와 동일한 경험을 하지 않았을 경우에는 유사한 감정의 경험을 간단하게 표현하는 것도 하나의 방법이다. 단, 내담자의 경험과 다름을 먼저 설명하고 유사한 감정의 경험을 공유할 때 내담자는 자신이 이해받은 경험을 하게 된다. 화장품 독으로 고생한 이후에 화장품에 작은 불순물이라도 들어가는 것에 대해 강박적으로 행동하는 내담자의 사례를 통해 한번 살펴보자.

내1: 화장품을 한 번 바꾼 적이 있는데 그 화장품이 저와 맞지 않아서인지 얼굴에 붉은 점들이 뒤덮으면서 엄청 고생한 적이 있어요. 병원에서는 화장품이 맞지 않아서라기보다 불순물이 들어가서 발생한 일시적 현상 같다고 하더라고요. 그때부터 화장품에 나쁜 것들이 들어가면 안 된다는 생각을 하게 되면서 화장품을 바르기 전에 손을 30분씩 씻고. 이상한 생각이 들면 화장품 전체를 바꾸는 등 내가 생각해도 너무 이상한 행동을 하게 돼요. 이러면 안 된다는 것을 알고는 있는데 멈춰지질 않아요. 화장품 구매하는 데 돈도 엄청 많이 들고요. 그런데 선생님은 이런 저를 이해 못하실 것 같아요. 이해 못하셔도 돼요. 저도 제가 이상하거든요.

상1: 아…… 솔직히 저는 그런 경험이 없다 보니 제가 ○○○ 님을 온전히 이해하기는 어려울 듯합니다. 그런데 ○○○ 님의 불편함과 비교하면 별것 아

닐 수 있지만 제가 대상포진에 걸려서 3개월 정도 엄청 고생한 적이 있습

니다. 너무 아파서 고생했는데 병원에서는 면역이 떨어져서 그렇다고 잘

먹고 잘 쉬어야 한다고 하더군요. 그 이야기를 듣고 걱정이 되어서 모든 식

자재를 유기농으로 바꿨답니다. ○○○ 님의 경험과 차이는 있지만 화장

품으로 인해 또 고생하면 어쩌나 하는 염려하는 마음에 불편해도 화장품

을 계속 교체하는 것 같다는 생각이 들어요.

내2: 맞아요. 선생님. (울먹이면서) 감사해요. 저를 이상하게 볼까 염려했는데

이해해 주셔서 감사해요. 몇 개월을 고생했기 때문에 또 그러고 싶지 않

아서 화장품을 교체하고 손을 엄청 열심히 씻고 하는데 이것이 사회생활

을 하는 데 너무 불편해서 이젠 멈추고 싶어요.

상담사의 자기노출은 내담자의 경험과 다르지만 고통스러운 경
험을 반복하는 것에 대한 염려 때문에 또 다른 불편한 행동을 감수
해야 하는 상황과 걱정과 불편감이라는 감정의 유사성으로 인해
내담자의 마음에 와닿을 수 있었다. 상담사는 자신이 내담자와 동
일한 경험을 하지 않아 온전히 이해하기가 어려울 수 있다는 점을
알렸고, 또한 자신의 경험이 유사할 수 있지만 내담자의 경험과 차
이가 있음을 전제하고 자기노출을 하였다. 이러한 과정이 상담사
가 내담자를 조금이라도 이해하고 함께하려는 모습으로 전해져서
내담자의 마음을 움직일 수 있었던 것이다. 또한 내담자와 동일한
경험을 하였다고 하더라도 내담자의 경험과 차이가 있음을 기억하
고 도사처럼 '알고 있음'의 자세를 취하는 것은 주의가 필요하다.
상담사는 내담자가 자신의 마음의 문을 열어 줘야 그 문으로 들어

갈 수 있음을 기억하고 내담자의 안내를 받으면서 상담에 임해야
한다.

◆학습문제◆

1. 동료의 이야기를 경청한 후 유사한 상황이나 감정의 자기노출을 시도해
   보고 서로의 경험을 나눠 보자.

7. 사고기록지 사용

Beck(2011)의 사고기록지(TCR)는 '상황' '감정' '자동적 사고' '적
응적 반응' '결과'로 구성되어 있다. 필자는 '상황' '감정/행동/몸의
반응' '그 상황에서 했던 생각' '자동적 사고' '대안적 사고' '대안적
행동'으로 세분화하였다([그림 8-1] 참조). '상황'은 내담자가 경험했
던 상황을 기술하게 하고 그때 느꼈던 감정이나 했던 행동 또는 몸
의 반응을 기술하게 하면서 그 상황에서 했던 생각을 적게 한다. 이
때 그 상황에서 했던 생각을 적게 하는 단계를 추가한 것은 그 생각
이 자동적 사고가 아닐 수도 있어 처음부터 자동적 사고를 찾게 하
면 부담이 될 수 있기 때문이다. 상담작업 단계 초기에 자동적 사고
찾기를 할 때는 그 상황에서 했던 생각을 적게 하고 어느 정도 분별
할 수 있게 되면 이 단계를 삭제하고 바로 자동적 사고 찾기를 할

상황	감정/행동/ 몸의 반응	그 상황에서 했던 생각	자동적 사고	대안적 사고	대안적 행동

[그림 8-1] 사고기록지

수 있도록 활용하기 바란다. 내담자의 준비도와 능력에 따라 순차적으로 응용해서 사용할 수 있다. 자동적 사고에 대한 대안적 사고를 찾아 그것을 적고, 그것에 대한 대안적 행동으로 어떤 실험을 할 것인지도 기록하여 시도하게 한다면 좀 더 실질적인 상담효과를 구체적으로 확인할 수 있는 평가자료로도 사용할 수 있다. 다만, 상담회기가 짧거나 내담자의 여건상 대안적 행동 실험까지 진행하기 어려울 때는 무리하게 대안적 행동을 진행하기보다는 대안적 사고까지만 진행하는 것이 더 효과적일 수 있다. 급하게 하다 보면 탈이 나기 마련이기 때문에 대안적 행동까지 개입 가능한지 점검하고 내담자와 회기과정에 대해 논의하면서 상담을 진행하길 바란다.

◦ **학습문제** ◦

1. 사고기록지를 활용하여 대안적 사고 및 대안행동 찾기를 연습해 보자. 각자 한 번씩 상담사 역할을 하면서 사고기록지 활용에 있어서 어려운 점이 무엇인지 나누고 보완하기 위한 대안을 모색해 보자.

8. stop 기법

stop 기법은 상담사와 내담자가 모두 간단하게 사용할 수 있는 기법이다. 자동적 사고는 자동적으로 떠올라서 내담자의 머리속에 둥지를 틀고 계속 머물면서 감정과 행동을 지배한다. 자동적 사고 대신에 대안적 사고와 대안적 행동을 찾아 시도해 보기 위해서는 자동적 사고를 멈춰야 한다. 자동적 사고 대신에 대안적 사고를 넣기 위해서는 자동적 사고를 멈추게 해야 한다. 이때 'stop'이라고 외치면서 멈추게 한다. 이 한마디가 과연 생각을 멈추게 할까? 의구심이 들겠지만 한번 시도해 보면 가능함을 경험하게 될 것이다. 내담자들에게도 stop 기법을 알려 주면 모두 의아해한다. 그러면서도 전문가의 말이니 한번 시도해 보겠다고 하고 일주일을 시도하고 나면 그들의 반응은 "와~ 되더라고요."와 같이 긍정적이다. 다만, 이 기법을 사용할 때는 내담자가 자동적 사고를 분별할 수 있어야 한다. 자신의 머릿속에 자동적으로 떠올라 자신의 감정과 행동을 지배하려는 것을 분별할 수 있을 때 이 기법을 안내하여 사용한 후 대안적 사고를 찾아 새로운 생각을 넣게 하면 인지재구조화가 진행된다. 사고기록지를 활용하면서 stop 기법을 적용하는 방법을 사례를 통해 살펴보자.

상1: 적어 오신 사고기록지를 가지고 stop 기법을 한번 배워 보도록 할게요. 적어 오신 사고기록지에 대해 조금 설명해 주시겠어요? [과제로 부여한

사고기록지를 활용하면서 대안적 사고를 찾기 전에 stop 기법을 연습하기
위한 안내]

내1: 늦잠 자는 바람에 기차를 놓쳤어요. 그래서 우울하고 무기력하고 슬프게
느껴졌어요. 그때 생각은 '지각이다.' '역시 난 한심해.'였어요.

상2: 지각해서 많이 속상하셨을 것 같아요. 자신이 한심하다는 생각이 들면서
어떻게 하루를 보내셨나요? [공감 후 행동 C 찾기]

내2: 자책하고 일도 잘 안 되고 집중이 안 되었어요. 야근으로 피곤해서 늦잠
자고 지각할 수 있는데. 지각한 것이 한심한 것은 아닌데 여파가 컸죠. 사
실 회사에서도 업무가 많아서 계속 야근한 것을 알고 있어서 이해를 해
줬거든요. '역시 난 한심해.'는 자동적 사고인 것 같아요.

상3: 굿! 그때 어떻게 하고 싶으셨어요? [자동적 사고를 찾은 것에 대해 간단하
게 반응하고 내담자의 변화 동기 탐색]

내3: 생각이 제발 멈췄으면 좋겠다는 생각을 했죠.

상4: 그럴 때 'stop!'이라고 외치는 것입니다. [stop 기법 사용 시점을 내담자 사
례를 활용해서 안내]

내4: 네? 그런다고 생각이 멈춰져요?

상5: 하루 종일 ○○ 님을 괴롭힌 생각이 'stop'이라는 단어 하나로 멈출 수 있
을까 의구심이 드나 보네요. 그럴 수 있습니다. 그런데 멈추고 싶다면서
요. 생각만 하지 말고 실제로 멈추라고 한번 시도해 보면 어떨까요? 멈추
고 싶으니깐 멈추라고 외쳐 보는 거죠. [반영과 수용 후, 내담자가 멈추고
싶어 한다는 변화 동기를 한 번 더 강조하면서 기법 사용 제안]

내5: 아~~~ 네~~~ 안 해 본 것이니 한번 해 보죠.

상6: 굿! 그때 상황을 다시 떠올려 말해 보시고. 멈추고 싶은 생각이 떠올랐을

때 'stop'이라고 외쳐 보세요. [stop 기법 사용에 대한 간단한 재안내]

내6: 네. 야근으로 너무 피곤해서 늦잠을 잤어요. 그래서 엄청 뛰어갔는데 기차를 놓쳤어요. 그래서 힘이 빠지면서 '또 이런다. 역시 난 한심해.'라는 생각이 떠올랐어요. 'stop' (5초 정도 생각을 하다가 상담사를 바라봄)

상7: 'stop'이라고 외치니 어때요? [기법 사용 후의 반응 탐색]

내7: 음~ 순간 아무 생각이 없어지긴 해요.

상8: 그래요. 이렇게 하는 거예요. 자기의 그 생각에 대해 'stop'을 외치면서 그 생각을 중지하는 거예요.

내8: 아~

상9: 그런데 이렇게 stop만 외치고 가만 있으면 안 되고. 가만 두면 '난 한심해.'라는 자동적 사고가 다시 자리를 잡게 되니깐 그 자리에 다른 생각을 넣어 줘야 합니다. 이를 대안적 사고라고 하는데 대안적 사고를 한번 찾아보죠. [대안적 사고 찾기를 위한 안내]

내담자들이 자동적 사고 찾기가 가능해지면 이를 대안적 사고와 대안행동 찾기로 나아가야 한다. 그 전에 자동적 사고를 멈추는 연습을 하면서 진행할 때 좀 더 안전하게 진행이 가능하다. 특히 회기가 짧을 경우에는 대안행동 찾기까지 못할 경우가 많기 때문에 이럴 경우, stop 기법과 함께 대안적 사고 찾기만 해도 내담자들은 상담효과를 경험할 수 있다. 상1에서 상담사는 지난 회기에서 사고기록지 작성을 과제로 부여했기 때문에 이를 점검하면서 그다음 단계로 나아가기 위한 준비를 한다. 내담자의 반응을 통해 자동적 사고를 어느 정도 찾을 수 있음이 확인되었기 때문에 상4에서 내담자가 경험한 상황을 활용하여 stop 기법의 사용 시점을 알려 주면서 자연스럽게 stop 기법 사용을 안내하고 있다. 굳이 강의식으로 교육을 할 필요가 없다. 내담자가 설명하는 상황을 가지고 활용하는 것이 자연스럽게 안내가 되면서 내담자도 자신의 사례이기 때문에 습득하기가 훨씬 수월하다. 그런데 내담자는 상담사가 알려 주는 방법을 그대로 수용하지 않으려고 하는 경우가 종종 발생한다. 내4에서도 의구심을 표현하는데 이는 당연하고 자연스러운 반응이기 때문에 상5처럼 수용해야 한다. 다만, 내담자가 말한 표현을 기억하여 의구심도 들지만 멈추고 싶다는 생각을 가지고 있음을 보여 주고 생각에서만 멈추지 말고 직접 시도해 보길 권하는 것이 상담사의 역할이다. 이러한 개입이 있었기 때문에 내7처럼 생각이 멈추는 경험을 해 볼 수 있는 것이다. 상담사는 여기에 머물지 말고 그 다음 단계인 대안적 사고 찾기가 필요함을 안내하면서 상9처럼 그 다음 작업을 준비한다.

앞의 사례처럼 내담자가 적절하게 반응하면 어려움이 없지만 그렇지 않은 경우도 종종 있다. stop 기법이 이상하다며 계속 하지 않으려고 한다면 계속 제안하기보다는 한 발짝 물러서서 다음 기회를 모색하는 것도 한 방법이다. 다만, 내담자가 무엇을 이상하고 불편해하는지 탐색함으로써 새로운 시도를 하는 데 방해가 되는 장애물이 무엇인지 파악하여 이를 최소화시키는 작업을 하는 것이 필요하다. 그래야 다음에 기회를 봐서 시도할 때 유사한 상황을 방지할 수 있기 때문이다. 교과서대로 안 된다고 해서 '내담자가 나를 싫어하나?' '내 실력으로는 안 돼.'라는 생각이 떠오르는 상담사가 있다면 "stop!"이라고 외치기 바란다.

❖ 학습문제 ❖

1. stop 기법을 내담자에게 설명하는 과정을 동료와 함께 연습해 보자.
2. stop 기법을 상담장면에서 사용했을 때 어려웠던 상황을 동료들과 공유하고 유사한 상황이 발생하지 않도록 대안을 모색해 보자.

9. 대안적 사고 찾기

자동적 사고를 멈추기 위해서는 대안적 사고를 찾아야 한다. 자동적 사고가 역기능적이고 부정적 사고라는 개념으로 사용하다보니 긍정적 사고를 찾아야 한다는 생각이 들기 마련이다. 이로 인해 인지행동상담은 긍정적 사고를 갖게 한다고 생각하는데 긍정적 생각이기보다 현실적 사고를 갖게 한다. 이런 맥락에서 볼 때 위로는 상담적 개입이라 보기 어렵다. "점차적으로 나아질 테니 시간을 갖고 기다려 봅시다." "한 면만 보지 말고, 이번 일을 통해 앞으로는 주의해야 함을 배웠으니 긍정적으로 생각하세요."와 같은 표현은 내담자로 하여금 '어리광 피우지 말고 이제 그만하라'는 메시지로 들릴 수 있을 뿐 아니라 이해받지 못하는 것으로 생각할 수 있다. 또한 위로반응을 할 경우, 비현실적인 과장된 긍정적 사고로 인해 오히려 양상만 다를 뿐이지 왜곡된 사고를 하기는 마찬가지일

수 있다. 이를 예방하기 위해 부정적 또는 긍정적이라는 표현보다
는 대안적 사고로 사용하길 권한다. 용어 사용에 있어서부터 주의
를 하면 개념 정립에 도움이 되고, 습관적으로 하는 반응을 조금은
자제하게 된다.

Wright와 Basco(Wright et al., 2006 재인용)는 대안적 사고를 찾도
록 하기 위해 고려할 사항으로, 첫째, 선택 가능한 모든 가능성에
대해 열어 두기, 둘째, 문제 상황이 발생하기 이전을 떠올려서 대안
적 사고 찾기, 셋째 브레인스토밍, 넷째, 타인의 제안이나 피드백
에 귀 기울기를 제시하고 있다. 내담자들은 자신의 생각이 옳다고
확신하고 있는 경향이 있기 때문에 다른 가능성에 대해 생각할 여
지가 없어서 대안적 사고를 찾기가 어렵다. 대안적 사고를 찾을 때
는 나중에 선택하지 않더라도 모든 가능성을 열어 두는 자세가 필
요하다. 또한 내담자의 신념이 어떤 상황 경험을 통해 하나의 틀이
만들어지기 때문에 그 경험 이전의 생각은 다를 수 있다는 관점에
서 문제 상황이 발생하기 이전으로 돌아가 과거의 자신과 마주하
여 현재의 생각과 다름을 스스로 점검하게 한다. 왜곡되거나 잊었
던 경험을 떠올리게 하여 대안적 사고를 찾도록 할 수도 있다(Wills,
2016). 이러한 과정을 거쳐 브레인스토밍을 한다. 첫 번째 제안처
럼 모든 가능성에 대해 열어 두는 자세를 취하게 되면 브레인스토
밍이 가능하다. 떠오르는 생각들을 판단 없이 기록하여 대안적 사
고 찾기를 시도한다. 단어만 바꿔도 대안적 사고로서의 역할을 충
분히 할 수 있다. 대안적 사고를 찾아 선택함에 있어서 자신의 생각
이 옳다고 생각하는 경우에는 타인의 의견에 귀 기울이지 않는 경

향이 있다. 타인의 제안에 대해 열린 자세로 경청하고 자신의 생각을 점검하는 자원으로 활용하도록 권할 필요가 있다. 타인의 제안이 권면이 아니라 강압이라는 생각을 하게 되면 방어적으로 행동하기 때문에 타인의 제안에 대한 선택권이 내담자에게 있음을 알려 주고 방어적 태도를 취하지 않도록 안전장치를 하는 것도 필요하다.

◆ **학습문제** ◆

1. 자신의 자동적 사고에 대한 대안적 사고를 브레인스토밍 방법을 통해 연습해 보자.

2. 동료의 제안이 어떻게 느껴지는지 경험을 나누면서 자신의 표현이 내담자를 방어적으로 행동하게 만드는 것은 아닌지 점검해 보자.

10. 증거 점검

증거 점검은 자동적 사고에 대한 타당성을 평가할 수 있는 증거를 찾아 사고를 변화시키는 전략이다. 내담자는 자신의 경험을 하나의 증거로 하여 자동적 사고를 하고 있기 때문에 이에 반하는 증거를 찾기가 쉽지 않다. 내담자의 이야기를 듣다 보면 상담사도 어느새 수긍하고 이것을 어떻게 풀어야 하는지 막막해하는 경우가 종종 있다. 상담사가 내담자의 이야기를 따라가면서 내담자가 보지 못하고 있는 다른 관점을 볼 수 있어야 내담자가 생각하는 증거 점검이 가능해진다. 이를 위해서는 상담사가 다양한 관점에서 사고할 수 있는 열린 자세가 필요하다. 이는 한순간에 개발되는 것이 아니기 때문에 자신의 신념을 먼저 점검하고 평소에 경험해 보지 못한 다양한 경험과 실험을 시도하면서 사고의 폭을 넓혀 나가는 과정이 필요하다. 사례를 통해 살펴보자.

내1: 늦게 일어나서 학교에 못 갔어요.

상1: 어쩌다 늦잠을 잔 것인지 물어봐도 될까요? [상황 탐색]

내2: 며칠 계속 우울했어요. 아무것도 못할 것 같고. 며칠 계속 잠을 못 잤어요.

상2: 며칠 동안 잠을 못 잤다고 하는 것을 보니 체력적으로 많이 지치고 버거울 듯한데 늦잠을 자서 학교에 못 갔을 때 어떤 생각이 드셨어요? [감정에 대해서는 내담자가 표현했기 때문에 공감 후, 자동적 사고 B 찾기]

내3: 또 학교에 못 갔네. 난 쓸모없다. [자동적 사고 B]

상3: 정말 스스로가 쓸모없다고 생각해요? [소크라테스 질문법]

내4: 그런 거 같은데요. (웃음)

상4: 어떤 점에서 자신이 쓸모없다고 생각이 드시나요? [내담자가 생각하는 증거 확인]

내5: 학교에 못 간 거요.

상5: 학교에 못 간 사람은 다 쓸모없나요? [소크라테스 질문법으로 증거의 타당성 확인]

내6: 뭐…… 아무래도 전 마땅히 해야 될 일이라고 생각하는데 못하니까 그런 것 같아요.

상6: 학생이면 학교를 가는 것이 마땅한데 못 갔기 때문에 쓸모없다고 생각하신다는 거군요. 혹시 ○○ 님 외에 학교에 못 간 사람들이 있을 텐데 그들에 대해서는 어떤 생각이 드나요? [반영 후, 타자를 준거점으로 해서 증거 확인]

내7: 이유가 있겠지 하는 생각요. 그런데 쓸모없는 사람은 아닌 것 같아요.

상7: 그래요? 어떤 점에서죠? [확인]

내8: 지금 생각나는 것은 친구 ○○이가 학교를 안 왔는데 독감에 걸려서 고생했다고 하더라고요.

상8: 그런데 지금 ○○ 님은 우울과 싸우고 있어요. 독감에 걸려서 학교에 못 간 건 쓸모없지 않고. 나는 우울과 싸우고 있는 중이라서 학교에 못 갔는데 이건 쓸모없다고 생각하네요. [내담자의 증거가 타당하지 않음을 스스로 확인할 수 있도록 반영]

내9: 그러네요. (눈물 흘림)

내1에 대한 상황에 대해 상1에서 상담사는 구체적인 상황을 확인하는 작업을 하고 있다. 상담사는 내담자의 말을 확인하지 않고 액면 그대로 받아들이고 자신의 방식대로 이해하고 넘기는 경우가 종종 있는데, 이와 같은 경우 증거 점검을 함에 있어서 방해가 될 수 있다. 상담사 스스로 짐작해서 넘기지 말고 반드시 내담자의 상황을 구체적으로 확인하는 작업을 하되 취조식이 되지 않도록 주의를 하면서 탐색하길 바란다. 상1에서의 확인 작업으로 인해 내담자의 우울 증상이 며칠 두드러졌음을 파악할 수 있었고, 상2에서 이를 공감한 후 자동적 사고 찾기 질문을 하고 있다. 이렇게 바로 자동적 사고 찾기 탐색을 할 수 있는 것은 내2에서 감정에 대한 표현이 있었기 때문에 가능하다. 내3에서 자동적 사고를 언급하자 상담사는 소크라테스 질문법을 통해 내담자의 생각을 자극한 후 (상3), 내담자가 생각하는 증거 확인을 위한 작업을 진행한다(상4). 이때 증거라는 단어를 사용하면 내담자들이 불편해하기 때문에 그 단어를 사용하지 않고 어떻게 표현할지 생각해 보기 바란다. 내담자가 생각한 증거가 타당한지를 확인하는 소크라테스 질문법을 통해 다시 한번 생각을 자극한다(상5). 이러한 과정을 거치는 것은 상담이 종결되면 내담자 스스로 이러한 질문을 자신에게 하면서 계속 적용해야 하기 때문에 상담장면에서 익힐 수 있도록 하는 데 목적이 있다. 내6에서 언급한 증거가 타당한지에 대해 타자를 준거점으로 하는 기법을 사용해서 증거를 확인하는 개입을 진행한다(상6). 이때 활용할 수 있는 기법은 타자를 준거점으로 하는 기법 외에도 다양하게 있으니 다양한 기법을 익혀 놓길 바란다. 내7의 반응처럼 내담자의 인지반응을 확인 한 후, 상담사가 이를 한 번 더 강조하면서 명확하게 자신을 볼 수 있도록 반영해 주는 작업을 한다 (상8).

증거 점검을 할 때는 상담사의 조급함 때문에 또는 내담자를 위한다는 목적으로 상담사가 증거를 제시하는 것은 주의가 필요하다. 스스로 생각하고 증거를 찾도록 생각을 자극하는 소크라테스 질문들을 통해 증거 점검 과정이 어느 정도 익혀질 때까지 연습의 장이 되기 위해서는 시간과 인내가 필요하다. 여러 가지 이유로 상담사가 주도권을 쥐고 내담자가 수동적으로 반응하도록 개입하다 보면 상담장면에서는 가능하지만, 상담 종결 후 혼자 진행하려고 할 때 어려움이 발생할 수 있다. 내담자의 속도에 맞춰 내담자를 상담과정에 함께 참여시키면서 개입하는 것이 효과적이다.

◆ **학습문제** ◆

1. 열린 사고를 위해 자신이 시도하고 있는 방법을 동료와 공유해 보자.

2. 자신의 자동적 사고에 대한 증거 점검을 연습해 보자. 각자 한 번씩 상담 사 역할을 하면서 증거 점검을 사용함에 있어서 어려운 점이 무엇인지 나 누고 보완하기 위한 대안을 모색해 보자.

제9장

정서 개입을 통한
인지행동상담

1. 감정에 초점 맞추기

인지행동상담에서는 감정을 배제한다고 생각하는 경우가 있으나 Beck, Rush, Shaw와 Emery(1979)는 내담자의 감정에 대한 공감을 강조하였다. 특히 Beck은 감정이 인지로 가는 지름길이라고 하였다(Padesky, 1993). 즉, 상담에서는 생각과 감정을 연결하여 함께 살펴야 한다. 감정의 활성화를 통해 자동적 사고가 드러나기 때문에 이를 위해 감정일지를 적으면서 감정상의 변화를 알아차림으로써 자동적 사고를 탐색하도록 개입한다. 그런데 감정과 사고를 혼동하는 경우가 자주 발생한다. 특히 상담을 공부하는 수련생들조차도 감정을 묻는데도 사고를 말하면서 끝에 '~느낍니다'라는 말을 붙이기만 한다. 예를 들면, "취업이 영원히 되지 않을 것 같은 느낌이 들어서 잠을 못 자요."라고 표현하는데, 이는 "취업이 영원히 되지 않을 것 같은 생각이 들어서 잠을 못 자요."라는 표현이 적절하다. 생각을 말하고 느낌이라고 붙이면 감정을 표현한 것이라고 생각하다 보니 생각과 감정이 혼돈된 상태가 된 것이다. 단순한 언어적 표현에 의한 것인지 아니면 정서적 접촉을 기피해서 정서표현이 희석된 것인지 탐색하고 이를 구분함으로써 감정 접촉을 위한 준비가 선행되어야 한다. 표현의 변화를 통해 자신의 감정을 느끼고 접촉하도록 하는 과정이 필요하다. 상담 중에 이와 유사한 반응을 하는 경우가 종종 있는데 이에 대한 안내가 필요하다. 이를 하나하나 설명해 주기보다 내담자의 표현이 생각임을 요약·반영하면서 그때의 느낌이 어떤지를 되물어 주는 것도 한 방법이다. 다음 사례를 통해 살펴보자.

> 내1: 남자친구와 전화하면서 그 사람이 나와 통화하기를 싫어한다는 느낌을 받았어요.
>
> 상1: 아~ 남자친구가 통화를 원하지 않는다는 생각이 드셨을 때 기분이 어떠셨나요? [느낌을 생각으로 바꿔 표현한 후에 감정을 재질문]
>
> 내2: 나를 만나고 싶어 하지 않는다는 느낌이 들었어요.
>
> 상2: 통화하면서 ○○ 님을 만나고 싶어 하지 않다는 생각이 든다고 하셨는데 그때 혹시 어떤 기분이 들었나요? [느낌을 생각으로 바꿔 표현한 후에 감정을 재질문]
>
> 내3: 슬펐어요. 나는 사랑받지 못하는 사람인가 봐요.

내담자들은 '느낌'이라는 단어를 사용하면 감정을 표현했다고 생각한다. 이것에 대해 교육을 하게 되면 내담자가 수동적이 되고 표현함에 있어서 주저하기 때문에 상1에서처럼 '느낌'이라는 단어 대신에 '생각'이라는 단어로 바꿔 표현한 후, 재질문을 통해 스스로 생각하도록 개입한다. 그러나 생각과 감정을 구별하는 것이 쉽지 않기 때문에 인식이 잘 되지 않아 한 번으로 금방 바꾸지 못하는 경우도 있다. 이 경우 상2에서처럼 재차 질문을 통해 스스로 생각하도록 자극을 한다. 이러한 과정을 몇 번 하다 보면 내담자 스스로 통찰을 하게 된다.

이처럼 감정과 사고의 구별이 필요한 이유는 감정에 대한 평가가 아니라 사고에 대한 평가와 분석이 진행되어야 하기 때문인데, 내담자가 이런 구별을 스스로 할 수 있어야 한다. Beck(2011)은 상담목표가 내담자의 역기능적 사고 교정을 통해 불편한 감정을 최소화시키는 것이지 모든 부정적 감정을 제거하는 것은 아니라고 하였다. 이를 위해서는 내담자의 감정을 비난하거나 평가하는 것이 아니라 감정에 내재되어 있는 역기능적 사고를 분석하여 이해하고 공감하는 자세로 내담자가 자신의 자동적 사고를 인지할 수 있도록 상담 개입을 진행해야 한다. 정서를 확인하여 다루기 위해서는 기본적인 상담기법인 경청과 반영 및 공감이 필요하다.

특히 경청을 통해 확인한 감정이 적절한지를 점검하기 위해 반영과 공감을 사용하는데, 반영과 공감이 단순한 기법이 아니라 진심을 담은 진정한 반영과 공감이어야 한다. 이는 상담사가 내담자의 감정과 사고와 행동 간의 관련성을 이해하여 적절한 개입을 하기 위함이다. 또한 상담 종결 후에는 내담자 스스로 구별하여 사고와 감정의 변화를 만들어 가야 하기 때문에 이러한 식별은 필요하다. 특히 사고와 감정의 불일치는 없는지 주의를 기울여 개입해야 한다. 사고와 감정의 불일치를 어떻게 연결 지어 개입하는지 다음 사례를 통해 살펴보자.

내1: 남자친구와 통화를 할 때 슬펐어요. [감정 C]

상1: 그때 어떤 생각이 떠올랐는지 여쭤 봐도 될까요? [자동적 사고 B 찾기]

내2: 다른 여자가 생겼다는 생각이 들었어요.

상2: 그런데 슬펐다고 하시니 제가 조금 혼란스러운데 다른 여자가 생겼다는 생각이 들면 화가 났을 것 같은데 혹시 다른 생각이 떠오른 것이 있나요?

[생각과 감정의 불일치를 알려 주고 다시 생각해 볼 기회 제공]

내3: (고개를 갸우뚱거리면서) 그렇게 물으시니 갑자기 잘 모르겠어요.

상3: 그럼 그때를 한번 떠올려 볼까요? ○○ 님은 방에서 남자친구와 통화를 하셨다고 했어요. 그리고 어떤 상황이었는지 떠올리면서 한번 이야기해 봐 주시겠어요? [상황 구체화 작업은 상담사가 시작하지만 그다음부터는 내담자가 스스로 하도록 개입]

내4: 주말에 만날 이야기를 하고 있었어요. 그런데 일이 바쁘다고 하면서 계속 미루더라고요. 그래서 '다른 여자가 생겼나?' 하는 생각을 했어요.

상4: 그런 생각을 하고 그다음에 어떻게 했나요? [행동 C 찾기]

내5: 전화를 끊었어요.

상5: 그때 어떤 생각이 들었나요? [자동적 사고 B 찾기]

내6: 나는 사랑받지 못하는 사람이라는 생각이 들었어요.

상6: 나는 사랑받지 못하는 사람이라는 생각이 드니깐 어떤 느낌이 들었나요?

[감정 C 찾기: 사고와 관련 있는 감정 연결 목적]

내7: 슬펐어요. 나 자신이 가엾게 여겨졌어요.

내1에서 내담자가 감정을 표현할 경우, 상1처럼 자동적 사고 찾기를 바로 시도할 수 있다. 그러나 내1에서 표현한 감정과 내2에서 언급한 생각이 불일치할 경우에는 이에 대한 확인이 필요하다. 이때 내담자가 당황해하거나 방어적인 태도를 취할 수 있는데, 이런 경우 공감을 통해 내담자가 다시 생각할 수 있는 공간을 마련해 주는 것도 필요하다. 그러나 앞의 사례에서는 고개를 갸우뚱거리는 비언어적 메시지를 볼 때 방어적이라기보다 생각이 잘 안 떠오르는 것으로 확인되어 상담사가 그 상황을 구체화하는 개입을 하고 있다. 그러나 선택은 내담자가 할 수 있도록 상3처럼 질문을 열어 준다. 이렇게 개방 질문을 사용하면 내담자가 자율적으로 이야기할 범위를 정해서 진행할 수 있기 때문에 부담을 덜 갖게 되고, 내4처럼 처음과는 다른 생각을 떠올릴 수 있게 된다. 이를 시작으로 하여 어떻게 행동했는지를 탐색하고(상4) 자동적 사고 찾기를 시도한다(상5). 그다음에 자동적 사고와 관련 있는 감정을 연결시키면서 재확인하기 위해 상6처럼 다시 한번 감정을 탐색하여 감정과 생각을 일치시킨다. 이러한 과정을 통해 내담자의 자동적 사고를 좀 더 명확하게 찾을 수 있다.

앞의 사례처럼 내담자가 자연스럽게 스스로 찾는 경우도 있지만, 그렇지 않은 경우 상담사는 당황하게 된다. 그렇지만 내담자가 자신의 감정을 잘못 표현하는 것은 자연스러운 현상 중 하나이니 이를 상담사의 무능으로 연결하지 않길 바란다. Beck(2011)은 내담자가 자신의 감정을 표현하는 것을 어려워할 경우 상황과 감정을 적는 감정도표를 활용하라고 제안하고 있다. 감정도표는 내담자가 느꼈던 감정을 적고, 그 감정을 느꼈던 상황들과 유사한 상황들을 기억하도록 하여 작성하는 방법이다. Leahy(2003)도 감정일기를 제안하고 있는데, 이를 통해 일상의 감정을 얼마나 이해하고 있는지를 확인할 수 있다. 필자는 '감정일지(또는 감정메모)'라는 표현을 사용하고 있다. 감정일지는 그날그날의 일들을 순간순간 기록하고 그때의 감정을 감정형용사를 사용해서 적도록 하는 것이

다. 감정일기라고 하지 않는 이유는 일기는 뭔가 의미 있고 특별한
일들을 길게 적어야 할 것 같은 부담을 주기 때문에 간단하게 기록
하는 일지(메모)라는 표현을 사용하고 있다. 처음에는 서툴고 어려
워하지만 이것을 통해 자신의 감정과 접촉하는 연습을 할 뿐 아니
라 감정을 표현하는 연습까지 겸하게 된다. 주의할 점은 상담장면
에서 연습을 먼저 한 다음에 내담자가 할 수 있는 만큼 시도해 보
는 것을 과제로 부여하고, 해 온 만큼을 상담장면에서 다시 다루는
것이 효과적이다. 이를 위해서는 상담사들이 감정형용사를 다양
하게 많이 알고 있을 뿐 아니라 사용할 수 있어야 한다. 상담사들
이 일상생활 속에서 사용하고 있는 자연스러운 감정형용사들을 정
리하여 자신만의 감정노트를 만들어서 사용할 수 있도록 준비하면
유용하게 활용할 수 있다.

　또한 감정 정도를 평가하는 것도 필요하다. 감정 정도를 정량화
할 수 있다면 감정 정도가 감소되는 것을 근거로 하여 사고에 대한
개입 여부를 판단할 수 있다. 감정의 정도는 10점 척도 질문을 활
용하면 쉽게 표현하고 이해하기에도 편하다. 수치화하는 것조차
불편해하는 경우에는 4점 척도를 기준으로 다음과 같이 안내해서
선택하도록 하는 것도 한 방법이다. '조금' '중간 정도' '많이' '아주
많이' 중에서 선택하도록 하는 방법이다. 너무 세분화해서 표현하
면 기억하기도 어렵고 복잡할 수 있으니 4등분 정도로 나누어 표현
하는 것이 적절할 것으로 사료된다.

　Wills(2016)는 내담자의 부정적 사고와 감정을 확인하여 개입하
는 상황을 몇 가지 예시로 제시하고 있는데, 필자가 상담현장에서

주로 경험한 상황을 중심으로 살펴보고자 한다. 첫째, 사고를 감정
으로 표현하는 경우 사고와 감정을 구분하여 반영한다. 예를 들어,
내담자가 "나는 시험에 떨어질 것같이 느껴요."라고 하면, "시험에
떨어질 것 같은 생각에 염려되나 봅니다. 또 어떤 생각이 들 때 걱
정과 염려가 되나요?"로 반영하여 유사한 사고와 감정을 좀 더 찾도
록 해서 구분하는 방법을 연습한다. 둘째, 자신의 감정의 원인을 구
체적으로 모를 경우 자신의 경험과 가장 유사한 관련 질문을 타인
에게 대입시켜 생각하도록 개입한다. 예를 들어, "나는 불안하기 시
작했어요. 그런데 왜 이러는지 아무 생각이 없어요."라고 하면, "불
안하다고 했는데 왜 이러는지 이유도 모르다 보니 마음이 더 불편
하시겠어요. 그런데 다른 사람들은 어떨 때 이렇게 불안하고 염려
하는 것 같나요?"와 같이 공감한 후 탐색 질문을 통해 생각할 공간
을 마련하는 것도 한 방법이다. 셋째, 자신의 사고로 감정을 차단한
경우 공감적 반응으로 개입한다. 예를 들어, "내가 잘못한 것이 있
어서 사람들이 나에게 말을 걸지 않는다고 생각했어요. 내가 잘못
한 것 같으니 잊어야지요."라고 하면, "사람들이 대화를 피하는 것
같아 서운하고 속상했을 것 같아요. 정확한 이유도 모르다 보니 답
답함도 있을 것 같고요."라며 공감한다. 마지막으로, 자신이 경험한
감정의 정도를 느끼지 못할 경우 척도질문을 통해 어느 선상에 있
는지 확인하도록 개입한다. 즉, 극한 상황의 감정을 표시하게 하고,
자신의 감정이 어느 선 위에 있는지 시각화해서 보도록 하면 훨씬
현실감 있게 느낄 수 있다.

　그 외에 Wills(2016)는 다음과 같이 정서 탐색에 유용하게 사용할

수 있는 질문들을 제시하였다.

① 지금 느끼는 당신 감정의 이름을 짓는다면 무엇이라고 할 수 있나요?

② 그 감정이 느껴질 때 어떤 생각이 떠오르나요?

③ 그 감정은 당신에게 무엇이라고 말하고 있나요?

④ 그 감정을 느낄 때 당신의 몸은 어떻게 반응하나요?

⑤ 그 감정이 느껴질 때 어떤 이미지가 떠오르나요?

⑥ 그 감정을 알게 되면 그 감정은 어떻게 되나요? 사라지나요, 아니면 더 분명하게 느껴지나요?

⑦ 그 감정이 당신에게 무엇이 필요하다고 말을 하는 것 같나요?

⑧ 당신이 그 감정을 느낄 때 그 감정을 어떻게 하고 싶은가요?

Wills(2016)는 트라우마를 경험한 경우, 감정을 인식하고 수용하게 할 때 내담자 불안이 높을 경우 이완기법과 안전지대(safe place) 기법을 사용하면서 감정과 마주하여 감정을 수용하게 한다. 내담자에게 트라우마가 될 정도이면 매우 강력한 감정이기 때문에 수용하기 버거워할 경우 안전지대로 데리고 가서 진정시키거나 다른 이야기를 하면서 벗어나게 한다. 이와 같이 감정을 인식하는 과정을 단계로 나누어서 제시하고 있다. 1단계는 배제된 감정 확인하기이다. 내담자가 배제한 감정이 무엇인지 확인하여 다음 단계를 준비한다. 2단계는 감정을 배제한 이유 찾기이다. 예를 들면, 감정에 대한 가족규칙이다. 초등학생 내담자가 눈에 눈물이 한가득 고여 있는데도 눈에 힘을 주면서 흘려 보내지 않으려고 참고 있어서 그 모습을 그대로 비춰 줬더니 어릴 적부터 울면 안 된다고 교육을 받았고, 울 때마다 혼났기 때문에 울고 싶지 않다고 이야기한 사례가 생각난다. 이러한 가족규칙이 감정을 배제한 이유 중 하나가 된다. 3단계는 감정 인정에 대한 장단점 찾기이다. 감정을 인정했을 때 장점이 무엇이고 단점은 무엇인지를 찾아 스스로 생각해 보도록 한다. 4단계는 감정을 스스로 느껴 보길 원하는지 내담자에게 질문하여 선택하도록 한다. 만약 원치 않을 경우 감정으로부터 빠져나올 수 있음을 알려 준다. 5단계는 감정을 평가하지 않고 머물기이다. 대체적으로 감정을 긍정과 부정의 감정으로 나누게 되는데, 이때 부정적 감정이 건강하지 않고 나쁘다는 평가를 받아 왔기 때문에 감정에 머물기를 주저하게 되므로 그러한 평가를 배제하고 머물게 한다. 6단계는 내담자가 '충분하다'고 생각이 드는 지점을 표시하고 도달하면 끝내기이다. 감정에 머물러 보는 경험과 내담자가 원할 때 끝낼 수 있음을 안전하게 경험하게 한다. 마지막 단계에서는 이 경험을 재검토하고 2단계에서의 감정 규칙을 다시 생각하여 자신의 생각과 감정을 새롭게 점검하고 선택하도록 한다. 이 과정을 통해 감정을 인식할 수 있도록 한다.

◆ **학습문제** ◆

1. 지금-여기의 감정을 동료들과 나눠 보자.

2. 감정형용사를 감정별(희, 노, 애, 락)로 10개 이상 작성하여 동료들과 공유해 보자.
3. 2명씩 짝이 되어 5분 동안 상담사 역할을 하는 사람은 공감반응만 하고 경험을 나눠 보자. 각자 한 번씩 상담사 역할을 하면서 경험을 공유해 보자.

2. 심상 활용

감정을 접촉하고 표현하는 것을 어려워하는 경우가 종종 발생하는데, 이때 사용할 수 있는 방법 중 하나가 심상이다. 심상은 자동적 사고 찾기와 대안행동 연습 등에도 사용 가능하나 이 절에서는 정서 개입에 대한 안전장치 방안으로써의 심상 활용에 대해 살펴보고자 한다.

상담을 진행하다 보면 내담자들이 자신이 경험한 상황에 대한 정서적 접촉을 하지 못하는 경우가 있다. 자신의 경험을 제3자의 경험처럼 사건 중심으로 나열하여 이야기한다거나 감정 단어를 사용하고 있지만 표정과 불일치하는 형태로 나타난다. 이는 대체적으로 어릴 적 학습을 통해 감정 접촉이 차단되었거나 과거 경험에 대한 기억이 너무나 고통스럽고 아파서 불안한 마음에 그 감정을 재경험하고 싶지 않아 차단하는 경우이다. 이때 사용할 수 있는 것이 심상인데, 감정 접촉에 대한 불안이 있기 때문에 심상작업을 하기 위해서는 내담자 스스로 안전함을 느낄 수 있는 작업이 선행되어야 한다. 이러한 안전장치로 심상에 대한 경험을 하게 되면 심상 개입에 대한 거부감이 사라져 적절하게 활용이 가능하다. 여기에서는 Beck(2011)이 사용하고 있는 방법 중 정서적인 측면에서 활용할 수 있는 세 가지를 제안하고자 한다.

1) 심상을 변화시키기

내담자가 기억하는 내용은 대체적으로 부정적이고 고통에 가까운 기억들이다. 기억하기 버겁고 두려워서 지우고 싶지만 지우려고 하면 할수록 더욱 뚜렷하게 기억될 뿐 아니라 더 극단으로 상상하게 되어 고통이 배가되는 경우가 종종 있다. 이 방법은 이러한 감정이 들 때 내담자에게 상상하게 하고 상상의 결과를 바꾸도록 하는 방법이다. 즉, 내담자가 고통스러우면서도 반복적으로 생각하는 심상의 결과를 변화시키는 것이다. 현실적인 결과로 변화할 수도 있고, 마술적인 변화를 시도할 수도 있다. 물론 내담자는 이러한 심상의 변화가 현실적으로 일어나지 않을 것이라 염려하기도 하지만 심상을 변화시킴으로써 내담자의 상상이 내담자가 생산적인 생각을 하는 데 방해가 됨을 인지하게 할 수 있다. 그리고 내담자가 원하는 심상의 결과를 이루기 위해 어떤 시도와 실험을 할 수 있는지에 대한 방안을 모색할 수 있게 한다. 이러한 과정을 통해 내담자는 고통에서 벗어나 좀 더 생산적인 생각과 행동을 할 수 있게 된다.

2) 거리두기

거리두기는 고통을 줄이도록 문제 상황과 거리를 두도록 상상하게 하는 방법이다. 일종의 시간적 거리두기인데, 이에 대한 안내를 하기 위해서는 먼저 내담자에게 물리적 거리두기를 통해 스스로 경험해 보게 하고 이해를 한 다음에 거리두기를 시도하는 것이 더 효과적이다. 예를 들면, 직장 상사의 부정적 피드백으로 인해 직장 상사와 마주하는 것을 두려워할 경우, 직장 상사와 어느 정도 거리감이 있을 때 불안과 두려움이 적어지는지를 탐색한다. 아마도 그 여성은 직장 상사와 멀리 떨어질수록 두려움이 적어진다고 할 텐데, 이처럼 물리적 거리두기를 경험한 다음 시간적으로도 1년이 흘러 이 시기를 잘 넘겼다고 상상해 보도록 개입하여 시간적 거리두기를 시도하게 한다. 이러한 과정을 통해 내담자의 불안과 고통스러운 정서가 줄어들게 되고, 문제 상황과도 거리두기가 가능하게 되어 자신을 점검할 수 있는 심리적 공간을 마련할 수 있다.

3) 긍정적 심상 만들기

내담자의 기억이 위협적이고 고통스러운 상황에만 매몰되어 편협적인 경우가 많은데 긍정적 심상 만들기는 위협감을 감소시켜서 현실적인 정서 접촉이 가능하도록 하기 위한 개입법이다. 즉, 위협의 정도를 현실적으로 평가하면서 다른 관점에서 상황을 볼 수 있도록 활용할 수 있다. 예를 들면, 수술실의 차가운 느낌이 너무나

큰 공포였기 때문에 병원에 가는 것을 꺼리는 경우, 차가운 수술실
보다는 염려하는 나를 지켜보며 따뜻한 손을 잡아 준 간호사를 떠
올리게 하는 것이다.

상1: 병원에 갈 생각을 하면 차가운 수술실이 떠오른다고 하셨는데 수술을 받
으셨던 적이 있으신가 봅니다.

내1: 네. 다행히 조기 발견되긴 했지만 어쨌든 암이고. 가족력이 있다 보니 너
무 무섭더라고요. (웃음)

상2: 무섭다고 하시면서 웃으시는데 지금 기분이 어떤가요?

내2: 기분요? 글쎄요. 기분은 괜찮은데 병원에 가기 싫어요.

상3: 그러면 그때 수술실로 한번 상상하면서 가 볼까요? ○○ 님이 불편해하는
것이 무엇인지 한번 그때로 가 보려고 하는데 어떨까요?

내3: (짜증스러운 말투로) 아까 이야기했잖아요. 수술실은 차갑고 싫다고요. 그
런데 뭘 또 상상을 합니까?

상4: 수술실을 상상하는 것이 조금 불편하신 듯한데 수술실이 아닌 수술 전 입
원했을 때는 괜찮은가요? ○○ 님이 아프면 병원에 가야 하는데 막상 가
려고 하면 싫어서 자꾸 핑계를 대신다고 하셔서 어떤 관련이 있는지 한번
살펴보려고요. [수술실 전 단계 심상을 통해 긍정적 심상 탐색 준비]

내4: 수술 전 입원했을 때요? (생각에 잠기면서) 하루 전에 입원하라고 해서 입
원했습니다. 여러 검사를 했고요. 담당 간호사가 정말 친절하더라고요. 필
요한 것이나 불편한 것이 있으면 말해 달라고 하더라고요.

상5: 수술 당일로 한번 가 볼까요? 누구와 같이 있나요? [수술 당일 단계로 개입]

내5: 남편이랑 아이들요. 그리고 간호사 선생님이 들어오셨어요. 수술실로 가

야 한다고요.

상6: 네. 그러고요? [내담자가 그다음 설명을 스스로 선택하도록 간단하게 질문]

내6: 침대를 바꿔서 수술실로 향했어요. 수술실 앞에서 가족과 인사를 하고 가족은 대기실로 가야 한다고 간호사님이 말씀하셨어요. 그리고 저는 수술 대기실로 갔어요.

상7: 지금은 간호사님과 ○○ 님 두 사람이 수술대기실로 이동하고 있으시고요. 수술실까지 안 들어가고 그때를 떠올리는 것을 멈출 텐데 조금 더 해도 될까요? [내담자가 우려한 수술실은 들어가지 않을 것임을 표현하면서 안전장치]

내7: 네. (5초 생각에 잠겼다가) 제가 한숨을 쉬니깐 간호사님이 걱정되냐고 물으셨어요. 그렇다고 하니 손을 잡아 주시면서 혹시 종교가 있냐고 물으시더라고요. 기독교라고 하니깐 기도하겠다고 하셨어요. 기도하고 나서 의사 선생님이 유능한 분이시니 잘 마치고 건강하게 다시 보자고 하셨어요.

상8: (천천히 조심스럽게) 손도 잡아 주시면서 기도하겠다고 하셨는데 그때 어떤 느낌이셨어요? [내담자의 새로운 기억을 다시 표현함으로써 강화시키고 느낌 탐색 질문]

내8: (눈물을 흘리면서) 따뜻했어요. (놀란 듯이) 맞아요. 그 간호사 선생님이 수술실까지 들어가신다고 자기가 잘 챙겨 주시겠다고 하셨어요. 수술실에 들어갔을 때 차갑기도 했지만 그 선생님이 조금 추울 것이라며 이불을 덮어 주셨어요. 그리고 의사 선생님도 제게 웃으시면서 "한숨 자고 일어나시면 수술이 잘 끝나 있을 테니 저만 믿고 편히 주무세요."라고 말씀해 주셨어요. [수술실에 대한 새로운 기억을 떠올림으로써 스스로 내담자가 싫어하던 수술실로 들어가서 심상 계속]

상9: 차가운 느낌도 있었지만 간호사 선생님이 이불을 덮어 주고 의사 선생님
이 챙겨 주던 따뜻함도 기억해 내셨네요.

내9: 저 퇴원할 때까지 그 간호사 선생님이 잘 챙겨 주셨어요. 의사 선생님도 수
술이 잘 되었고, 항암치료나 방사선치료도 안 받아도 된다고 하셨는데 제
가 걱정이 너무 많았네요. 병원만 떠올리면 차가운 수술실이 자꾸 생각이
났거든요. 내가 아무것도 할 수 없다는 생각이 자꾸 들어서 무서웠거든요.

심상을 시작하려고 할 때, 그 장면이 내담자가 불편해함을 넘어
서 불안과 공포로 기억하고 있을 경우에는 내3에서처럼 거부할 수
있다. 이때 상4처럼 내담자를 공감해 주고, 심상을 하고자 하는 목
적을 안내한 후, 내담자가 떠올리기 싫어하는 장면 전 단계로 심상
이 가능한지에 대한 준비를 한다. 내담자가 그 전 단계로의 심상
이 가능하다고 판단이 들면 내4처럼 그 상황을 설명하는데, 상담사
는 민감하게 내담자를 관찰하면서 상5처럼 그다음 단계로 들어가
도 되는지를 내담자에게 확인한다. 내5처럼 내담자가 불편해하지
않고 계속 이어 간다면 상담사는 굳이 많은 말을 할 필요 없이 상6
처럼 내담자가 계속 이어 갈 수 있도록 개입하면 된다. 다만, 계속
진행할 경우에는 내담자가 수술실과 가까워질수록 불안이 커질 수
있기 때문에 그곳으로는 들어가지 않을 것이라는 안내를 하고, 심
상을 계속 이어 가도 되는지에 대해 확인하는 과정을 통해 선택권
이 내담자에게 있음을 다시 한번 상기시키는 작업이 상7이다. 내7
처럼 내담자가 기억하고 있는 것과 다른 안전한 기억을 회상하여
표현하면 이것을 상담사가 메아리가 되어 반영해 줌으로써 강화시

키는 작업을 하는 것이 중요하다(상8). 이러한 작업은 내담자로 하여금 안전함을 경험하게 하는데, 내8처럼 본인 스스로 수술실 장면을 떠올리면서 자신이 기억하고 있던 것과는 다른 긍정적 기억을 회상하게 되면 긍정적 심상 만들기 개입이 성공적으로 진행되었다고 볼 수 있다.

차가운 수술실에 대한 생각 때문에 수술실에 대한 심상 자체를 거부했던 내담자가 수술 전 자신의 손을 잡아 준 간호사의 따뜻함을 떠올리면서 수술실로 들어가 그곳에서도 함께해 준 간호사와 의사의 말을 기억해 내면서 정서 접촉을 할 공간이 마련되었다. 긍정적 심상 만들기를 통한 정서 접촉은 아무것도 할 수 없다는 무능에 대한 핵심신념을 다룰 수 있는 길을 열어 주었다.

◆ **학습문제** ◆

1. 각자 한 장면을 떠올려 보고 심상 개입을 연습해 보자. 각자 한 번씩 상담사 역할을 하면서 심상 개입 시 어려운 점이 무엇인지 나누고 보완하기 위한 대안을 모색해 보자.
2. 불편했던 경험들 속에서 자신이 잊고 있었던 새로운 이야기들을 떠올려 보고 동료들과 공유해 보자.

제10장

행동 개입을 통한
인지행동상담

1. 역할극

역할극은 인지행동상담에서 다양한 목적으로 자주 사용되는 기법 중 하나이다. 예를 들면, 자동적 사고를 찾고자 할 때, 감정과의 접촉을 시도할 때, 그리고 역할연습을 통해 새로운 대안행동에 대해 준비할 때이다. 구체적 사례를 통해 하나씩 살펴보자.

1) 자동적 사고를 찾고자 할 때

자동적 사고를 찾을 때 역할극이 사용된다. 이는 제6장 '자동적 사고 다루기'에서 언급했기 때문에 보완적 차원에서 간략하게 언급하고자 한다. 내담자가 자동적 사고를 찾기 위해서는 실제 경험했던 상황이 노출되어야 하는데 두려움과 불안 등으로 노출을 꺼리는 경우가 종종 있다. 이런 경우 내담자가 회피하는 상황을 직면할 수 있도록 안전장치를 마련한 후, 이러한 상황을 다룰 것에 동의하면 역할극을 통해 실제 상황을 재연하여 재경험하게 한다. 이때 내담자의 자동적 사고와 함께 내담자가 실제로 두려워하는 것이 무엇인지를 찾는다. 예를 들면, 다음과 같이 개입이 가능하다.

상1: ○○○ 님이 어릴 때 아빠가 ○○○ 님을 손과 발로 여러 번 때렸다고 했는데 그때 어떤 느낌이 드셨어요?

내1: 음… 잘 생각이 안 나요. 그냥 맞고 있었던 것 같은데… 생각이 안 나요.

상2: 맞은 기억은 나지만 정작 ○○○ 님의 느낌은 잘 생각이 안 난다는 말씀이군요. 어릴 때였고. 너무 아프고 무서워서 ○○○ 님 자신에 대해서는 생각할 여유가 없었을 것 같습니다. 혹시 그때 장면을 역할극을 통해 한 번 떠올려 보고 ○○○ 님이 어떤 생각과 감정을 느꼈는지 살펴보고자 하는데 어떤가요? [역할극 개입 준비 후, 선택권 부여]

내2: 아…… 제가 할 수 있을까요?

상3: 혹시 우려되는 점이 있으면 말씀해 주시겠어요? [장애물 탐색 질문]

내3: 잘 모르겠지만 무서울 것 같고 못할 것 같아서요.

상4: 별로 떠올리고 싶지 않은 상황을 역할극으로 하려니 불편하고 걱정이 될 듯한데 혹시 지금 말씀하신 것처럼 무섭거나 못할 것 같으면 stop이라고 외쳐 주세요. 그때 멈추도록 하겠습니다. [공감 후, 멈출 수 있음을 안내하여 안전장치] 어떠세요?

내4: 네. 그렇게 하겠습니다.

상5: 아빠가 ○○○ 님을 때렸던 한 장면을 한번 떠올려 보세요. 아빠가 주로 뭐라고 하면서 때리시나요?

내5: (무표정하게) 술 드시고 오셔서 공부하고 있는데 공부가 무슨 소용이 있냐고…… 엄마가 집 나가고 없는데 공부가 되냐고 너 때문에 나갔다고 하면서 저를 흔들고 등을 때리고 제게 책을 던지셨어요.

상6: 그때 어떻게 하셨어요? [행동 C 찾기]

내6: 맞는 말 같아서 그냥 맞고 있었어요.

상7: 엄마가 집 나간 것이 ○○○ 님 때문이라는 것이 맞는 말이라는 생각이 드셨군요. 음…… 제가 아버지 역할을 해 보겠습니다. 혹시 무섭고 불편하면 stop이라고 외쳐 주세요. [반영 후, 역할극 시작을 알리고 멈출 수 있음

에 대한 안전장치 재안내]

내7: 네.

상8: 넌 지금 책이 눈에 들어 오냐? 니 엄마가 집 나가고 없는데 공부가 다 무슨 소용이 있어? 빨리 나가서 네 엄마 데려와! 너 때문에 나간 거니깐 네가 찾아와.

내8: (가만히 듣고만 있고. 눈물을 참음)

상9: 어렸을 때도 지금처럼 가만히 듣고만 있고 눈물을 참았을 것 같습니다. 그렇지만 여러 생각과 감정이 왔다 갔다 했을 것 같은데…… 그때는 못했지만 지금 ◯◯◯ 님은 그때 못한 것을 한번 해 보셨으면 합니다. [반영 후, 역할극의 목적을 재안내하면서 관찰을 통해 준비 여부 확인. 5초간 침묵] 공부가 다 무슨 소용이냐? 빨리 나가서 엄마 찾아와. 너 때문에 나갔잖아. [역할에 몰입할 수 있도록 아빠 역할을 함]

내9: (눈물을 흘리면서) 왜 나 때문이야? 아빠가 술 먹고 들어와서 엄마 때리니깐 엄마가 나갔잖아. 나도 나가고 싶지만 갈 때가 없어. 엄마도 내가 보호해 주려고 했는데…… 아빠가 무서워서 내가 할 수 있는 게 아무것도 없다고.

상10: (천천히) 내가 할 수 있는 게 아무것도 없어. [내담자의 말을 되뇌며 메아리 역할을 하면서 내담자에게 힘을 실어 줌]

내10: 맞아. 내가 할 수 있는 게 아무것도 없어. 이렇게 하고 싶은 말을 하면 아빠도 집을 나가 버릴까 무서웠어. 난 아직 어린데…… 이제 겨우 열 살인데 내가 할 수 있는 것은 아무것도 없는데……. (눈물을 흘림)

상11: 난 할 수 없다는 생각이 자꾸 드시는군요. [자동적 사고 찾음]

이 사례에서 내담자의 자동적 사고는 '난 할 수 없어.'이고, 내담자가 실제로 두려워하는 것은 '아빠도 엄마처럼 집을 나가 버려서 혼자 남는 것에 대한 두려움'이다. 엄마가 집을 떠나는 것에 대해 자신이 아무것도 할 수 없었던 것처럼 아빠가 집을 떠남에 있어서도 자신이 할 수 있는 것이 없다는 자동적 사고는 성인이 되어서까지 영향을 미쳐서 '무능력'이라는 핵심신념과 맞닿아 있었다.

이 사례에서처럼 자동적 사고를 찾기 위한 목적으로 역할극을 사용할 때 주의할 점이 있다. 첫째, 내담자의 준비도이다. 역할극은 머리 속 상상을 밖으로 표출해서 직접 대면하는 것과 유사하기 때문에 심상의 경험보다 강하다 할 수 있다. 특히 내담자가 직면해야 할 상황이 두렵고 무서워서 회피했던 상황일 경우에는 더욱더 내담자의 준비도 점검과 함께 안전장치가 필요하다. 여기서 안전장치는 내담자의 준비도를 점검하면서 역할극의 표현 정도를 조정하는 것이고, 또 하나는 내담자가 원할 경우 언제든지 멈출 수 있음을 안내하는 것이다. 내담자가 자신의 목소리를 당당하게 낼 정도의 힘을 가지고 역할극에 임한다면 상담사는 내담자를 좀 더 자극할 수 있는 반대의 역할을 하여 내담자가 자신이 몰랐던 자신의 생각과 감정을 접촉할 수 있도록 한다. 다만, 내담자가 주저하는 모습이 있다면 내담자의 지지자 역할이 되어 힘을 만들어 주는 것도 필요하다. 이에 대한 적절한 역할을 위해서는 상담사의 경험과 민감성 및 직관력 등이 필요하므로 이에 대한 개발을 위해 노력할 것을 권한다.

둘째, 이러한 역할극을 할 정도의 충분한 시간이 확보되었는지에 대한 점검이 필요하다. 상담이 끝날 무렵 이러한 역할극을 하다 보면 시간에 대한 압박감 때문에 급하게 개입하여 오히려 내담자가 두려워하는 상황만 수면 위로 올려놓은 채 안전장치 없이 급하게 마무리를 하게 되어 역효과가 나타날 수 있으므로 주의가 필요하다.

셋째, 어떤 목적으로 역할극을 하는지에 대한 명확한 목적성을 가지고 사용하길 바란다. 슈퍼비전을 진행하다 보면 상담과정의 연결성 없이 갑자기 역할극을 진행하면서 내담자에게 하고 싶은 이야기를 해 보라는 식의 무리한 개입을 진행하는 경우를 종종 보게 된다. 초심상담사들이 배우고 익힌 것을 적용해 보려는 시도는 필요하지만 무엇을 위한 개입인지를 명확하게 해야 내담자의 반응에서 필요한 반응을 찾을 수 있다. 이 사례에서도 내담자의 자동적 사고를 찾고자 하는 목적이 있었고, 이를 위한 개입 설명 시 내담자가 내3에서 '무섭다'라는 표현을 사용해 역할극 개입에 대한 감정을 나타냈기 때문에 무엇에 대한 무서움인지에 대해 호기심을 가지고 궁금해하면서 역할극을 시도해야 한다. '무서움'이라는 감정은 상담 개입 시 방해요인으로 작용할 수 있기 때문에 이에 대한 탐색이 필요하다. 그래야 내담자의 표현에서 그것과 연결된 부분을 찾아 낼 수 있다. 물론 그 외에 중요한 것들이 있을 수 있지만 단기상담에서 모든 것을 다루고 해결할 수 없기 때문에 상담 목표와 방향성을 고려하여 구체적인 개입에 주력해야 한다.

마지막으로 주의할 점은 역할극 적용 시 자주 사용하는 역할 바꾸기이다. 내담자가 자신의 감정이나 생각을 알아차리고 어느 정도 표출했어도 공간이 마련되지 않은 상황에서 역할 바꾸기를 하는 것은 내담자를 두 번 죽이는 것이 될 수 있다. 내담자는 대체적으로 관계적 상황에서의 문제를 자기 탓으로 생각하는 경우가 있는데, 그런 상황에서는 자신의 감정과 자기이해에 대한 어루만짐이 선행되어야 한다. 이때 자신에 대해 아직 온전히 표현되지 않은 상태에서 상대의 입장이 되어 보도록 하는 것은 죄책감과 수치심을 표면화시킬 수 있기 때문에 주의가 필요하다. 타인에 대한 이해와 수용은 자기이해와 수용에서부터 진행됨을 기억하고 성급한 개입으로 내담자를 더 혼란스럽게 하지 않도록 기법에 대한 충분한 이해와 목적을 파악하여 개입하길 바란다.

2) 감정과의 접촉을 시도할 때

상담 시 역할극을 사용하는 또 다른 목적은 감정과의 접촉을 시도할 때이다. 자신의 역기능적 사고를 인지적으로는 알고 있지만 감정적으로는 여전히 받아들여지지 않을 때 이성적-감정적 역할극(rational-emotional role-play)을 사용한다. 이성적-감정적 역할은 일종의 내담자의 이중자아이다. 둘 다 내담자인데 이성적인 면이 지배를 하고 있을 때 감정적 측면이 작아지거나 억압되기 때문에 역할극을 통해 감정과의 접촉을 시도할 때 이를 사용한다. 이때 감정적 역할은 상담사가 하고, 이성적 역할은 내담자가 해서 자신의 이성으로 인해 감정이 어떻게 반응하는지를 역할극을 통해 간접적으로 경험하도록 개입한다. 그 이후에 역할 바꾸기를 통해 내담자가 자신의 감정과 접촉할 수 있는 장을 마련한다. 어떤 내담자는 감정에 너무 사로잡혀 이성적이고 현실적인 사고가 안 되는 경우도 있다. 이 경우에는 이성적 역할은 상담사가 하고 감정적 역할은 내담자가 한 후, 역할을 바꿔 해 봄으로써 상담사가 했던 생각자극을 내담자가 재연해 보도록 한다. 역할 바꾸기를 했을 때 내담자가 사용했던 표현을 가능한 한 그대로 사용해야 현실감 있게 몰입할 수 있다.

3) 새로운 대안행동에 대해 준비할 때

상담 시 역할극을 사용하는 마지막 목적은 새로운 대안행동 준비를 위한 연습(rehearsal) 목적이다. 예측 가능한 적응적 상황(사고와 행동)을 연습해 봄으로써 대응책을 마련하고 내담자에게 가장 적절한 대안행동을 찾기 위해 역할극을 사용한다. 실제 상황에 적용하기 전에 상담회기에서 연습해 보기 위해서이다. 대안행동이 내담자에게 적절한지에 대해 점검하고 익숙해지도록 하기 위해서는 연습이 필요하다. 특히 현실은 상담장면에서처럼 안전하지 않기 때문에 익숙하지 않은 대안행동을 했다가 예기치 못한 상황이 발생하여 시도하는 것조차 두려워할 수 있기 때문에 다양한 상황에 대한 대비가 필요하다. 예를 들어, 자신의 생각과 감정 표현을 거의 하지 않던 사람이 나−전달법을 시도하려고 할 때 나−전달법이 상대에게 그대로 수용되는 경우도 있지만 그렇지 못할 경우도 있다. 처음에는 나−전달법을 익히는 데 집중하지만 어느 정도 익숙해지면 내담자의 표현에 대해 불편해하거나 불편 이상의 비난을 하는 경우 어떻게 대처할지에 대한 연습을 역할극을 통해 해 볼 수 있다. 이러한 과정을 통해 내담자가 시도하려는 대안행동이 모두에게 환영받는 것은 아니고 거절될 수도 있음을 인지함으로 현실적인 상황 파악을 통해 현실 파악 능력도 함께 익힐 수 있다. 역할극을 통한 연습은 다음 절의 행동실험과도 관련 있기 때문에 서로 적절하게 활용할 경우 효과성을 높일 수 있다.

❖ 학습문제 ❖

1. 최근에 하고 싶은 이야기를 하지 못한 대상을 떠올려 보고 표현해 보자.
2. 각자 떠올린 장면을 가지고 역할극을 통해 역할극 개입을 연습해 보자.
3. 각자 한 번씩 상담사 역할을 하면서 역할극 활용에 있어서 어려운 점이 무엇인지 나누고 보완하기 위한 각자의 대안을 모색해 보자.

2. 행동실험

행동실험은 내담자가 행동할 수 있도록 관점을 전환시켜 작은 행동화를 시도하도록 개입하는 방법이다. 행동의 정도나 어떤 행동을 할지에 대해서는 내담자가 선택할 수 있도록 하기 위하여 상담사는 그 가능성 정도를 확인할 수 있는 질문을 통해 생각을 자극하는 것이 필요하다. Wright 등(2006)이 행동실험을 위한 지침 다

섯 가지를 제안하였는데, 이것에 필자가 상담현장에서 활용하며
보완한 내용을 추가하여 일곱 가지를 제안하고자 한다.

첫째, 행동실험을 위한 협력적인 관계 맺기이다. 대체적으로 익
숙한 것을 계속하려고 하며 새로운 것을 모험적으로 시도하는 것
은 쉽지 않다. 상담사도 새로운 행동실험이 내담자에게 적절한지
에 대한 점검이 필요하기에 서로에 대한 열린 마음으로 협력적인
관계가 맺어지지 않으면 행동실험을 하는 데 어려움이 발생하기
마련이다. 행동실험을 위해서는 내담자와 상담사 간에 협력적인
관계 맺기가 선행되어야 그다음 단계로 나아갈 수 있음을 기억하
고 관계 형성에 주력하기 바란다.

둘째, 행동화를 위한 준비도 확인이다. 역할극을 할 때도 내담자
의 준비도를 확인하듯이 행동실험도 준비도 확인이 필요하다. 새
로운 것을 시도할 때는 용기가 필요하다. 더구나 익숙한 것보다는
훨씬 에너지 소모가 많이 되는데, 행동으로 옮기는 데도 필요하지
만 행동실험에 대한 주변의 반응을 의식할 때도 에너지가 소모된
다. 이러한 상황을 이해하고 인정하면서 내담자의 준비도를 방해
하는 장애물을 찾아 방해요인을 최소화시키면서 기다려 주는 과정
이 필요하다. 내담자의 준비도를 방해하는 장애물로 내담자 자체
의 요인도 있지만 상담사 요인도 있다. 그것은 상담성과를 빨리 내
고자 하는 상담사의 조급함, 내담자에 대한 안타까움으로 많은 것
을 해결해 주고 싶어 하는 전지전능함 등이다. 이에 대한 탐색을 통
해 내담자와 상담사의 요인이 내담자의 준비도를 방해하지 않도록
하기 위한 적절한 개입이 필요하다.

셋째, 시도할 행동은 내담자가 스스로 선택하고 결정하도록 한
다. 시도해야 할 사람은 내담자이기 때문에 스스로 시도할 행동을
결정해야 그 선택에 대한 의미를 부여함으로써 시도하고자 하는
생각을 더 명확하게 갖게 된다. 사실 이렇게 해도 생각대로 잘 되지
않으면 새로운 행동에 대한 확신이 없기 때문에 행동실험을 멈추
고 싶은 생각이 자꾸 침투하게 되는데, 이 또한 자연스러운 현상으
로 생각하고 수용과 공감의 반응을 통해 이해하는 것이 필요하다.
다양한 대안행동을 브레인스토밍을 통해 나열한 후에 하나씩 점검
하고, 이에 대해 어려워할 경우에 내담자가 제시한 대안들 중에서
보완해 나가거나 예시 형태로 상담사가 생각하는 행동을 1~2개
제안하는 것도 한 방법이다. 중요한 것은 시도할 행동을 내담자가
스스로 결정하는 것임을 명심하길 바란다.

넷째, 시도할 행동이 결정되었다면 상담장면에서 여러 상황을
구조화하여 연습을 통해 실행계획을 세우는 것이다. 내담자가 생
활하고 있는 현실은 상담장면처럼 안전한 곳이 아니다. 내담자의
생각과 다르게 여러 상황이 발생할 수 있기 때문에 사전에 구조화
를 통해 연습해 보는 것이 안전하다. 예측하지 못했던 돌발 상황이
발생할 수 있지만 여러 상황을 구조화하여 연습을 해 본 경험은 이
러한 상황도 발생할 수 있음에 대한 생각의 여유를 갖게 해 주기 때
문에 이 과정은 중요하다.

다섯째, 상담장면에서 안전하게 연습함으로써 새로운 행동에 대
해서도 어느 정도 익숙해졌다면 이제는 실생활에서 시도해 보는
것이 필요하다. 일종의 과제 부여인데 다음 절에서 이에 대해 자세

히 다루고 있으므로 여기서는 간단하게 살펴보고자 한다. 내담자들이 언제나 안전한 온실 속에서 생활할 수 없기 때문에 실생활에서 시도해 보면서 적절히 대처할 수 있는 면역력도 키우고, 대안행동에 대한 점검을 하는 단계이다. 이때 내담자가 생각대로 잘 되지 않고 주변의 반응도 예상과 다를 경우 또 한 번의 멈추고자 하는 위기가 올 수 있다. 이 또한 자연스러운 현상임을 공감과 수용으로 이해하면서 재정비할 수 있도록 함께한다.

여섯째, 실생활에서 시도해 보면서 나타나는 결과를 토대로 보완사항을 검토하고 수정하는 과정을 거치게 된다. 이때 결정한 행동 자체가 전반적으로 적절하지 않다고 판단될 경우 세 번째 단계부터 다시 시작하는 것이 필요하다. 그러나 대체적으로 이러한 상황이 자주 발생하는 것이 아니니 어떤 점을 보완해서 수정할 것인지에 대해 내담자와 함께 해결방안을 모색한다.

이러한 과정이 어느 정도 점검되어 내담자에게 적절한 대안행동이 결정되면 마지막 단계로 대안행동을 강화시키고 상담 종결 후에도 스스로 점검하고 지속적으로 시도할 수 있는지를 확인한다. 이때 종결에 대한 준비도 함께 한다.

행동실험은 내담자가 대안행동을 실험적으로 시도할 때도 사용되지만 우울증 내담자와 같이 일상의 행동이 활성화되지 않은 경우에 행동활성화를 위해서도 사용 가능하다. 이때 사용할 수 있는 방법이 활동 계획하기인데 내담자 활동의 양적인 면과 질적인 면을 모두 평가해서 행동실험을 시행한다. 활동계획은 회피하고 있는 활동에 참여할 가능성을 높이고 활동을 방해하는 요인을 제거하기 위한 목적으로 사용된다(Dobson, 2010). 활동계획을 세우지 않고 행동을 하지 않음을 선택하는 경우는 대체로 활동의 경험이 부정적이라고 예측하기 때문인 경우이다. 즐거움을 예측하면서 행동실험을 할 수 있도록 하여 자신의 부정적 예측과 다른 결과가 나타날 수 있음을 경험하게 하는 방법으로 행동실험을 활용한다면 우울감을 가지고 있는 내담자들에게 행동실험을 좀 더 효과적으로 사용할 수 있다.

학습문제

1. 자신을 대상으로 행동실험을 해 볼 방안을 생각해 보고 동료들과 공유해 보자.
2. 각자 떠올린 행동실험을 가지고 행동실험 개입을 연습해 보자. 각자 한 번 씩 상담사 역할을 하면서 행동실험 활용에 있어서 어려운 점이 무엇인지 나누고 보완하기 위한 각자의 대안을 모색해 보자.

3. 과제 부여

과제는 상담장면에서 배우고 익힌 것을 일상에서 실험해 봄으로써 보완해야 할 부분을 수정하고 내담자만의 적절한 방법을 찾아 익혀 새로운 대안적 사고와 대안행동을 강화시키기 위함이다. 과제를 부여하기 위해서는 먼저 과제를 설정해야 한다. 내담자의 상황과 여건에 맞는 과제를 내담자와 함께 상담시간에 결정하여 과제를 부여한다. 과제는 내담자와 합의되어야 하고, 상담목표와 연결되어 있어야 효과적이다. 상담장면에서 자주 사용되는 과제는 자동적 사고 찾기, 사고기록지 작성, 행동활성화, 대안행동 실험 등이다. 과제 설정 시에는 과제가 너무 많거나 복잡하면 익히기도 전에 질려 버릴 수 있기 때문에 적절한 과제 한두 가지만 순차적으로 설정하는 것이 효율적이다. 더욱이 상담 초기부터 과제를 부여하는 것은 주의가 필요하다. 상담 초기에는 라포 관계 형성 및 내담자에 대한 이해가 낮은 상태이고 내담자로 하여금 부담감을 갖게 할수 있기 때문이다. 특별한 상황이 아니면 어느 정도 상담장면에서 익숙해진 후에 작업단계에서부터 과제를 설정하는 것이 적절하다. 설정된 과제가 내담자에게 부담이 되지 않도록 내담자와 함께 결정하도록 한다.

과제가 결정되면 과제 수행이 성공적일 수 있도록 점검이 필요하다. 첫째, 적당한 과제를 내담자의 동의하에 정했다 할지라도 수행함에 있어서 적당한지에 대한 부분은 상담장면에서 확인하고 조정해 나가야 한다. 실제로 시도할 때는 생각과 다를 수 있기 때문이다. 또한 단계별 과제 부여하기(Graded Task Assignments: GTA)를 통해 큰 과제를 성취하기 쉬운 작은 과제로 나누어서 단계별로 과제 수행이 진행되도록 한다. 이를 위해서는 자동적 사고 점검이 선행되어야 하는데, 자동적 사고가 단계별 과제 수행을 방해할 수 있기 때문에 이를 사전에 예방하기 위함이다. 둘째, 과제로 부여하기 전에 상담장면에서 연습하여 대략적인 방법을 익힌 후 실전에서

시도해 보게 한다. 연습 없이 실전에 적용할 경우 예상치 못한 상황
이 발생하여 새로운 시도를 함에 있어서 주저하게 만들 수 있기 때
문에 이에 대한 점검이 필요하다. 셋째, 대략적인 방법을 익히는 과
정에서 예견되는 예외 상황을 통해 연습해 보고 실전에 대비한다.
이러한 과정이 진행될 때 예측하지 못한 돌발 상황에서도 당황하
지 않고 그럴 수 있음에 대해 생각할 수 있다. 넷째, 상담장면에서
처럼 잘 되지 않을 수도 있음을 알려 주어 결과보다 시도하려는 과
정에 집중하도록 하고 어떤 점을 보완해야 할지를 점검하도록 한
다. 시도하려는 것에 치중하다 보면 지나치게 긍정적이고 희망적
으로 생각하게 하는데 현실은 그 반대일 수도 있다. 이에 대한 대비
가 되지 않으면 시도조차도 꺼릴 수 있기 때문에 현실적 감각을 가
질 수 있도록 개입한다. 또한 이러한 과정을 점검하면서 만약 과제
가 적절하지 않을 경우 변경할 수도 있다. 마지막으로 과제 수행에
서 한 번 성공했다고 해서 상담을 종결하지 말고, 스스로 어느 정도
판단하고 분별할 수 있는 정도를 확인하고 점검하여 상담 종결을
준비한다.

　과제 부여를 통해 수행 후에는 과제에 대한 검토가 필요하다.
즉, 과제를 부여했다면 과제 결과에 대해 확인하는 시간을 가져야
한다. 상담을 진행할 때 지난 회기에 과제를 부여한 사실을 잊고 과
제 결과에 대한 검토를 하지 않는 경우가 종종 있는데, 이를 다루지
못할 정도로 급하고 중요한 주제가 있어서 어쩔 수 없이 점검이 이
루어지지 않는 경우를 제외하고 과제 자체를 잊지 않도록 주의해
야 한다. 과제 점검 시 무엇을 어떻게 했고 이를 통해 알게 된 것이

무엇인지를 확인하는 것이니 숙제 검사 하듯이 결과에 치중하지 않도록 주의한다. 혹시 과제를 해 오지 않았다면 무엇의 영향 때문인지 등을 검토해서 수정·보완해야 과제 부여의 의미가 있다. 그렇다고 해서 그것에만 집중하게 되면 과제 중심으로 흘러가서 상담의 방향성이 흐려질 수 있으니 적절성을 고려하여 수정·보완할지 등에 대한 검토가 필요하다.

상담을 진행하다 보면 과제 수행에 대한 대비를 해도 과제를 제대로 하지 못하는 경우가 발생한다. 이때 문제개념화를 통해 점검할 필요가 있다. 과제를 못하게 하는 방해요인이 무엇인지 파악해서 대처 후 개입하는 것이 필요하다. Persons(1989)는 과제 수행을 방해하는 요인으로 완벽주의, 실패에 대한 두려움, 다른 사람을 기쁘게 해야 한다는 생각의 세 가지를 제안하였다. 필자가 상담장면에서 대체적으로 방해요인으로 발견한 것은 난이도의 부적절성, 내담자의 이해 및 준비도 부족, 내담자의 동기 부족, 결과에 대한 불안, 완벽하게 성공해야 한다는 부담과 같은 내담자의 심리적 문제인 경우가 있고, 그 외 과제를 부여하고 수행할 시기가 아닌데 상담사의 무리한 개입으로 인한 경우도 있다. 이에 대한 탐색을 통해 방해요인을 최소화하는 개입을 먼저 진행한 후 천천히 순차적으로 시도하는 것이 효과적이다. 가끔 과제 불이행에 대해 상담사 스스로 내담자가 상담사를 무시한 결과라는 식으로 부정적인 자동적 사고를 가져서 내담자와 힘겨루기를 하는 경우가 있는데 주의가 필요하고, 이러한 생각이 든다면 교육 분석을 통해 점검하길 권한다.

Burns(1999)는 내담자의 과제 수행 정도가 상담 성공의 중요한 예측인자라고 할 만큼 과제를 중요하게 생각하였다. 내담자가 과제를 통해 인지행동상담을 익히고, 대처할 수 있는 해결 능력과 자신감도 갖게 되며, 과제 수행을 통해 능동적으로 상담에 참여하면서 의존성도 예방할 수 있다. 내담자가 어느 정도 과제에 대한 이해가 되고 수행하고 점검이 가능하다면 내담자 스스로 자신에게 알맞은 과제를 부여하도록 하는 것도 상담 종결 시 대처 능력을 향상시키는 데 필요하다. 다만, 이렇게 할 정도면 어느 정도 회기가 충분히 있어야 하는데, 대체적으로 단기상담이다 보니 회기와 내담자의 이해도 등을 점검하면서 고려해 보길 권한다.

◦ 학습문제 ◦

1. 자신에게 부여하고 싶은 과제가 무엇인지 생각해 보고 동료들과 공유해 보자.
2. 과제를 부여하는 과정을 동료들과 함께 연습해 보자. 각자 한 번씩 상담사 역할을 하면서 과제 부여 기법의 활용에 있어서 어려운 점이 무엇인지 나누고 보완하기 위한 각자의 대안을 모색해 보자.
3. 내담자에게 과제 부여 시 경험했던 어려웠던 상황을 동료들과 공유하고 유사한 상황이 발생하지 않도록 대안을 모색해 보자.

4. 체계적 둔감법

　점진적 노출 기법으로도 알려진 체계적 둔감법(systematic desensitisation)은 공포증 및 기타 불안장애 내담자들을 대상으로 사용되는 기법 중 하나이다. 내담자가 불안해하는 대상에 대해 불안 정도에 따른 위계목록을 만들어 점차적으로 노출시켜 불안에 대해 순차적으로 덜 민감한 경험을 할 수 있도록 개입하는 방법이다. 이는 심상을 통한 가상노출(imaginal exposure)과 가상노출 후 실제 노출을 시도해 보는 실제노출(in vivo exposure)로 구분된다.

　가상노출은 먼저 실제처럼 상상할 수 있도록 환경적인 단서를 사용한다. 상상이라 할지라도 불안을 강하게 경험할 수 있기 때문에 불안을 줄이기 위해 인지재구조화와 이완 기법을 통해 안전장치를 마련하고 개입한다. 이렇게 안전장치를 사전에 준비해서 진행해도 갑자기 불안을 강하게 느낄 수 있기 때문에 이 경우 stop을 외쳐 멈출 수 있음을 안내하여 안전에 대한 신뢰를 가지고 시작할 수 있도록 준비한다. 내담자가 안전을 확보하게 되면 내담자가 경험하게 될 목표를 정하고 불안에 대한 위계목록을 작성하여 심상을 시작하도록 한다. 불안 위계목록은 내담자가 정하도록 하는데, 이때 상담사가 내담자에 대한 사례개념화에 근거해서 수위조절을 함께 하는 것이 필요하다. 가상노출을 진행할 때 불안에 대한 대처 방법을 시행할 수 있는지 확인하고 마지막으로 불안이 사라질 때까지 가상노출을 반복하면서 진행한다.

가상노출 경험을 통해 어느 정도 불안에 대한 직면이 가능하다
는 판단이 된다면 실제노출을 시도해 본다. 불안 자극에 직접 대면
해 본 후, 과제를 부여해서 시도해 보고 점검하면서 어느 정도 일상
생활에서 극복 가능한지에 대한 경험을 상담사와 함께 진행한다.

◦ **학습문제** ◦

1. 체계적 둔감법을 동료들과 함께 연습해 보자. 각자 한 번씩 상담사 역할을
하면서 체계적 둔감법 활용에 있어서 어려운 점이 무엇인지 나누고 보완
하기 위한 대안을 모색해 보자.
2. 내담자에게 체계적 둔감법 적용 시 경험했던 어려웠던 상황을 동료들과
공유하고 유사한 상황이 발생하지 않도록 대안을 모색해 보자.

5. 자기지시훈련

Meichenbaum과 Goodman(1971)에 의해 처음 개발된 자기지시
훈련(self-instructional training)은 아동의 충동적 행동통제 목적으로
사용되며 5단계의 절차로 진행된다. 첫째, 상담사가 자기지시 행동
을 보여 준다. 둘째, 아동이 상담사가 말하는 동안 행동을 한다. 셋
째, 아동이 행동을 수행하면서 소리 내어 말한다. 넷째, 상담사가
목소리 내어 하던 외현적 자기시지를 하지 않고 아동이 스스로에
게 자기지시와 칭찬을 하면서 행동을 수행하도록 한다. 다섯째, 내

현적인 자기지시로 행동을 수행한다. 아동이 상담사가 들을 수 없도록 스스로에게 자기지시와 칭찬을 하면서 행동을 수행하게 한다. 처음에는 아주 단순한 과제에서부터 시작해서 자기지시훈련을 연습하게 하고, 어느 정도 학습이 되면 아동의 발달 수준에 따라 적절한 과제를 부여해서 수행하도록 한다.

Meichenbaum과 Goodman(1971)의 자기지시훈련은 5단계로 구성되나 Miltenberger(2017)의 자기지시훈련은 기본 3단계로 구성되고, 자기지시훈련을 교육하기 위한 행동기술훈련은 6단계의 절차로 진행된다. 첫 번째 단계는 문제 상황을 확인하고 상황에 맞는 가장 바람직한 행동을 정의하기이다. 이때 바람직한 행동을 방해하는 경쟁행동을 확인하는 것도 필요하다. 예를 들어, 친구들이 화나게 자극하는 상황에서 바람직한 행동은 친구들의 자극에 대해 지나치거나 불편함을 정당하게 표현하는 것이고, 경쟁행동은 싸움이다. 두 번째 단계는 문제 상황에서 자기지시 확인하기이다. 자기진술은 자기지시의 한 방법으로 친구들이 화나게 자극하는 상황에서 싸우지 않고 지나치기 위해 사용 가능하다. 예를 들면, "저 아이들은 나를 화나게 하려고 놀리는 거야! 사실이 아니니깐 싸우지 말고 그냥 지나가자."와 같은 자기진술을 통해 상황을 지나치게 한다. 세 번째 단계는 자기지시를 교육하여 행동으로 옮길 수 있도록 다음과 같이 행동기술훈련 6단계로 진행한다.

• 1단계: 상담사가 자기지시를 소리 내어 말하고 바람직한 행동을 한다.

- 2단계: 상담사와 내담자가 자기지시를 함께 소리 내어 말하고 바람직한 행동을 한다.
- 3단계: 내담자 혼자 자기지시를 소리 내어 말하고 바람직한 행동을 한다.
- 4단계: 내담자가 작은 소리로 자기지시를 말하고 바람직한 행동을 한다.
- 5단계: 내담자가 소리 내지 않고 입모양으로 자기지시를 하고 바람직한 행동을 한다.
- 6단계: 내담자가 마음속으로 자기지시를 하고 바람직한 행동을 한다.

행동기술훈련은 상담사가 역할극의 형태로 바람직한 행동의 모델이 되어 보여 주고 그것을 그대로 함께 수행하면서 점진적으로 혼자 행동하는 단계로 밟아 간다. 이러한 행동기술훈련은 숫자 그리기와 같은 단순한 과제에서부터 사칙연산과 같은 복잡한 과제로 나아간다.

이 기법은 아동에게만 국한된 것은 아니고 성인에게도 적용이 가능하다. 성인의 문제 상황을 다룰 수 있는 대처기술을 익히는 데도 활용된다. 이를 위해서는 상담사의 행동시연이나 모델링을 통해 학습하고 역할극을 통해 자기지시를 연습한 다음 어느 정도 익힌 후에 과제를 부여하여 실제 문제 상황에서 시도해 보게 한다.

◆ **학습문제** ◆

1. 자신을 대상으로 자기지시훈련을 적용해 보자

2. 동료들과 함께 자기지시훈련을 연습해 보자. 각자 한 번씩 상담사 역할을 하면서 자기지시훈련 활용에 있어서 어려운 점이 무엇인지 나누고 보완하기 위한 대안을 모색해 보자.

3. 내담자에게 자기지시훈련 적용 시 경험한 어려웠던 상황을 동료들과 공유하고 유사한 상황이 발생하지 않도록 대안을 모색해 보자.

6. 이완훈련

이완훈련은 불안장애가 있는 내담자뿐만 아니라 긴장과 스트레스로 불편한 일상을 생활하고 있는 사람이면 누구에게나 적용할 수 있다. 현대 사회에서는 생활하는 것 자체가 긴장의 연속이기 때문에 일상에서 이완훈련을 통해 자신의 몸과 마음의 반응을 점검하고 풀어 준다면 좀 더 건강한 대처가 될 것이다.

이완훈련은 두려움과 불안으로 인한 자율적 각성을 감소시키는 전략으로 각성과 반대되는 신체반응을 한다. 즉, 근육의 긴장을 감소시키고, 심장박동을 느리게 하며, 손을 따뜻하게 한다. 이러한 신체반응을 경험할 때 불안이 감소한다. 이완훈련에는 점진적 근육이완(Progressive Muscle Relaxation: PMR), 횡경막호흡(diaphragmatic breathing), 주의집중연습(attention-focusing exercise), 행동이완훈련(behavioral relaxation training) 등이 있다.

점진적 근육이완은 Jacobson(1938: Miltenberger, 2017 재인용)에
의해 처음 시작된 것으로 근육을 긴장시켰다가 이완시키는 방법이
다. 근육을 긴장시키는 방법부터 안내하는데, 예를 들어 눈과 이마
는 눈을 크게 뜨고 눈썹을 치켜 올리고 이마에 최대한 주름이 많이
생기게 만들면서 5초 동안 근육을 강하게 긴장시킨 후 이완시킨다.
여러 번 반복하고 나면 각 근육들이 긴장과 이완 없이도 스스로 이
완을 시작할 수 있게 된다. 횡경막 호흡은 심호흡 또는 이완호흡이
라고도 한다. 횡경막 호흡은 숨을 들이쉴 때 횡경막을 사용하여 최
대한 깊은 호흡으로 폐 속으로 들이마신다. 복식호흡으로 복부가
팽창되도록 3~5초 동안 천천히 숨을 들이쉬고 3~5초 동안 천천히
숨을 내쉰다. 횡경막 호흡은 점진적 근육이완 등 다른 이완훈련과
함께 사용될 때 효과적이다. 주의집중연습은 불안을 야기하는 자
극에서 다른 자극으로 주의를 옮김으로써 이완하는 방법이다. 명
상이나 유도심상 등이 이에 속한다. Poppen(Miltenberger, 2017 재
인용)의 행동이완훈련은 이완자세를 취해 각 근육군들을 이완시키
는 방법이다. 예를 들면, 눈은 부드러운 느낌으로 눈꺼풀을 닫으면
이완이고 눈을 뜨거나 눈을 감았을 때 눈이 안에서 움직이면 이완
되지 않은 것이다. 행동이완훈련도 호흡을 중시하며 주의집중을
하는 것이 필요하다.

이완훈련은 7단계로 설명할 수 있다. 첫째, 이완훈련에 대해 간
단히 설명한다. 설명이 길면 듣다가 지칠 수 있으므로 간단히 설명
한다. 둘째, 자신의 근육 상태와 불안을 스스로 평가하도록 안내한

다. 0~100점 척도를 사용하면 폭이 너무 커서 어려워하는 경우가 있으니 10점 척도를 사용해서 점검하도록 한다. 셋째, 자신의 근육 긴장 범위를 역시 10점 척도로 탐색하도록 한다. 두 번째와 세 번째 단계에서 척도로 자신을 평가하는 것이 자신의 몸과 마음의 상태에 집중해서 관심을 가지고 느낄 수 있는 귀한 시간임을 강조하는 것이 필요하다. 바쁜 일상 중에 자신에 대해 집중하는 경우가 드물기 때문에 이 순간이라도 온전히 집중할 수 있도록 안내한다. 넷째, 근육의 긴장을 감소시키도록 한다. 즉, 손에서부터 시작해서 0에 가까운 상태에 이르도록 몸에 힘을 줬다가 힘을 빼도록 한다. 다섯째, 손에서부터 순차적으로 발가락까지 주요 부위를 이완하도록 한다. 대체적으로 순서를 정한다면 '손 → 아래 팔 → 윗쪽 팔 → 어깨 → 목 → 눈 → 얼굴 → 가슴 → 등 → 배 → 엉덩이 → 위쪽 다리 → 아래쪽 다리 → 발 → 발가락' 순이나 순서는 조정 가능하다. 여섯째, 이완을 좀 더 효율적으로 진행하기 위해 이완을 이미지화할 수 있는 심상을 떠올리도록 한다. 예를 들면, 얼음이 눈처럼 녹아 바닥으로 흘러가는 이미지를 떠올리면서 한다면 훨씬 편하게 할 수 있다. 이러한 과정이 익숙해지면 마지막으로 정기적으로 연습하도록 권한다.

아동에게 이완훈련을 적용할 때 앞과 같은 방법으로 진행하면 어려움이 발생할 수 있다. Kendall과 Braswell(Dobson, 2010 재인용)은 '로봇인형 게임'이라고 명명하여 이완훈련을 아동들에게 적용하였다. 로봇처럼 뻣뻣하게 다니게 하다가 신호를 주면 의자에 앉아 힘을 빼고 늘어지게 하면서 신체변화를 경험하게 하여 이완훈련을 익히게 하는 방법이다. 놀이처럼 경험하면서 쉽게 익힐 수 있기 때문에 상담사는 아동을 대상으로 진행할 때는 그들이 쉽게 경험할 수 있는 방안을 창의적으로 찾으려는 숙고의 시간을 가지길 바란다. 초심상담사들 중에 가끔 아동은 상담이 안 된다면서 내담자로도 생각하지 않고 그냥 시간만 보내고 오는 경우가 있다. 참으로 안타깝다. 아동과의 상담 진행이 어려우면 슈퍼비전을 통해서 점검을 받고 방안을 모색해야 하는데 상담사의 머리 속에 아동은 내담자로 생각하지 않기 때문에 슈퍼비전도 받지 않는다. 상담사가 모든 대상을 상담할 수 있어야 한다는 의미는 아니지만, 적어도 누구든 상담을 받을 수 있는 내담자이기에 상담을 진행함에 있어서 어떤 어려움이 있는지에 대한 점검은 필요하며 좀 더 효율적이고 효과적인 상담 진행을 위해 고민하는 상담사들이 되길 바란다.

❖ 학습문제 ❖

1. 이완훈련을 직접 경험해 보고 느낀 점을 동료들과 공유해 보자.

2. 이완훈련을 내담자에게 활용하기 위해 동료들과 연습해 보자. 각자 한 번씩 상담사 역할을 하면서 이완훈련법을 활용에 있어서 어려운 점이 무엇인지 나누고 보완하기 위한 대안을 모색해 보자.

3. 내담자에게 이완훈련 적용 시 경험한 어려웠던 상황을 동료들과 공유하고 유사한 상황이 발생하지 않도록 대안을 모색해 보자.

제11장

매체를 활용한
인지행동상담

인지행동상담에서 매체 활용은 다음과 같이 주로 보조수단으로 사용된다. 첫째, 감정이나 상황과의 접촉을 위해서이다. 내담자들 중에는 오랫동안 감정과의 접촉을 차단한 채 살아온 사람들이 종종 있는데, 이때 예술매체는 잠자고 있는 감각을 깨우기에 충분하다. 감정뿐 아니라 문제 상황에 대한 접촉을 불안이나 두려움으로 인해 회피하는 경우도 예술매체를 통해서 서서히 문제 상황에 노출시킬 수 있다. 둘째, 억눌렸던 자신의 감정을 표현하도록 할 때도 사용된다. 감정 접촉을 차단한 경우 자신의 감정과 마주했을 때 이를 언어로 표현하기는 쉽지 않다. 이럴 경우 예술매체를 통해 표현할 수 있도록 한다. 셋째, 이완 목적으로 사용된다. 특히 음악과 춤, 전래놀이 등은 긴장된 몸과 마음에 여유를 갖게 하여 이완할 수 있도록 한다. 이러한 이완을 통해 인지재구조화 작업이 가능할 수 있는 기반을 마련한다. 넷째, 인지재구조화를 통해 변화하고 성장한 자신과 마주하였을 때 이러한 변화를 예술매체를 통해 표현하게 함으로써 변화를 강화하는 목적이 있다. 대안적 사고를 통해 생각의 전환이 생겨 대안적 행동으로 변화한 경험을 음악으로, 춤으로, 미술작품으로 표현할 때 변화경험이 극대화될 수 있다. 다섯째, 아동이나 청소년의 경우 자신의 생각을 확인하고 검증하여 부정적인 사고를 개선하는 것이 쉽지 않은데 이를 좀 더 쉽게 접근하기 위해 매체를 활용한다. 이상과 같은 목적으로 예술매체를 활용하는데, 그중에 자주 사용되는 매체를 중심으로 어떻게 활용할 수 있는지에 대해 사례와 함께 알아보고자 한다.

1. 음악과 춤

예부터 음악과 춤은 인간과 늘 함께했다. 음악과 춤을 통해 자신의 생각과 감정을 표현하기도 하고, 관계 속에서 소통의 수단으로도 활용되었다. 음악을 들으면 신나고 즐겁기도 하지만 울컥하거나 가슴이 먹먹해지며 자신의 감정과 몸의 반응에 집중하게 된다. 바쁜 일상 속에서 살다 보니 자신의 감정과 몸에 대해 집중하기가 쉽지 않다. 대부분의 에너지가 타인을 향해 있다 보니 현재 내 감정을 살피고 느끼고 표현하기보다는 타인의 상황에 맞춰 반응하기 바쁘다. 이러한 상황에 익숙해져 있기 때문에 상담실에 왔다고 해서 저절로 자신의 감정과 몸에 집중되는 것은 아니다. 상담사가 아무리 지금 느낌이 어떤지, 몸의 반응이 어떤지 질문을 해도 자신의 감정과 몸의 반응을 알아차린다는 것은 너무나 생소하고 어려운 작업이다. 어떻게 느끼고 어떻게 표현해야 하는지 알 수가 없다. 지속적으로 유사한 질문을 할 때는 속상해하며 제발 느낌 질문을 하지 않으면 안 되냐며 짜증을 내기도 한다. 자신에 대해 느낄 수 있도록 한다는 것이 오히려 더 긴장하게 만든다. 이럴 때 음악은 내담자가 자신에게 집중할 수 있도록 공간을 마련해 준다. 음악의 흐름 속에 몸을 맡긴 채 몸을 움직이다 보면 긴장된 몸과 마음이 이완되면서 자신에게 집중하게 된다. 그렇다면 어떤 음악을 선택하는 것이 좋을까?

클래식, 재즈, 발라드, 록 등 여러 종류가 있겠지만 장르보다는 내담자가 좋아하는 소리가 담겨 있는 음악을 선택하는 것도 한 방법이다. 예를 들면, 바다소리, 새소리, 바람소리, 빗소리와 같은 자연의 소리도 가능하고, 첼로 소리, 바이올린 소리, 하프 소리, 피아노 소리, 가야금 소리, 해금 소리와 같은 악기 소리 등 내담자가 원하는 소리가 잘 드러나는 음악이면 좀 더 이완이 잘되고 자신에게 집중하기 편하다. 눈을 감고 음악을 듣다 보면 잠자고 있던 감각들이 꿈틀대며 깨어나기 시작하고, 몸도 음악에 따라 움직이기 시작한다. 짧은 경험을 통해 자신의 감정과 몸의 반응에 대해 경험한 것을 말로 표현하며 자신에게 집중하는 방법을 자연스럽게 학습하게 된다. 이러한 과정을 통해 문제 상황 속에서 자신의 감정을 느끼고 몸의 반응을 알아차리면서 자신의 부정적인 자동적 사고를 대안적 사고로 전환하며 대안적 행동을 익힐 수 있는 기반을 마련한다.

　음악을 통해 몸과 마음의 이완을 경험하고 자신의 감정과 접촉하기도 하지만 이렇게 접촉한 감정을 음악을 통해 표현할 수도 있다. 감정 접촉이 어려운 사람들은 감정과 접촉을 한다고 해서 바로 언어로 표현하기가 쉽지 않다. 그럴 때 자신의 감정을 소리 낼 수 있는 도구를 활용해서 표현하도록 한다. 악기를 사용할 수도 있으나 악기는 왠지 음계대로 연주를 해야 한다는 부담을 갖게 할 수도 있기 때문에 굳이 악기가 아니어도 된다. 악기를 사용한다면 북, 장고, 꽹과리, 징, 피리 등 무엇이든 가능하다. 줄이 1~2개 없는 기타나 바이올린도 가능하다. 조율이 되어 있지 않아도 되고, 소리가 잘 나지 않아도 된다. 악기를 준비하기 어렵다면 소리를 낼 수 있는 도구들, 예를 들면 페트병, 쓰레기통, 깡통, 젓가락, 막대기 등도 가능하다. 중요한 것은 자신이 접촉한 감정을 밖으로 표출하는 데 있다. 단순한 두드림으로 시작해서 자신의 깊은 내면의 소리, 그 소리가 의미를 알 수 없는 울부짖음이라 할지라도 두드림 소리와 함께 밖으로 쏟아 낼 수 있다면 그것으로 충분히 족하다. 그러한 표출이 자신의 인지를 재구조화할 수 있는 공간을 만들어 줄 수 있다. 이러한 과정을 통해 인지재구조화가 가능해지고 대안적 사고를 통한 대안적 행동의 변화로 새로운 경험을 한 후에 다시 악기를 이용해서 자신의 감정을 표현하게 할 때 내담자는 또 다른 경험을 함으로써 자신의 변화가 강화될 수 있다. 처음과 동일한 도구를 사용할 수도 있고, 다른 도구를 사용할 수도 있다. 그것을 통해 내담자가 어떤 새로운 경험을 하는지를 함께 나누는 것이 새로운 출발을 알리는 하나의 의식으로도 사용될 수 있다. 노랫말이 있는 음악을 사용할 수도 있다. 내담자가 선택할 수도 있고, 상담사가 내담자와 상담하면서 떠오른 노래를 선택할 수도 있다. 중요한 것은 자신과의 접촉이고 표현이다.

음악과 춤을 통한 개입은 집단상담에서 더 자주 사용된다. 집단상담에서는 사회에서처럼 집단원 및 자신의 외부 상황에 대한 의식으로 인해 자신에게 집중하기가 더 어려울 수 있다. 자신에게 집중하면서 집단원들과 생산적인 만남을 할 수 있도록 하기 위해 집단상담 회기 시작 전에 음악을 들으면서 분산되는 에너지를 정리하는 시간을 갖는 것이 필요하다. 오히려 자연스럽게 음악을 들으면서 어떤 느낌이 들었는지 그리고 몸의 반응에 대해 알게 된 것이 있다면 서로 나누면서 동일한 음악을 듣고도 다른 느낌과 다른 반

응이 있을 수 있음을 깨닫게 하는 것도 의미 있는 경험이 된다. 가
능하다면 음악에 몸을 맡기고 움직임을 해 보는 것도 권한다. 춤이
라는 표현을 쓰면 부담을 갖게 되고 주변을 의식할 수도 있어서 오
히려 방해가 될 수 있으니 음악의 흐름에 몸을 맡기고 움직여 보라
는 간단한 설명으로 실험해 보길 권한다. 이때 순간순간 타인이 의
식의 흐름으로 들어와 움직임을 방해할 수 있기 때문에 서로 간격
을 두고 떨어져서 눈을 감고 몸을 움직일 수 있는 장을 마련한다.
상담사도 몸을 움직이면서 자신의 감정과 몸의 경험을 하지만 집
단원들의 반응도 관찰하면서 활동 후에 각자 경험한 것을 나눌 준
비도 함께 한다. 집단상담에서도 음악은 이완과 함께 감정을 접촉
하고 표현하는 수단으로 활용 가능하며 집단 마무리 때 자신의 새
로운 출발을 음악과 춤으로 표현하고 집단원이 그 동작을 그대로
따라 하며 지지의 표현으로 동참할 때 변화 의지가 강화될 수 있다.
  아동들과 집단상담 작업을 할 때도 음악을 듣기보다 소리를 낼
수 있는 도구들을 이용하여 음악을 직접 만들면서 능동적으로 참
여할 수 있도록 구조화하는 것이 더 효과적이다. 두 집단으로 나눈
후, 한 집단은 도구를 이용해서 음악을 연주하고, 나머지 한 집단은
그 음악에 맞춰 몸을 움직이면서 집단 간에 호흡을 맞추면서 상호
작용을 할 수도 있다. 물론 이러한 활동은 역할을 바꿔 함으로써 각
자의 경험을 나누는 것이 중요하다. 처음에는 연주를 하는 집단이
주도적으로 진행하는 듯하지만 어느새부터는 몸을 움직이는 집단
이 주도적으로 앞서기도 하면서 음악과 춤이 어우러져 서로 소통하
는 경험을 하게 된다. 이러한 경험은 아동의 자발성과 창의성을 활

성화시킬 뿐 아니라 감정과 몸의 반응도 자극이 되어 재미와 함께 서로 소통하는 방법을 경험하게 하는 장이 된다. 이러한 경험은 타인에 대해 가졌던 부정적인 생각을 재점검할 수 있는 기회가 되고 함께함의 경험을 통해 대안적 행동을 실험할 수 있는 공간이 마련된다. 이렇게 연주한 곡을 녹음해서 들려주면 내담자는 자신이 만든 음악을 객관적으로 듣게 됨으로써 성취감을 경험할 수도 있다.

이처럼 다양한 새로운 실험을 위해서는 상담사의 자발성과 창의성이 중요하다. 코드가 맞지 않는 기타 연주나 페트병 소리에 가사도 마음대로 즉흥적으로 만들어 노래를 부르기도 하고, 의미 없는 소리로 표현하여 소통을 시도하면서 모델링이 되어 줄 때, 아동들은 금방 편안하게 동참하게 된다. 이때 사용하는 도구들은 가능하면 들고 이동하며 소리를 낼 수 있는 것을 권한다. 음악과 몸의 움직임이 함께할 때 그 어디에도 얽매이지 않고 다닐 수 있기 때문에 자발성과 창의성이 극대화될 수 있다. 이러한 활동은 상담사와의 라포 관계 형성에도 유용하게 활용되어 상담적 개입을 용이하게 할 수 있다.

◈ 학습문제 ◈

1. 지금-여기에서 자신의 감정을 소리와 몸으로 표현해 보자.

2. 자신이 평소 좋아하는 소리를 생각해 보고 동료들과 공유해 보자.

3. 음악이나 춤으로 자신의 감정을 표현할 수 있도록 개입하는 방법을 연습

해 보자. 각자 한 번씩 상담사 역할을 하면서 기법 활용에 있어서 어려운 점이 무엇인지 나누고 보완하기 위한 대안을 모색해 보자.
4. 음악이나 춤을 이용해 상담 시 활용할 수 있는 활동들을 동료들과 공유하고 활성화시킬 수 있는 방안을 모색해 보자.

2. 미술

내담자는 음악이나 춤의 경우 소리와 동작이 드러나기 때문에 그 자체만으로도 부담을 갖는 경우가 종종 있다. 자아 강도도 약하고, 자신의 내면과 마주할 준비도 부족하고, 에너지도 적은 상태에서는 자신이 직접 내는 소리조차도 불편하고 긴장하게 만들 수 있다. 이럴 때 사용할 수 있는 매체가 미술이다. 미술은 다양한 색과 재료로 그림뿐 아니라 만들기를 통해서도 표현이 가능하다. 미술을 상담에 사용하는 이유는 언어보다 미술이 자신에게 일어나는 내적인 상태를 투사함으로써 언어적 표현이 지니는 검열기능이 약화되기 때문이다(Naumburg, 2014). 미술이 내담자의 방어기제를 침범하지 않고 내담자의 의식을 탐색하고 말로 표현하지 못한 문제 상황에 대한 정보를 파악할 뿐만 아니라 행동에 대해 알아차릴 수 있게 한다. 내담자도 다양한 미술도구를 통해 자신의 부정적인 감정이나 욕구를 해소시킴으로써 정화의 경험을 통해 자신과 마주할 준비를 할 수 있다.

미술이 상담의 도구로 활용되기 위해서 내담자가 표현하고 만든 미술작품에 대한 이해와 해석이 중요하다. 미술작품에 대한 해석은 일종의 '눈으로 듣는 과정'(Landgarten, 1981)이다. 이를 위해서는 세 가지 해석방법이 사용된다. 첫째, 미술작품을 만드는 과정을 탐색하여 해석하는 과정해석이다. 과정해석은 어떤 재료를 선택하고 어떤 태도로 미술활동을 하는지 등 전반적인 과정에 대한 관찰이 중요하다. 둘째, 미술작품의 전체 형태와 인상에서 얻는 의미를 통해 해석하는 형태해석이다. 형태해석은 작품의 위치, 크기, 색, 필압, 방향 등을 통해 파악하나 기계적인 해석이 되지 않도록 주의가 필요하다. 예를 들어, 그림을 과도하게 크게 그렸다고 해서 경조증이라고 해석하기보다는 다른 정보들을 종합해서 가장 타당한 가설을 채택하도록 주의가 필요하다. 셋째, 내담자가 표현하고자 한 주제와 내재된 내용을 통해 해석하는 내용해석이다. 내담자가 만든 작품에 대해 제목이나 작품에 대한 설명을 통해 내용을 이해한다. 이때 상담사는 내담자가 표현한 상징과 내용을 통해 작품에 잠재된 의미를 파악할 수 있는 능력을 갖춰야 한다. 이러한 능력은 다양한 상담경험과 슈퍼비전을 통해 서서히 개발될 수 있으니 조급하게 생각하기보다 자신의 잠재된 능력을 개발할 수 있도록 에너지를 생산적으로 사용하기 바란다.

미술매체를 활용함에 있어서 고민이 되는 것 중 하나가 어떤 도구를 어떻게 사용하는가이다. 내담자의 자발성을 촉진하기 위해서는 재료와 도구별로 다양하게 준비하여 내담자가 자신이 원하는 것을 스스로 선택해서 사용하게 한다. 다만, 재료가 지나치게 많은 경우에는 오히려 선택에 어려움이 생겨 시도조차 못하게 할 수도 있기 때문에 연령이나 발달상태에 맞는 도구와 개수를 준비하고 필요에 따라 종류를 바꿔 주는 것도 한 방법이다. 작품활동을 시작하면 가능한 한 활동 자체에 몰입할 수 있도록 대화는 최소화하고, 지시 또한 최소한으로 하여 내담자가 주체적으로 활동에 임할 수 있도록 한다. 상담사는 내담자가 미술재료를 사용하는 전 과정을 관찰하며 과정해석을 위한 준비를 한다. 내담자의 작품활동 전 과정에 대한 관찰이 감시가 되지 않도록 주의해야 하며, 내담자가 자신의 작품활동에 몰입할 수 있도록 편안한 분위기를 조성해야 한다. 간혹 상담사도 내담자의 작품활동에 함께 참여하는 경우가 있는데, 내담자가 주저하거나 긴장했을 경우 상담사가 시범을 보여 내담자에게 참여를 권하는 경우가 아니라면 참여하지 않는 편이 낫다. 작품활동을 함께 할 경우 내담자 관찰이 소홀해질 수 있고, 작품을 비교하여 경쟁구도가 되거나 오히려 자신감이나 자기효능감에 부정적인 영향을 미칠 수 있기 때문이다.

미술도 음악이나 춤과 마찬가지로 유사한 목적으로 활용될 수 있다. 색을 활용해서 자신의 감정을 선으로 또는 그림으로 표현하게 하고 그것을 다시 감상하면서 자신의 감정을 느끼게 할 수 있다. 그림뿐 아니라 찰흙이나 종이 또는 휴지를 사용해서 자신의 느낌을 표현하게 하고 그것을 다시 감상하도록 한다. 자신의 감정을 형상화한 구겨진 휴지를 보면서 떠오르는 장면이나 생각이 있는지를 질문하여 인지재구조화 개입을 위한 도구로 활용할 수 있다. 30대 초반의 남성이 자신의 감정 접촉이 잘 되지 않고 표현하기를 어려워하여 휴지로 현재 감정을 표현해 보도록 개입한 사례를 살펴보자.

상1: 이유도 모른 채 상사로부터 혼났다는 이야기를 하면서 아무런 표정도 없이 저에게 설명을 해 주시는데 혹시 지금 어떤 느낌이 드시는지 여쭤 봐도 될까요? [감정 접촉 여부 확인 탐색]

내1: 글쎄요. 제가 그랬나요?

상2: 음…… 여기 휴지를 사용해서 회사에서 상사로부터 혼났을 때의 감정을 한번 만들어 보시겠어요? [매체로 감정 표현 시도]

내2: 어…… 어렵네요. 이렇게? (휴지를 움켜잡았다가 놓고 6초 정도 쳐다봄)

상3: 휴지를 보니 어떤 생각이 드세요? [떠오르는 상황 확인을 위한 질문]

내3: 어…… (웃으면서) 신기하네요. (5초간 침묵. 눈이 붉어지면서) 어릴 때 제 모습이 생각났어요.

상4: 조금 이야기해 줄 수 있으세요? [떠올린 상황을 구체화하기 위한 제안]

[그림 11-1] 구겨진 휴지

내담자는 자신의 감정 접촉이 잘 되지 않았고, 표현은 더더욱 어려워하는 사람이었다. 상담작업 단계에서 말과 감정 표현의 불일치를 상담사가 직면을 통해 생각하게 하면서 감정 접촉을 위한 방안을 모색하기 위해 상2에서 탁자 위에 있던 휴지를 통해 감정표현을 시도하게 하였다. 미술매체 활용이라고 해서 복잡하고 많은 도구를 준비해야 하는 것은 아니다. 이 사례에서처럼 순간적으로 필요할 때 적시적소에 사용하는 상담사의 순발력과 창의성이 중요하다. 많은 도구를 준비하고 그것을 펼쳐서 시도하려고 하면 그 순간의 감정이 사라질 수 있다. 따라서 탁자 위에 있는 휴지 한 장으로 가볍게 시도하면 내담자가 부담을 갖지 않고 그 순간의 감정을 즉각적으로 시도해 볼 수 있다. 내담자는 잠시 생각했지만 휴지를 움켜잡았다가 놓으면서 자신의 감정을 객관적으로 보게 되었고, 내면에 숨겨져 있던 한 장면과 마주하게 된다. 이때 상3에서 '휴지를 보니 어떤 생각이 드냐'는 질문은 생각을 물었지만 생각이라기보다 내담자가 생각하는 상황이나 장면을 묻기 위한 질문이다. "혹시 떠오르는 상황이나 장면이 있나요?"라는 질문보다는 오히려 "어떤 생각이 드세요?"라는 단순한 질문이 내담자가 떠올린 장면으로 바로 들어가게 할 수 있다. 상4의 질문은 내담자가 떠올린 장면으로 들어갈 수 있는 문을 열 수 있는 사람이 바로 내담자 자신임을 인식시키고 선택권을 내담자에게 주고 상담사는 내담자가 자신의 내면의 문을 열어 주길 기다리는 자세가 필요하다. 성급하게 개입하려고 하다가 오히려 내담자가 방어를 하게 되면 상담의 진행을 방해할 수 있기 때문에 인내가 필요하다. 상담사의 인내와 적절한 질문을 통해 ABC에서 상황(A)과 감정(C) 및 생각(B)을 확인하여 자동적 사고를 찾고 인지재구조화 작업을 시도할 수 있는 기반을 마련하기 위해 미술매체를 활용할 수 있다. 실제로 내담자는 구겨진 휴지를 통해 어릴 적 이유도 모른 채 어머니께 혼나고 집 문밖으로 쫓겨난 후 문 앞에서 웅크리고 앉아 울었던 자신을 떠올렸다. 휴지를 봤을 뿐인데 전혀 기억조차 못했던 그 장면이 어떻게 떠오를 수가 있냐며 놀라면서 그때 너무 억울하고 속상하고 누가 볼까 창피했던 자신의 감정과 접촉할 수 있었다. 이처럼 미술매체는 상담과정에서 가볍게 감정 접촉을 할 수 있는 도구로도 활용할 수 있다.

미술매체는 감정 접촉은 가능하나 그것을 표현하는 데 어려움을 겪는 내담자에게도 사용이 가능하다. 자신이 느낀 감정을 건강하게 표현하기 위해서는 그동안 억눌려 있던 감정을 밖으로 꺼내는 작업이 필요하다. 이를 위해 자신이 접촉한 감정을 미술작품으로 만들어 표현하게 하고 이를 통해 표현에 대한 불편함을 감소시킨 후 건강한 감정표현 대신에 부정적인 행동표현에 대한 이해와 통찰을 통해 내담자의 자동적 사고를 점검할 수 있는 기반을 마련하여 개입한다.

이때 사용할 수 있는 재료로 선호하는 것이 찰흙이다. 찰흙은 질감이 부드러울 뿐 아니라 아무렇게나 주무를 수 있을 만큼 물렁해서 만지는 대로 모양이 변형되고 주먹으로 내리쳐도 안전하기에 감정표현에 적절한 매체이다. 찰흙을 두 손으로 꽉 잡으면서 쥐어짤 수도 있고, 주먹으로 때릴 수도 있고, 손바닥으로 밀면서 감정을 표현할 수도 있다. 내담자가 원하는 대로 만지는 대로 찰흙은 제 모

2. 미술 ✦ ◦◦◦◦◦ ✦ 287

습을 변형해 가며 그대로 반응을 하기 때문에 꼭 형상을 가진 작품이 아니어도 찰흙 자체를 만지는 것만으로도 하나의 표현이 될 수 있다.

이러한 재료로 밀가루 반죽을 이용할 수도 있다. 밀가루에 물을 부을 때 가루가 서서히 반죽으로 변해 가는 과정을 통해 감정이 표현되도록 개입할 수 있다. 특히 밀가루는 찰흙과는 달리 자신의 의지대로 잘 움직여 주지 않을 수도 있기 때문에 그 과정에서 느껴지는 감정을 즉각적으로 밀가루 반죽에 표현하도록 함으로써 내담자의 핵심신념과 맞닿아 있는 감정에 대한 개입을 통해 인지재구조화 작업이 진행되도록 할 수 있다.

내담자가 미술재료를 통해 자신의 감정을 접촉하고 표현한 작품을 그대로 보존하거나 사진으로 찍어 두었다가 상담 종결 시 표현한 작품과 대조해 봄으로써 상담을 통해 변화된 자신을 작품을 통해 한 번 더 확인하는 과정을 거치게 할 수 있다. 이러한 활동은 내담자 자신의 변화를 강화시킬 수 있고, 유사한 상황이 닥쳤을 때 자신의 작품을 사진을 통해 보면서 상담사와 함께 작업한 과정을 떠올리며 스스로 대처할 수 있는 기회를 마련할 수 있게 한다.

상담사는 다양한 재료와 도구를 이용할 수 있는 미술매체를 창의적으로 활용할 수 있다. 다만, 상담 개입을 어떻게 해야 할지 모르겠고 상담을 진행해야 하는 상황에서 시간 때우기 식의 활동이 아니길 바란다. 단순한 재미와 미술작품 활동으로 끝나지 않도록 분명한 방향성을 잡고 활용한다면 미술매체는 인지행동상담에서의 상담 개입을 위한 또 하나의 도구로 자리매김할 수 있을 것이다.

◆ **학습문제**

1. 미술매체로 자신의 감정을 표현하고 동료들과 공유해 보자.

2. 내담자가 미술매체로 자신의 감정을 표현할 수 있도록 상담사와 내담자 역할극을 통해 연습해 보자. 역할 바꾸기를 통해 각자 한 번씩 상담사 역할을 해 보자.

3. 미술매체를 활용한 상담 개입을 시도하면서 어떤 어려움이 있는지 서로 의견을 나누고 대안을 마련해 보자.

3. 놀이

놀이의 치유적 가치는 세 가지로 설명된다(Brems, 1993). 첫째, 관계형성 기능이다. 놀이는 상담사와의 관계를 친숙하게 발달시켜 안정감을 갖게 하고 상호작용을 용이하게 만든다. 특히 아동에게는 상담사도 성인이기 때문에 성인에 대한 경험이 긍정적이지 않은 경우가 많기 때문에 상담사조차도 거부하고 불편함을 표현하는 것은 당연하다 할 수 있다. 이럴 때 자신이 경험한 성인과 다른 성인임을 경험하게 하기 위한 개입이 필요한데 이때 놀이를 통해 친밀감을 형성할 수 있다.

둘째, 자기노출 기능이다. 놀이를 통해 자신의 감정과 생각이 직접적으로 또는 상징적으로 재연됨으로써 자연스럽게 자기노출로 연결되어 상담사는 내담자에 대한 정보를 얻게 된다. 이러한 정보는 앞으로 내담자와의 작업단계에서 다루게 될 주요한 자원이 되기 때문에 상담사는 놀이를 하면서 관찰을 통해 정보를 확보해야 한다. 이처럼 놀이는 내담자에 대한 정보를 제공하기도 하지만 놀이를 통해 자신의 감정과 생각이 표출되는 것 자체만으로도 치유적인 면이 있다. 내담자는 자신의 감정과 생각을 드러내기를 주저하는 경우가 많다. 특히 분노, 슬픔, 억울함, 속상함 등 소위 말하는 부정적 감정에 대해서 표현하는 것은 건강하지 못하고 미성숙한 태도로 간주되고 있기 때문에 이러한 감정을 억누를 뿐 아니라 느끼는 것조차 차단하고 있는 경우가 종종 있다. 이때 놀이는 이러한 부정적 감정을 드러낼 수 있는 기회를 제공하기 때문에 표현 자체만으로도 치유적이라 할 수 있다. 이처럼 놀이의 자기노출 기능은 세 번째 상담기능과 밀접한 관계가 있다. 놀이를 통해 자신의 감정과 생각을 표현함으로써 카타르시스를 경험하게 되고 놀이를 통해 새로운 행동을 시도할 수 있는 기회를 마련하게 된다.

셋째, 놀이는 재미와 연결되어 있기 때문에 놀이 자체만으로도 무장해제를 하게 하므로 긴장이완의 기능이 있다. 놀이를 통해 함께 즐기면서 웃다 보면 낯설고 어색함은 사라지고 긴장도도 낮아지면서 긴장이완의 경험을 하게 된다. 다만, 놀이가 경쟁구도로 전환되면 오히려 긴장감을 더 조성할 수 있으니 주의가 필요하다. 놀이를 통한 긴장이완은 관계 형성에도 긍정적인 영향을 미쳐 자기노출을 통한 치유의 경험을 가능하게 한다.

놀이는 주로 아동이나 청소년뿐 아니라 부모와 자녀로 구성된 집단에서 활용할 때 효과적이다. 놀이 선정방식은 내담자가 주도적으로 놀이를 제안하는 방식, 상담사가 놀이를 준비해서 진행하는 방식, 또는 두 가지를 혼합해서 적절하게 활용하는 방식으로 구분된다. 먼저, 내담자가 주도적으로 놀이를 제안하게 해서 진행하는 경우는 내담자에게 선택권을 주고 놀잇감 선정에서부터 방식과 규칙 선정까지 내담자가 설명하게 함으로써 자율적이고 주체적으로 참여하도록 하는 데 목적이 있다. 이를 통해 내담자의 감정과 생각뿐 아니라 내면의 욕구 등에 대한 정보를 파악하고 내담자가 자신의 목소리를 내면서 주도적으로 표현할 기회를 제공할 뿐 아니라 자기효능감과 성취감을 경험하게 할 수도 있다. 다만, 이 방법은 집단으로 진행될 때는 집단원과의 소통과 상호작용에 대한 경험이 가능하나 집단원별로 돌아가면서 우선권을 줘야 하고 경쟁적인 구도가 되지 않도록 주의가 필요하다. 다문화 가정의 부모와 자녀가 참여한 집단에서는 자녀들이 현재 즐기는 놀이를 부모가 배우고, 부모의 나라에서 즐겼던 놀이를 자녀들이 경험하게 함으로써 문화 간 및 세대 간의 이해와 수용의 자리로 나아갈 수 있다. 이때 자녀 집단과 부모 집단으로 나눠 각각 어떤 놀이를 설명하고 함께 할 것인지를 선택하고 결정하도록 함으로써 집단 내에서의 상호작용과 소통을 경험하게 할 수 있다. 다만, 이러한 목적이 재미와 친밀감에만 집중되어 있다면 인지행동상담에서 매체 활용으로서의 놀이와는 거리가 있다. 물론 친밀감 형성을 통해 상담관계 형성이 전제가 되어야겠지만 재미에만 치중하다 보면 놀이를 통해 파악하고 확인하고자 했던 것을 놓치게 된다. 상담사는 놀이하는 모습과 표현을 관찰하여 이들의 감정과 사고가 무엇인지 파악하고 개입해야 한다. 이를 통해 부모와 자녀 간의 소통을 방해했던 사고가 무엇인지 확인하고 이에 대한 대안적 사고와 대안적 행동을 찾아 새롭게 시도할 수 있도록 함께 해야 한다.

상담사가 놀이를 준비해서 진행할 때는 가능하면 부모와 자녀 모두가 익숙하지 않은 놀이를 준비하길 권한다. 누군가 한 명이 아는 놀이일 경우에는 흥미가 떨어질 수 있고, 익숙할수록 경쟁구도가 되어 이기려고 하다 보면 승패에 집중하게 되어 놀이의 목적을 상실하게 될 가능성이 높다. 부모와 자녀가 모두 익숙하지 않은 놀이로 전래놀이를 준비하는 것도 한 방법이다. 새로운 놀이 방법과 규칙을 익혀서 놀이에 집중하도록 할 수 있다. 이때도 놀이하는 과정을 관찰하고 놀이 후에 참여자들이 감정과 사고를 탐색할 수 있도록 개입을 준비한다. 다음 사례를 통해 살펴보자.

상1: ○○이는 아빠랑 놀 때 어땠어요?

자1: 재미있었어요.

상2: 재미있었다니 선생님도 기쁘네요. 아버님은 어떠셨나요?

부1: 저도 재미있었습니다. ○○이가 웃는 모습을 아기였을 때 보고 처음 보는 듯합니다.

상3: 평소는 어땠는지 여쭤 봐도 될까요? [일상에 대한 탐색 질문]

부2: 저는 우리 아들이 날 싫어하는 줄 알았습니다. 나만 보면 문을 쾅하고 닫고 방으로 들어가 버리니 화도 나고 그래서 싫어하는 줄 알았습니다.

상4: 진솔하게 말씀해 주셔서 감사합니다. ○○이가 문을 쾅 닫고 들어가는 모습을 보고 ○○이가 아빠를 싫어하는 줄 아셨다고 하는데 ○○이는 어때

요? [반영 후, 자녀와 연결 지어 확인 시도]

자2: 저도 아빠가 저를 싫어하는 줄 알았어요. 늦게 들어와서 tv만 보시고. 저만 보면 공부하라고 잔소리만 하시고. 아빠가 늦게 들어와서 내가 공부하는 걸 못 보셔서 그런 건데 계속 짜증 내고 그래서 잔소리도 듣기 싫고 아빠가 날 싫어한다고 생각해서 아빠가 오시면 그냥 방으로 들어가요.

상5: 얼굴을 마주하면 공부하라고 하시니깐 싫어하는 줄 알고 그냥 방으로 들어가 버렸군요. 지금은 함께 게임하면서 아빠에 대해 어떤 생각이 들어요? [반영 후, 놀이 이후의 자녀 생각 탐색 질문]

자3: 아빠랑 같이 작전도 짜고 이야기도 나누고 아빠가 날 싫어하지 않는 것 같아요. 그래서 재미있고 좋았어요.

상6: 아버님은 ○○이의 이야기를 듣고 어떤 생각이 드세요? [연결 짓기]

부3: 제가 ○○이를 싫어할 것이라고 생각하는 줄 몰랐어요. 오히려 ○○이가 저를 싫어하는 줄 알았어요. 저만 근처에 가면 방으로 들어가거나 나가 버리니깐 서운하고 속상했죠. 그런데 오늘 게임도 하고 이야기도 나누고 하니깐 제 생각이 잘못되었네요. 정말 공부하라는 말밖에 안 한 것 같아요. 그러니 저를 싫어할 수밖에 없었겠네요. 저는 ○○이를 싫어하지 않아요. 이야기하고 싶고, 친구 같은 아빠이고 싶거든요. ○○이도 저와 이야기를 하고 놀고 싶다는 것을 알게 되었어요.

상7: ○○이는요? [연결 짓기]

자4: 저랑 친구하고 싶다는 말을 들으니깐 기분이 좋아요. 처음 알았어요.

바쁜 일상 속에서 대화가 적어지다 보니 필요한 말만 하게 되고 이는 관계에서의 오해를 만들어 '나를 싫어한다'는 자동적 사고를 형성하게 되어 상대가 싫어하는 행동 위주로 하다 보니 자동적 사고는 더 확고해지고 관계가 더 악화되어 상담실을 방문한 사례이다. 놀이를 통해 서로 소통할 준비를 하게 한 후에 놀이과정에서 서로 눈을 마주치고 이야기를 나누게 되면 이것이 인지재구조화 개입을 위한 신호이기에 개입을 준비하면 된다. 놀이를 통해 어떠했는지를 가볍게 질문하여 서로의 경험을 나눌 수 있도록 준비한다. 그런 다음 놀이하기 전에 서로에 대해 어떻게 반응하고 행동했는지를 질문하여 감정이나 행동(C)을 탐색한다(상3, 상4). 감정이나 행동(C)을 확인 후에 자동적 사고(B)를 탐색하는 질문을 하고, 자동적 사고가 어떻게 변화되었는지를 생각하도록 한다. 이 사례에서는 감정이나 행동(C)을 탐색하는 과정에서 내담자들이 자동적 사고(B)를 함께 언급했기 때문에 새로운 상황경험 연결 짓기를 통해 대안적 사고를 바로 확인하는 개입을 진행하였다(상5, 상6, 상7). 이러한 대안적 사고는 대안적 행동으로 나아갈 수 있도록 하고, 이 사례에서도 서로 소통하는 방법에 대해 경험하는 형태로 그 이후 상담이 진행되었다.

놀이매체도 활동으로 진행되기 때문에 재미가 있고, 승패의 결과가 드러나므로 경쟁구도로 흘러가거나 단순한 흥미 위주의 활동에 머물 수 있다. 그러므로 방향성을 기억하고 활용할 것을 권한다. 신나게 웃고 즐기다 보면 맥락을 놓치게 되고, 관찰을 못하게 되어 방향성을 잃게 되는 경우가 종종 있다. 그렇게 끝나고 나면 분위기는 화기애애해서 좋았는데 상담적 개입은 못한 것 같아 아쉬움이 남고 레크리에이션 강사가 된 듯한 기분에 혼란스러워하는 상담사들도 있다. 어떤 목적으로 무엇을 위해 사용할 것인지에 대한 계획을 가지고 개입을 한다면 조금 더 효율적으로 놀이매체를 사용할 수 있을 것으로 여겨진다. 다만, 계획을 가지고 들어가면 그 계획에 얽매여 지금 이 순간 경청하고 집중해야 하는 상황을 놓칠 수 있기 때문에 상담에 들어가기 전에는 사례개념화를 근거로 계획을 세우지만 상담장면에서는 오롯이 내담자의 이야기에 집중하고 직관력과 창의력을 발휘하여 적절한 때에 놀이매체를 활용하는 것이 효과적이다. 이러한 감각은 수많은 상담경험과 정기적인 슈퍼비전을 통해 터득되기 때문에 여유를 가지고 준비하길 바란다.

◦ 학습문제 ◦

1. 자신이 즐겨 했던 놀이와 연결된 장면 떠올려서 동료들과 이야기해 보자.

2. 전래놀이 정보를 공유하고 함께 배우고 경험해 보자.

3. 놀이를 통해 개입하는 방법을 상담사와 내담자 역할로 나눠서 연습해 보자. 역할 바꾸기를 통해 상담사 역할을 각자 한 번씩 해 보자.

4. 놀이를 통한 개입에서 어려운 점이 무엇인지 서로 이야기를 나누고 방안을 모색해 보자.

제12장

심상을 활용한
인지행동상담

1. 심상 개입의 진행과정과 개입기술

인지행동상담에서는 어떠한 생활사건에 대한 자동적 사고를 떠올리고, 이 자동적 사고가 내담자의 정서 및 행동과 어떠한 관련이 있는지를 살펴보며, 대안적 사고를 떠올리도록 한다. 이때 내담자에게 순간적으로 스쳐 가는 자동적 사고 대신에 심상을 떠올리도록 함으로써 내담자와 체험적인 상호작용을 할 수 있다. 내담자가 떠올린 심상에 대하여 상담사가 공감하고 이에 대하여 개입하여 새로운 심상으로 바꾸어 가도록 함으로써 내담자에게 강한 정서를 수반한 통찰이 일어나도록 도울 수 있다. 이처럼 심상 개입이 내담자에게 강한 체험을 일으킬 수 있으므로 그만큼 상담사의 전문적인 판단과 세심함이 필요하다.

1) 심상에 대한 안내

내담자의 심상에 대해 개입하기 위해서는 내담자에게 심상이 무엇인지 이해시키는 것이 필요하다. 우리는 일상생활에서 자주 심상을 떠올리고 있다는 것을 내담자에게 알려 줌으로써 심상 개입에 대해서 두려움을 느끼지 않도록 할 수 있다. 그리고 심상을 떠올렸을 때 신체반응이 동반된다는 점을 알려 주고 신체반응을 자각할 수 있도록 준비시켜야 한다.

심상 개입을 시작하기 전에 상담사는 다음과 같이 준비활동을 한다(Hackmann, Bennett-Levy, & Holmes, 2017).

> "자, 눈을 감고 제가 하는 말을 듣고 생생하게 심상을 떠올려 보세
> 요. 제가 귤을 하나 들고 있어요. 귤껍질을 벗겨서 귤 한쪽을 입에 넣
> 고 깨물어 보고 있어요. 입 안에 어떠한 변화가 있는지 느껴 보세요."

심상은 은유적이거나 상상적·가상적 이미지로서 강한 정서를
일으키는 과거경험에 대한 기억, 현재 내담자의 건강상태, 당면한
정서적 혹은 현실적 어려움 또는 미래에 대한 내담자의 감정, 기대,
예측 등을 반영하는 것일 수 있다. 심상에는 다양한 감각이 나타날
수 있는데 가장 흔한 감각 내용은 시각적이며 혹은 신체적인 것이
다(Hackmann et al., 2017).

2) 심상 개입을 위한 구조화

심상 개입을 할 때 상담시간을 구조화하여 미리 계획한 대로 진
행하면 상담사가 심상 개입을 진행하는 과정에서 실수할 가능성이
적어진다. 심상 개입을 위한 상담구조화에서 고려해야 할 것은 시
간배분이다. 심상 개입을 하고 상담회기를 바로 끝내는 것은 내담
자에게 너무 큰 정서적 부담을 줄 수 있다. 심상 개입이 끝난 후에
는 심상 개입 후의 소감을 정리하고, 심상에서 벗어나 현실로 돌아
왔다는 확신을 가질 수 있도록 적어도 20분 정도를 남겨 놓고 심상
개입을 마무리해야 한다. 심상 개입이 끝난 후에는 심상 개입의 효

과를 견고히 하도록 도울 수 있는 과제를 주는 것이 좋다. 예를 들
어, 중요한 상담장면을 떠올리면서 소감문 쓰기, 심상 개입을 통하
여 습득한 새로운 기술을 상상으로 연습해 보기 등의 과제를 내담
자에게 줄 수 있다(Hackmann et al., 2017).

　심상작업을 진행할 때는 상담환경을 고려해야 한다. 내담자가
심상을 떠올리는 과정에서 현실감을 잃고 떠오른 심상을 통제할
수 없을까 봐 불안해할 수 있으므로 내담자가 편안하게 느낄 수 있
는 환경에서 심상 개입을 하는 것이 좋다. 또한 심상작업을 하기 전
에 내담자에게 떠오른 심상이 감당하기 힘들다면 상담사와 미리
약속한 신호를 보내서 심상작업을 중단하고 상담실로 돌아올 수
있도록 상담사와 내담자가 미리 약속을 정하는 것이 좋다. 심상작
업이 중단되거나 종료되어 상담실에 돌아온 후에 내담자가 상담실
에 비치된 아로마향 맡기, 상담실 벽지 색깔 확인하기, 의자의 감촉
느끼기 등의 방식으로 현실과 접촉하거나 내담자가 안전하고 따뜻
한 기분을 경험했던 장면을 떠올리거나 그와 비슷한 상황을 상상
함으로써 원하지 않는 부정적 심상에서 벗어날 수 있다는 점을 심
상작업 전에 알려 주어야 한다(Hackmann et al., 2017).

> "○○ 님은 조금 전까지 ○○ 님을 힘들게 했던 심상의 세계에서
> 벗어나서 지금 저와 함께 있는 상담실로 돌아왔어요. ○○ 님은 지금
> 어디에 앉아 있나요? ○○ 님은 지금 편안한 자세로 연두색 의자에
> 앉아 있어요. 상담실을 한번 둘러보세요. 무엇이 보이시나요? 보이시
> 는 것을 차례로 이야기해 보실까요?"

3) 심상 개입을 위한 상담사의 역할과 기술

상담사가 내담자를 따뜻한 관심, 공감, 진실된 태도로 대할 때 내담자는 심리적으로 안정된 상태에서 심상을 떠올릴 수 있다. 상담사는 심상 개입을 할 때 내담자의 정서와 비슷한 톤으로 말하는 것이 좋다. 심상작업 시 상담사가 맥락에 맞지 않게 빈번히 개입할 경우 내담자의 심상작업을 방해할 수 있다. 따라서 내담자가 심상을 떠올리는 동안 적절한 공감표현과 질문을 하도록 유의해야 한다. 상담사는 의도적으로 내담자가 어떤 이미지를 끌어내도록 하는 것은 좋지 않고, 내담자가 심상작업을 할 수 있는 단서들을 만들고 이미지를 생생하고 풍부하게 만들어 갈 수 있도록 촉진하는 역할을 해야 한다(Hackmann et al., 2017).

상담사는 내담자가 심상을 생생하게 경험할 수 있도록 "몸의 어떤 부분에 느낌이 오나요?" 등과 같은 질문을 통하여 신체적이고 감각적인 심상으로 시작하는 것이 좋다. 내담자가 상세한 심상을 떠올리도록 하기 위하여 내담자에게 구체적 장소를 물어볼 수 있다. 예컨대, 내담자가 "제가 외가에 있는 장면이 떠올라요."라고 한다면, 상담자는 "○○ 님이 외가의 어디에 있나요?"라고 물어볼 수 있고, 이후 차례로 그곳에서 무슨 생각을 하고 있는지, 누구를 만나는지 등을 떠올려 보도록 할 수 있다. 또한 "당신이 방송국 PD라고 생각해 보세요. (이후 동일) 저는 당신이 만든 그 영상을 볼 수가 없습니다. 영상에서 무엇이 벌어지는지 제게 정확히 설명해 주세요."라고 할 수도 있다.

　내담자의 심상은 과거나 현재의 경험에 대한 해석에서 비롯될 수 있다. 인지행동상담사들에게는 바로 이 심상 속에 있는 신념을 찾아내는 것이 중요하다. 심상의 해석은 사람마다 다르고 고유하기 때문에 상담사가 심상의 의미를 넘겨짚지 말고 내담자의 이야기를 통해 확인해야 한다.

　예를 들어, 가족이 모두 나간 집에 자기 혼자 마루에 앉아 있는 심상을 떠올린 내담자가 이 심상에 내포된 의미를 '나는 외롭다', '아무도 나를 사랑하지 않는다', '나는 버림받았다' 등으로도 생각할 수 있지만 '나는 한가로운 상태다', '나는 잠시 일을 하러 밖에 나간 가족을 기다리는 중이다' 등과 같이 부정적이지 않은 해석도 가능하다.

　따라서 상담사는 내담자가 떠올린 심상의 의미를 내담자와 함께 찾아내고, 심상에 내포된 내담자의 신념에 대해 이야기하는 것이 좋다. 뿐만 아니라 내담자가 떠올린 심상의 내용뿐만 아니라 심상에 부여하는 의미, 즉 메타인지적 신념을 질문하는 것이 필요할 수 있다. 예를 들어, "그 심상이 떠올랐을 때 정말 외부세계에서 일어나는 일처럼 실제적으로 느껴집니까?", "그 심상이 과거 혹은 현재나 미래를 반영하는 것처럼 보입니까?", "그 심상을 마음속에 담아 두면 어떤 일이 생길 것처럼 느껴지나요?", "그 심상을 떠올리는 것 자체가 당신이 나쁜 사람임을 뜻하나요?", "부정적 심상을 떠올리는 것이 앞으로 좋은 결정을 하도록 도움을 준다고 생각하시나요?" 등의 질문은 메타인지적 신념을 확인하는 질문들이다(Hackmann et al., 2017).

상담사는 내담자가 떠올린 부정적 심상을 새롭게 변형시키기 위해 다양한 개입을 할 수 있다. 만일 내담자가 부정적 심상을 떠올려서 힘들어한다면 상담사가 내담자에게 심상을 TV 화면에 넣고 시청자 입장에서 화면을 보며 자신이 원하는 대로 심상을 수정하여 바라보도록 한다(Hackmann et al., 2017). 최악의 미래를 상상하는 내담자에게는 그 심상대로 일어나지 않은 미래를 상상해 보도록 함으로써 불안을 감소시킨다. 다른 사람과 갈등 상황에 있는 내담자가 심상작업에서 갈등 상대에 대해서는 크고 위협적인 어른의 심상을 떠올리고 자신에 대해서는 작고 유약한 어린아이를 떠올린다면, 자신의 모습을 원래의 모습인 성인으로 상상하도록 한 다음 자기주장을 하는 심상을 떠올리도록 할 수 있다. 이때 자기주장에 대한 기술이 없는 내담자라면 상담사가 갈등상대에게 자기주장을 할 수 있도록 필요한 말을 알려 줄 수 있다(Hackmann et al., 2017).

심상작업이 끝난 후에는 내담자에게 심상작업이 어떠한 효과를 주었는지를 파악하고 심상작업의 효과를 견고히 하기 위한 성찰의 시간을 가져야 한다. 상담사는 내담자의 심상이 내담자의 현실, 신념체계와 어떠한 관련이 있는지, 내담자는 자신이 떠올린 심상을 어떻게 해석하는지, 심상작업이 내담자에게 어떠한 영향을 미쳤는지 등에 대해 질문하는 것이 좋다. 심상작업과 관련된 내담자의 현실 혹은 신념체계에 대해서 내담자와 이야기를 나누고 내담자가 안정을 취한 후 상담을 끝내도록 해야 한다. 심상작업 후 내담자가 현실로 돌아오지 못한 상태에 있다면, 상담사가 방 안의 물건에 대해 상세하게 질문하거나 최근의 사건이나 뉴스에 대해 토론하면서 내담자를 다시 현실로 이끌 수 있다. 필요하다면 내담자가 집에 돌아가기 전에 상담실 근처를 산책하도록 하거나 내담자를 집으로 데려다줄 수 있는 가족이나 친구를 부르도록 하거나 직장으로 바로 가지 않도록 조언할 필요가 있다(Hackmann et al., 2017).

◆ 학습문제 ◆

1. 내담자에게 심상에 대한 안내를 어떻게 할 수 있는지 그 방법을 생각해 보자.
2. 2명씩 팀을 만들어 각각 상담사와 내담자의 역할을 정한 후 심상작업을 해 보자.
3. 내담자는 최근 경험한 기분 좋은 생활사건에 대해 10분 정도 이야기를 나눈 후, 눈을 감고 그 생활사건과 관련된 심상을 떠올려 보자. 상담사는 내담자가 심상을 생생하게 떠올려 볼 수 있도록 돕는다. 기분 좋은 생활사건과 관련된 심상에는 어떠한 인지적 요소가 포함되어 있는지 찾아보자.

2. 메타포 심상에 대해 작업하기

메타포(metaphor)는 은유라고 번역되며 사전적 의미는 '전달할 수 없는 의미를 표현하기 위하여 유사한 특성을 가진 다른 사물이나 관념을 써서 표현하는 어법'이다(교육학 용어사전, 2021). "세상은 연극무대이고 남자와 여자는 단지 배우일 뿐이다."라는 세익스피어의 표현은 인생에 대한 메타포의 예시로 종종 활용된다. 그러나 메타포를 시나 문학작품 등에서 창조적으로 표현되기 위한 예술적 장식품 정도로 생각한다면 지나치게 좁게 이해한 것이다. 우리는 일상생활에서도 메타포를 활용한 표현을 의식적으로 혹은 무의식적으로 많이 사용한다. 우리가 자신의 정서상태를 메타포로 표현하지 않는 것은 사실상 거의 불가능하다. '피가 끓는다', '기분이 바닥을 쳤다', '구름 위에 떠 있다', '슬픔에 빠졌다', '쥐구멍이라도 찾고 싶은 심정이다' 등의 일상적 표현들에 메타포가 내포되어 있다.

또한 메타포는 자신이 처한 상황을 소수의 단어로 압축하여 생생하게 소통하는 데 유용하다. '나는 긴 터널의 중간에 서 있는 느낌이야.'라는 메타포는 목표를 향해 노력하는 과정 중에 과연 원하는 목표를 달성할 수 있을까에 대한 회의감과 답답함, 불안과 두려움 등을 표현한다. '나는 언제 떨어질지 모르는 접시 돌리기를 하고 있어.'라는 메타포는 자신이 조금만 방심해도 모든 것을 그르쳐 접시가 깨져 돌이킬 수 없을 것 같은 불안과 절박함을 표현한다.

Beck의 인지행동상담에서 중심 과제는 의미의 변형이며, 내담자 자신과 세계에 대한 현실적이고 적응적인 시각을 갖도록 돕는 것이 그 목표이다. 메타포는 이러한 치료적 여정에서 내담자가 자신의 상황을 생생하게 이해하고 그 상황에 대처하는 자신의 잘못된 생각을 찾아내며 대안적 생각을 만들고 그 생각을 유지해 나가는 과정을 함께하는 동반자이다.

Hackmann 등(2017)은 메타포 심상을 탐색하는 과정을 다음과 같이 제시하였다.

- 내담자에게 많이 불편하지 않다면 눈을 감아 보라고 한다.
- 고통스러운 상황이나 증상이 어떠한 고유한 의미를 가지는지 파악하기 위하여 내담자로 하여금 그 상황을 상상해 보게 한 후 어떤 감정을 느끼고 어떤 신체 감각을 느끼는지 탐색해 보라고 한다.
- 내담자에게 그 상황이나 그에 대한 자신의 반응을 상징적으로 나타내는 어떤 메타포 심상이 떠오르도록 가만히 있어 보라고 한다.
- 떠오른 심상이 진부하고 별로 관련이 없는 것처럼 보일지라도 그냥 그 심상에 머물러 있어 보라고 한다. 만일 여러 심상이 떠오르면 그중에서 가장 정서적인 비중이 높은 심상을 하나 선택하라고 말한다.
- 심상을 하나 선택하여 충분히 떠올린 다음에 거기에 뒤따르는 신체 감각이 있는지, 그 외 다른 색, 질감, 소리, 냄새, 크기 등의 감각이 있는지를 살펴보고 그것을 멀리서 보면 어떻게 보일지에 대해서도 떠올려 보라고 한다.
- 이 심상이 자기 자신, 다른 사람, 상황이나 증상에 어떠한 의미가 있는지를 숙고해 보고 이야기한다.

상담사는 내담자의 증상이나 문제를 메타포 심상으로 탐색한 후에 새로운 대안적 메타포 심상으로 변형시키는 작업을 한다. 메타포 심상을 변형하기 위해서 상담사는 내담자에게 그들이 더 나은 기분을 느끼기 위하여 심상이 어떻게 달라져야 하는지를 숙고해 보고, 이러한 변화가 실제로 일어나는 것을 상상해 보도록 한다. 내담자가 스스로 만족할 수 있는 정도로 자신이 떠올린 메타포 심상을 변형하는 것은 쉬운 일이 아니다. 여러 차례의 변형과정을 통하여 내담자는 만족스러운 메타포 심상을 찾을 수 있다. 상담사는 내담자와 변형된 메타포를 찾음으로써 내담자의 정서가 어떻게 변화하는지를 관찰하며 새로운 메타포의 의미가 무엇인지 함께 이야기해 보아야 한다.

Beck(1997)은 우울증 내담자가 우울증이 호전된 후에 "나는 생쥐처럼 보잘것없어요. 하지만 난 사자처럼 용기를 낼 수 있어요."라고 했던 말을 언급했다. 여기서 내담자는 우울증에 걸린 자신을 생쥐처럼 보잘것없는 존재로 묘사하였지만 상담을 받은 후에 우울증과 싸울 수 있는 용기 있는 사자가 되었음을 말한다. 내담자는 상담을 받았다고 해서 우울증이 완치되지 않을 수 있지만 우울증에 대처하는 태도는 크게 달라졌다. 더 이상 내담자는 우울증을 두려워하는 보잘것없는 존재로 자신을 인식하며 살아가지 않게 된 것이다. 외상후 스트레스 증후군의 상담에서 내담자의 외상경험을 묘사할 때 종종 사용되는 메타포가 있다. 외상기억을 상징하는 큰 사이즈의 이불을 잘 정리하지 않은 채 급하게 장롱에 집어넣고 재빨리 문을 닫아 버리는 것이다. 이렇게 하면 장롱 문은 다시 열릴 수밖에 없고 이불이 장롱에서 떨어져 나올 수밖에 없다. 이 메타포는 외상경험이 왜 비자발적으로 재경험되는지 잘 설명해 주며,

내담자가 상담과정에서 할 일이 '이불을 장롱에서 꺼내고 그것을
잘 정리해서 다시 장롱에 집어넣는 것'이라는 함축적 의미를 잘 전
달해 준다(Stott, Mansell, Salkovskis, Lavender, & Cartwright-Hatton,
2013).

　Stott 등(2013)은 메타포가 본질적으로 '체화된 인지(embodied
cognition)'의 하나라는 관점으로 보며, 인지행동상담에서 메타포가
작동하는 과정은 필수적으로 활성화(activation), 숙고(elaboration),
합성(synthesis) 그리고 재구성(reframe)의 네 가지 과정을 거친다고
하였다. 예를 들어, '생각을 붙잡기'가 너무 어렵다고 호소하는 내
담자가 있다면, 상담사는 내담자에게 "생각을 붙잡기란 어떤 의미
인가요? 마치 컵을 잡는 것과 비슷한 것인가요?"라는 질문을 함으
로써 내담자의 감각운동 이미지를 탐색하고 이를 **활성화**시킨다. 이
러한 상담사의 질문을 통하여 내담자는 '생각을 붙잡는 것'이 무엇
을 의미하는지를 스스로 **숙고**해 볼 수 있다. 그리고 내담자는 마음
으로 컵을 붙잡고 있는 이미지를 상상하는 동시에 자신이 '생각을
붙잡으려' 애쓰는 모습도 상상하게 되고, 두 개의 이미지를 **합성**함
으로서 '생각'을 붙잡으려고 하는 손이 그의 '마음'과 같다는 것을
생각하게 된다. 그러나 컵을 붙잡는다는 이미지만으로는 내담자
가 생각에 압도되는 것에 대해 불안해하는 경험에 잘 들어맞지 않
는다. 상담사는 내담자의 경험을 좀 더 자세히 탐색해 가면서 내담
자의 경험과 보다 잘 들어맞는 심상을 찾는다. 상담사가 내담자에
게 "컨베이어 벨트 위에 놓여서 다가오는 컵들을 당신은 모두 붙잡
아야 합니까? 그중에 그냥 몇 개를 그냥 지나가게 내버려 두면 어

떤 일이 생길까요?"라고 질문할 수 있다. 이러한 과정을 거치면서 내담자는 점차 "컵이 컨베이어 벨트 위에서 돌면서 언젠가는 내게 다시 돌아올 것 같아요. 그렇게 되면 제가 컵을 완전히 놓쳐 버리는 것은 아닐 것 같아요."라는 심상을 떠올리게 된다. 이러한 심상은 '중요한 생각은 즉시 붙잡아야 하지만 보다 덜 중요한 생각들은 나중에 다시 생각하면 되므로 세부적인 것들을 한꺼번에 처리하려고 하지 않아도 된다'라는 재구성으로 이어진다.

이 밖에도 상담사는 메타포를 활용하여 내담자에게 인지행동상담의 과정을 설명할 수 있다. 예를 들면, 상담사는 등산 가이드이고, 내담자는 어느 정도 산에 대해서 알고 있는 등산가이다. 등산 가이드와 등산가는 서로 협동하여 여러 등산로의 장단점을 의논하고 함께 등산로를 결정한다. 만일에 등산가인 내담자가 방향을 잡지 못하고 흔들린다면 등산 가이드인 상담사가 내담자에게 용기를 줄 수 있으며, 계획에 차질이 생기더라도 차질을 통해서 산에 대해서 더 잘 알 수 있게 한다. 또 다른 예로, 내담자의 삶을 바닥에 어지럽게 놓여 있는 실뭉치로 표현할 수 있다. 만일 눈에 보이는 실을 각각 다른 방향으로 잡아당기면 실뭉치가 더 단단해져서 풀기 어려워진다. 따라서 다소 시간이 오래 걸릴지라도 그 실뭉치의 매듭이 어디서 어떻게 만들어졌는지 잘 살펴보아야 한다는 이야기를 할 수 있다. 이것은 급하게 문제를 해결하려다가 문제를 더 어렵게 만들기보다는 문제의 원인을 차분히 살펴볼 필요가 있음을 말할 때 사용될 수 있는 메타포이다(Stott et al., 2013). 상담사가 메타포를 선정할 때는 가능한 한 내담자의 생활과 밀접한 관련이 있어서 내담자가 쉽게 떠올릴 수 있는 내용으로 해야 한다. 만일 산을 쉽게 보기 어려운 지역에 사는 내담자에게 등산 가이드와 등산가 메타포를 사용하고 실뭉치의 매듭을 풀어 본 경험이 없는 내담자에게 실뭉치 매듭 풀기 메타포를 사용한다면 내담자에게 그 의미가 생생하게 전달되기 어려울 것이다.

◉ 학습문제 ◉

1. 당신이 요즘 상담하고 있는 내담자에게 메타포를 활용하여 인지행동상담 과정을 설명한다면 어떻게 하겠는가? 그 메타포를 사용한 이유는 무엇인가? 그 메타포에 담긴 의미는 무엇인가?

2. 3명씩 한 조를 이루어서 상담사, 내담자, 관찰자를 정한 후, 상담사는 내담자가 호소한 문제를 가장 잘 나타낼 수 있는 메타포를 선정하도록 하고 그 메타포의 의미에 대해 이야기 나눈다. 그리고 내담자의 증상 감소나 문제 해결에 도움이 될 수 있는 대안적 메타포를 찾아보도록 하고 대안적 메타포의 의미에 대해 이야기 나눈다. 역할을 바꾸어 동일한 과정에 따라 실습한다.

3. 심상을 활용한 인지행동 개입 사례

심상은 우리에게 자동적으로 일어나는 경험이지만 그 경험에 대해서 자신의 반응을 능동적으로 선택할 수 있다는 점에서 인지행동상담사의 역할이 중요하다. 우리는 인지행동상담을 통하여 우리에게 필요한 심상을 선택할 수 있다. 그리고 부정적 심상이 떠오르더라도 그 심상을 기능적으로 변형해 나갈 수 있다.

상담사들은 상담수련 과정에서 보람과 희망, 좌절과 불안 등과 같은 다양한 정서를 경험하고, 이것이 의식적으로 혹은 무의식적으로 심상으로 경험될 수 있다. 다음은 대학원 인지행동상담 수업시간에 수련생들과 심상작업에 대해 실습한 내용을 임상적 맥락에 맞도록 일부 수정한 이야기이다. 담당교수인 필자는 학생들에게 상담수련 과정에서 경험한 것으로 심상작업을 해 보기로 하였고, 수련생들은 이에 대해 기꺼이 동의하였다. 대학원 수련생들은 상담수련 과정에서 경험한 것, 혹은 다가올 미래에 대해 긍정적 심상과 부정적 심상을 차례로 떠올려 보았다. 필자가 상담사의 역할을 하며 심상작업을 진행하고 수련생들의 경험을 반영하며 공감하였고, 부정적 심상에 대해서는 심상과 관련된 인지적 요소를 탐색하며 대안적 사고와 심상이 연결되도록 하였다. 이러한 심상작업을 통하여 수련생들은 생활 속에서 자신이 무의식중에 자신의 경험에 대한 심상을 형성하며 그 심상의 영향을 받고 있음을 알게 되었고, 자신에게 떠오르는 심상을 단지 수동적으로 받아들이는 것이 아니라 자신이 원하는 심상을 선택할 수 있는 힘이 있음을 알게 되었다.

1) 상담수련생 K의 시연 사례

상담교수: 상담공부를 하면서 기쁘고 보람되었던 상황을 떠올려 보고, 그 상황에서 마음속에 어떠한 심상이 떠오르는지 관찰해 보세요.

수련생: (눈을 감고) 영화 <타이타닉>에서 갑판 제일 앞부분에 올라가 있는 레오나르도 디카프리오처럼 많은 사람이 선상에 나와서 바다와 자연을 만끽하고 있는 상황이지만 나는 사람들의 시선에는 전혀 신경을 쓰지 않아요. 나의 충만한 기분을 마음껏 표현하고 싶어서 갑판 위로 올라가서는 따스한 햇살 아래에서 불어오는 맑은 공기를 온몸으로 느끼면서 눈을 지그시 감고 양팔을 쫙 벌리고 맑은 공기를 마음껏 들이마시면서 얼굴에 환한 미소를 머금고 있어요.

상담교수: 정말 행복하고 자유로운 장면이네요. [내담자의 심상에 나타난 감정을 반영함]

수련생: 나도 모르게 나 자신을 감옥처럼 묶어 두고 그 속에서 벗어나지 못하고 살아왔던 내가 상담공부를 통하여 드디어 그동안 나를 힘들게 했던 눈에 보이지 않는 쇠사슬에서 벗어나게 되어서 매일매일 자유를 누리며 사는 기분과 동시에 이 세상에 그 누구도 부럽지 않은 만족감에 젖어 있는 나의 마음들이 이런 심상으로 나타난 것 같아요. 정말 기분이 좋네요.

상담교수: 네. 상담공부를 하면서 마음이 많이 자유로워지신 것 같아요.

긍정적 심상 떠올리기를 마친 후 상담공부와 관련된 부정적 심상 떠올리기를 하였다.

상담교수: 이제 상담공부를 하면서 힘들었던 상황을 떠올려 보고, 그 상황과 관련되어 마음속에 어떤 심상이 떠오르는지를 관찰해 보세요.

수련생: 검은 옷을 입은 저승사자가 작지만 내 옆에 서 있는 것이 떠올라요. 제가 그동안 이분법적으로 생각을 했었는데 이번에도 아까 떠올렸던 긍정적 심상과는 아주 정반대의 끔찍한 심상이 또다시 떠오르네요. 저는 아직 이분법에서 못 벗어난 걸까요? [내담자는 자신이 저승사자 이미지를 떠올린 것에 대해 당황해하며 자신에게 문제가 있다고 생각함]

상담교수: 네. 저승사자를 살짝 떠올리셨네요. 우리 저승사자를 만나 볼까요?

수련생: 저승사자를요? 살짝 희미하게 스친 건데…… 한번 만나 볼게요.

상담교수: 네. 희미하더라도 저승사자와 대화를 해 보면 어떨까요? 저승사자가 ○○ 님에게 할 말이 있을지도 모르죠. 저승사자의 얼굴을 한번 볼 수 있으신가요? 혹시 저승사자가 ○○ 님에게 무슨 말을 하나요? [부정적 심상을 대면하도록 함]

수련생: "너는 이제 끝장이야! 구제불능이야! 너는 이제 희망이 없어!"

상담교수: 저승사자가 ○○ 님에게 무섭고 절망적인 말을 하네요. [부정적 심상에 대해 반영함] 저승사자 앞에 있는 ○○ 님은 어떤 자세로 어떤 표정으로 있나요? [내담자가 보다 생생한 심상을 떠올리도록 함]

수련생: 너무 당황스럽고 충격을 받아서 아무 말도 못하고 있어요.

상담교수: ○○ 님에 대한 저승사자의 절망적인 선포를 들으며 ○○ 님은 꼼짝 못하고 있는 상황이네요. [내담자의 절망감과 무력감을 반영함]

수련생: 네. 특히 권위자가 나에 대해서 무엇을 지적하면 저는 어렸을 때부터 그런 경험을 많이 되풀이해서 그런지 굉장히 크게 상처를 받는 것 같아요.

상담교수: 그런데 ○○ 님은 그 저승사자에게 어떤 말도 하지 못하시나요?

[내담자가 저승사자 심상과 좀 더 작업이 진행되도록 촉진하기 위한 질문]

수련생: 아뇨. 저승사자에게 "당신은 저의 일부분만 보고 말하고 있어요. 저의 다른 좋은 점들은 보지 않고 말하고 있어요."라는 말을 하고 있어요.

상담교수: 아. 그렇군요. 그때 저승사자의 표정이 어떤가요? [보다 생생한 심상을 떠올리면서 내담자의 긍정적인 대안적 사고로 인하여 저승사자에게 더 이상 자신이 무력한 존재가 아님을 인식시키기 위한 질문]

수련생: 아. 저승사자가 약간 당황하고 있어요. (웃음)

상담교수: 그럼 또다시 저승사자에게 할 말이 있나요? [내담자가 저승사자 심상과 좀더 작업해 보도록 권유함]

수련생: 봐요. 내가 옳았고 당신이 틀렸어요!

상담교수: 어? 아까는 저승사자에게 "나의 일부분만 보고 잘못 말한 거예요."라고 했는데 지금은 "나는 옳고 당신은 틀렸어요."라고 말하시네요. [내담자의 이분법적 사고를 다룸]

수련생: 애! 저승사자는 나의 부족한 면만을 보고 나의 나머지 전체를 부정적으로 평가한다는 게 맞아요.

상담교수: 그럼 저승사자가 나에 대해서 부정적으로 말한 것을 어느 정도 인정하시는 건가요? [내담자가 '나는 옳고 상대방은 틀렸다'고 하는 이분법적 사고의 해체과정을 촉진하기 위해 질문함]

수련생: 예. 저승사자의 말을 인정합니다. 저에게 그런 면도 있긴 있어요.

상담교수: 그렇군요. 그런데 저승사자가 ○○ 님에게 다 나쁘다고 했나요? 아니면 어느 한 부분만을 지적한 건가요? [심상작업을 통하여 내담자의 이분법적 사고와 과잉일반화를 계속하여 다룸]

수련생: (밝은 표정으로) 아니에요! 저승사자는 저의 그 부분만을 지적을 한 것

이지 저에게 '전부 다 구제불능이다. 너는 이제 끝장이다.'라고 말하지는 않았어요.

상담교수: 아. 저승사자는 ○○ 님에게 '너는 다 잘못됐어. 너는 다 문제야.'라고 말하지는 않았군요? [내담자의 이분법적 사고와 과잉일반화를 완화하기 위한 반영적 질문]

수련생: 예. 맞아요. 저승사자는 나의 어느 한 부분만 지적한 것이었는데 제가 어렸을 때 경험이랑 겹치면서 제 스스로가 과잉일반화와 과대평가를 했네요.

상담교수: 지금 저승사자의 얼굴을 다시 보실까요? 저승사자의 표정이 어떤가요? [인지적 개입 이후의 변화된 심상을 떠올리게 함]

수련생: 아까보다는 훨씬 부드럽게 보이고 무섭지 않아요.

상담교수: 그럼 저승사자와 하고 싶은 이야기를 더 하실까요?

수련생: 제가 뭘 잘못했는지 알려 주셔서 고마워요. 저도 인정해요. 잘 생각해 볼게요.

상담교수: 저승사자와 이야기 다 하셨으면 저승사자와 작별인사를 하시면 좋겠네요. [심상작업을 안전하게 마무리하고 내담자가 현실감을 갖도록 하기 위한 작업]

수련생: 저한테 더 할 이야기 없으시죠? 저는 다른 할 일이 많네요. 그럼 안녕히 가세요. 저승사자가 돌아서 조용히 가네요. (웃음)

💬 **수련생 소감**: 심상작업을 시작하면서 맨 먼저 스치듯이 떠오른 부정적 심상을 통하여 의미 있는 작업을 하였다. 살짝 스치듯 지나가는 심상으로 이런 작업을 하게 될 것이라고 상상하지 못했다. 사실 나는 어제 대학원에서 수강 중에 모 담당교수로부터 "당신은 수업 중에 이런 면이 있어요. 그래서 당신의 지혜가 잘 드러나지가 않는 것 같아요."라는 지적을 받고 상당히 힘들었다. 심상작업을 하면서 어제 그 교수님에게 나의 어떤 부분에 대해서 지적받는 상황을 저승사자가 나에게 "너는 구제불능이야, 너는 끝났어."라고 말하는 상황처럼 인식하였음을 알게 되었다. 오늘 저승사자 심상작업을 통해서 나는 어려서부터 누가 나의 잘못을 지적하면 그 사람은 어떤 한 부분만을 나에게 이야기한 것인데 나 혼자서 '나는 끝이야, 구제불능이야, 희망이 없어.'라고 과잉일반화와 과대평가를 해서 나 스스로를 우울하고 힘들게 했다는 사실을 깨닫게 되었다.

2) 상담수련생 O의 사례

상담교수: 상담공부를 하면서 즐겁고 보람 있었던 순간과 관련된 심상을 떠올려 볼까요?

수련생: 수련수첩을 모두 채우고 드디어 전문상담사 자격시험에 합격해요. 지금까지 다니던 회사에 멋지게 사직서를 내고 짐을 정리하고 홀가분한 마음으로 회사를 나와요. 회사를 나오는 길에 핸드폰이 울려요. 얼마 전 이력서를 낸 상담센터에서 면접을 보러 오라고 해요. 그 후 며칠 뒤 상담센터에서 면접을 보고 센터장님이 "다음주부터 출근할 수 있어요?"라고 이야기

해요. 일주일 뒤 출근하는 첫날! 가슴이 벅차요. 상담실 문을 열고 들어가
니 잔잔한 음악소리가 들리고 잘 정돈되고 차분한 분위기가 나의 마음을
편안하게 해 줘요.

상담교수: 정말 행복한 장면이네요. 그동안 수고한 보람이 있네요. [공감과
반영]

수련생: 지금 떠올린 심상들이 마치 현실처럼 다가와서 기분이 좋아요. 앞으로
실제로 이렇게 될 것 같은 기대가 돼요.

상담교수: 지금 떠올리신 심상은 ○○ 님이 요즘 자격증 과정을 준비하느라 힘
든 상황을 견디는 데 많은 힘이 될 것 같아요. 그럼 이제 대학원 졸업을 한
학기 앞두고 있는데 상담공부를 하면서 걱정되거나 불안할 때도 있을 거
예요. 차분한 마음으로 눈을 감고 걱정되거나 불안했던 순간과 관련된 심
상을 떠올려 보세요.

수련생: 네. (눈을 감고) 상담사 자격증을 취득하고 꿈에 그리던 직장에서 출근
하여 첫 내담자를 만나요. 가슴이 두근거려요. '정말 잘해야지.'라고 마음속
으로 다짐을 해요. 그런데 내담자가 그동안 실습한 것과 다르게 말을 잘
하지 않아요. 무슨 이야기를 해야 반응도 하고 공감도 하고 그럴 텐데 나
는 어떻게 해야 할지 방법을 못 찾고 자꾸 시계만 쳐다보고 있어요. 어떤
말을 꺼내야 내담자가 대답을 할까를 고민해요. 손에 땀이 나고 시간이 멈
춘 것만 같아요.

상담교수: 아무 말도 안하는 내담자를 어떻게 대해야 할지 방법을 모르고 시
간은 안 가고 정말 진땀나는 상황이네요. [수련생이 떠올린 부정적 심상에
대해 반영적 공감을 표현함] 이때 어떠한 장면이 마음에 스쳐 지나가나요?
[수련생의 생각과 관련된 심상을 구체적으로 탐색함]

수련생: 내담자가 저를 한심하게 바라보고 저는 얼굴이 빨개져서. 상담자와 내담자가 바뀐 듯한 장면이 떠올라요.

상담교수: 상담사로서 할 말이 생각이 안나는 것이 상담사의 역할을 거의 포기한 듯한 모습으로 연결되는군요. [부정적 심상에 대한 반영] 상담사는 어떤 사람이어야 한다고 생각하시나요?

수련생: 상담사는 상담장면에서 일어나는 모든 일을 완벽하게 대처할 수 있어야 한다고 생각해요.

상담교수: 상담사가 완벽하게 대처한다는 것은 ○○ 님에게 어떤 의미인가요? [수련생의 역기능적 사고를 탐색함]

수련생: 상담사는 정서적으로 늘 안정되어 있어야 하며. 모든 면에서 내담자보다 좋은 상태여야 한다고 생각해요

상담교수: 만일 그렇지 못한 경우에는 어떤 일이 벌어질까요? 구체적 장면을 심상으로 떠올려 보세요. [수련생의 역기능적 사고를 탐색함]

수련생: 내담자가 화를 내며 상담실을 박차고 나가는 장면이 떠올라요. 나를 무능하다고 생각할 것 같아요.

상담교수: 아! 내담자에게 할 말이 생각나지 않는 그 상황이 상담사의 무능함 때문이라고 생각하시는군요. [수련생이 처한 상황과 관련된 생각을 연결함] 만일 ○○ 님이 상담을 받으러 갔을 때 상담사가 바로 ○○ 님의 말에 반응해 주지 않고 침묵하고 있다면 어떻게 생각하게 되실까요?

수련생: 침묵이 불편할 수도 있지만 자신에 대해 생각하는 시간을 가질 수 있을 것 같아요. 어쩌면 제가 생각한 것처럼 상담사가 무능하다고 의심할 수도 있고요.

상담교수: 그 상황에 대해 내담자가 다양한 반응을 보일 수 있네요. [수련생이

자동적 사고에 고착되지 않고 대안적 생각을 할 수 있도록 하기 위한 준비]

만일 실제로 내담자가 상담사인 ○○ 님을 무능하다고 여기고 있다면 어

떻게 대처할 수 있을까요? [무능하다고 평가받는 상황에 대한 현실적 대처

방식을 찾도록 도움]

수련생: (눈을 감고 잠시 후) 상담에서 중요한 것이 '진실성'이라고 배운 것이

떠올라요. 제가 내담자에게 나의 마음속 이야기를 꺼내요. "느끼셨는지 모

르겠지만 제가 ○○ 님이 한 말에 대해 어떠한 대답을 해야 할지 생각이

안 나네요. 그래서 저는 ○○ 님에게 어떠한 대답을 말하여 주는 대신 이렇

게 힘들지만 함께하고 있어요."라고 있는 그대로의 나를 내담자에게 진실

되게 표현하고 있어요.

상담교수: 아! 참 좋은 방법을 찾아내셨네요. 초보상담사로서 내담자에게 진실

되게 마음을 전하셨군요. 어떻게 그러한 방법을 찾아내실 수 있었을까요?

[수련생이 대안적 사고를 탐색하도록 하기 위한 질문]

수련생: 상담사는 항상 내담자에게 완벽한 모습을 보여야 한다고 생각했던 것 같

아요. 그래서 내 부족한 모습을 내담자에게 들킬까 봐 두려웠던 것 같아요.

상담교수: 완벽해야 한다는 생각이 ○○ 님을 힘들게 했었군요. [수련생이 찾아

낸 부정적 자동적 사고에 대해 지지하고 공감함]

수련생: 네. 저에게 있는 완벽주의를 다시 한번 생각해 보게 되네요.

상담교수: ○○ 님의 그 말을 듣고 그 내담자는 어떻게 반응을 하였을까요? 잠

시 눈을 감고 심상을 떠올려 보세요. [내담자가 발견한 해결책에 대해 스스

로 그 결과를 상상해 보도록 함으로써 내담자의 심상을 확장함]

수련생: (눈을 감고 잠시 후) 내담자도 긴장했었나 봐요. 솔직한 내 이야기를 듣

고 긴장이 풀렸는지 자기가 왜 상담실에 왔는지 이야기하기 시작해요.

수련생 소감: 심상작업을 하면서 내가 대학원을 졸업하고 자격증을 다 받고 난 후에도 여전히 내가 무능한 상담사로 살아가게 될까 봐 불안해하고 있음을 알 수 있었다. 내담자에게 나의 상황을 진실되게 이야기하고 그 진실됨으로 내담자의 마음이 열리는 심상을 떠올리니 무거웠던 마음이 한결 가벼워지는 것을 느꼈다. 부정적인 상황에서도 조금만 달리 생각하면 새로운 돌파구가 있다는 것을 알게 되었다. 심상은 보이는 자동적 사고라는 것을 알게 되었다.

❖ 학습문제 ❖

1. 2명씩 한 팀을 만들어 각각 상담사와 내담자의 역할을 정한 후 심상작업을 해 보자.

> 내담자는 요즘 걱정하는 생활사건에 대해 10분 정도 이야기를 나눈 후, 눈을 감고 그 생활사건과 관련된 심상을 떠올려 보자. 상담사는 내담자가 생생한 심상을 떠올리도록 작업을 하고 부정적 심상이 보일 경우 부정적 심상에 대해 필요한 개입을 한다. 심상 개입이 끝난 후 이에 대해 토론한다.

2. 다음은 상담전공 대학원 수련생의 심상이다. 이 심상에 대해서 어떠한 개입을 할 수 있을지에 대해 생각해 보자.

> 내담자가 나와 상담하는 중에 갑자기 소리를 지르고 탁자에 있는 컵을 들고 바닥에 내던진다. 그러고 나서 곁눈질과 함께 혀를 차면서 문을 쾅 닫고 나간다.
>
> 그러자 상담사인 나는 고개를 푹 숙인 채 눈물을 흘리면서 불안한 마음으로 사무실 안을 왔다 갔다 서성인다. 그러다가 나도 탁자 위에 있는 컵을 땅바닥에 내동댕이 치면서 나는 왜 이 모양이지 하면서 흐느낀다. 이어서 버려진 개가 허기진 배를 채우려고 도시의 황량한 골목을 헤매고 다니는 처량한 모습이 떠오른다. 나는 버려진 존재이고 쓸모없는 존재이다. 불안하고 초조하고 자괴감이 생기며 몸에서 열이 올라오고 내 얼굴은 잔뜩 찡그려 있다. 나는 소리를 지르며 꺼이꺼이 운다.

제장

스토리텔링을 활용한
인지행동상담

1. 스토리텔링에 대한 이해

스토리텔링(storytelling)은 스토리(story)와 텔링(telling)으로 구성
된다. 스토리는 등장인물, 모티프, 사건, 시간, 공간 등으로 이루어
진다. 스토리는 등장인물들과의 관계 맺음 속에서 다양한 사건이
만들어지고 그 사건에는 시대와 공간의 특성이 반영되며 어떤 의
미와 가치가 내포된다. 스토리는 어떻게 텔링되는가에 따라 타인
에게 다르게 전달된다.

텔링은 담화(discourse)와 영상, 만화, 애니메이션, 컴퓨터 게임,
음악 등 다른 여러 매체를 통한 전달을 포함하는 개념인데, 상담에
서는 주로 내담자와 상담사의 담화를 통하여 스토리를 텔링하고
필요에 따라서 음악, 미술, 책, 동작 등의 다른 매체를 통하여 스토
리를 주고받기도 한다(이민용, 2017). 같은 스토리라 할지라도 그
스토리를 전하는 사람의 말투나 표정, 말에 담긴 생기, 그리고 어
떤 시점에서 전달되는지에 따라 그 스토리가 다르게 이해된다. 사
람들은 스토리에 담긴 줄거리를 자신의 의식적·무의식적 의도에
따라 시간적 흐름을 뒤바꾸면서 표현하는데 이를 플롯이라고 한다
(이민용, 2017).

내담자는 의식적 혹은 무의식적 의도로 어떠한 부분은 시간순서
를 실제와 다르게, 어떠한 부분은 길게, 어떠한 부분은 짧게 이야기
한다. 예를 들어, 내담자가 자신이 상담 약속시간보다 늦은 이유를
이야기할 때 이야기의 플롯을 다르게 전개할 수 있다. "상담실에

오려고 3시에 버스를 탔는데, 버스기사에게 어떤 승객이 시비를 걸었어요. 버스기사가 운전을 안 하고 정차한 채 승객과 다투다 보니 늦었어요."라고 이야기하거나 "제가 늦었지요, 제가 탄 버스기사가 승객과 다투었어요. 승객이 버스기사에게 시비를 걸었죠. 제가 버스에 탄 시간은 오후 3시였어요."라고 다르게 이야기할 수 있다. 이야기의 재료는 동일하지만 그 플롯에서 차이가 있고, 화자 자신이 강조하는 바가 다르게 전달된다. 전자는 자신이 늦어지게 된 상황에 대한 내용을 전달하는 것에 초점이 있다면, 후자는 자신의 잘못으로 지각한 것이 아님을 강조하는 내용으로 들린다. 만일 내담자가 이 사건을 상담사에게 말하는 상황이 아니라 경찰서에 가서 참고인 진술을 하는 상황이라면 승객이 버스기사에게 시비를 걸었다는 점을 강조하는 것으로 플롯이 구성될 것이다. 우리가 누군가에게 자신의 경험을 이야기할 때 사건을 하나도 빠뜨리지 않고 그대로 이야기하는 것은 불가능하며, 사건을 자신의 관점에서 혹은 듣는 사람에 따라 다르게 가공하고 편집하여 전달한다. 따라서 상담사는 내담자가 자신이 경험한 것을 어떠한 스토리로 편집하고, 어떠한 플롯으로 전달하는가를 둘 다 잘 살펴봄으로써 내담자의 의식적 · 무의식적 의도를 이해할 수 있다.

스토리텔링은 내담자의 정서, 자신에 대한 이해, 관계에 대한 지각, 환경에 대한 해석, 문제 해결 방식 등을 이해하고 이를 새롭게 변화시키는 데 활용한다. 이때 상담사가 문학작품 속의 이야기를 들려주거나 내담자가 처한 어려움에 맞도록 상담사가 창안한 이야기를 들려줄 수 있다. 그리고 내담자가 자신이 동일시할 수 있는 인

물을 주인공으로 하여 새로운 이야기를 창안하도록 할 수 있다. 이
때 내담자가 인지행동상담을 통하여 습득한 새로운 이해와 기술을
이야기 속 인물에게 적용해 보도록 할 수 있다.

● **학습문제** ●

1. 자신의 경험을 단순한 정보 전달이 아닌 사건으로 연결된 이야기로 표현
   해 보자.
2. 1번에서 표현한 자신의 경험 이야기를 다양한 매체(예: 말, 글, 신체동작,
   그림, 노래, 소리 등)를 활용하여 표현해 보자. 각각의 매체 중 자신에게 어
   떠한 것이 자신의 경험을 이야기하기에 좋았는지, 매체에 따라 자신의 경
   험 이야기가 어떻게 다르게 전달되었는지에 대해 나눠 보자.
3. 1번에서 표현한 자신의 경험 이야기를 다른 플롯으로, 즉 시간적 흐름을
   다르게 하여 전달해 보자. 동일한 경험 이야기여도 플롯에 따라 자신의 마
   음이 어떻게 다르게 표현되며, 타인에게 어떻게 다르게 전달되는지에 대
   해 나눠 보자.

2. 내담자에게 도움이 되는 이야기를 읽어 주기

상담사는 내담자의 발달연령이나 호소문제 등을 고려하여 그림
책이나 동화, 소설 등과 같은 기존 문학작품의 이야기를 내담자에
게 들려줌으로써 내담자가 이야기 속 인물과 동일시하여 등장인물
의 정서, 자동적 사고, 태도, 신념, 대처행동을 경험하고, 대안적 사

고와 해결방법 등을 자연스럽게 탐색하도록 할 수 있다. 이때 내담자가 좋아하는 이야기가 담긴 책이 있다면 상담사에게 가져오도록 하여 상담사가 읽어 줄 수 있다. 상담사가 책을 읽어 주는 것은 반드시 아동에게만 해당되지는 않는다. 성인 내담자에게도 상담사가 책을 읽어 줄 때 어린 시절과 비슷한 혹은 어린 시절에 경험하지 못했던 안정감과 유대감을 느낄 수 있다.

상담사가 하나의 스토리가 담긴 책을 읽은 후에는 전체적 감상에 대해서 내담자와 이야기를 나눔으로써 그 책 속의 이야기에 대한 내담자의 흥미와 관심을 살펴보고, 내담자가 어느 부분에 더 관심을 기울이는지를 알 수 있다. 이야기의 어느 한 부분에 대해서 내담자가 관심을 기울이면 내담자의 관심을 따라가면서 내담자가 하려고 하는 이야기를 경청하려는 자세가 필요하다. 책 속의 이야기에서 생략된 부분에 대해서 내담자가 관심을 기울인다면 생략된 부분의 이야기를 내담자와 함께 상상해 볼 수 있다.

상담사와 내담자가 책 속의 등장인물을 중심으로 이야기를 나누다 보면 자연스럽게 내담자가 실제 자신의 이야기를 꺼낼 수 있다. 상담사가 이야기의 내용과 내담자가 비슷한 경험을 한 적이 있는지를 질문하여 자연스럽게 내담자의 경험으로 옮겨 갈 수 있다. 이러한 방법은 상담사에게 자신의 이야기를 쉽게 꺼내기 어려운 내담자에게 활용하면 유익하다. 이때 상담사가 들려준 이야기가 내담자의 실제 이야기로 연결되지 않더라도 이야기에 등장한 인물과 내담자가 동일시한 등장인물의 이야기에서 자신의 억압된 감정을 자각하고 해소할 수 있으며, 자신에게 필요한 인지적 · 사회적 기술이나 태도 등을 배울 수 있다.

예를 들어, 그림책 〈블랙독〉(Pinfold, 2013)은 인지행동상담에 도움이 되는 가상적 스토리를 제공한다. 〈블랙독〉의 스토리는 어느 날 검은 개 한 마리가 호프 아저씨네 가족을 찾아오면서 시작된다. 검은 개를 제일 먼저 발견한 아저씨는 깜짝 놀라면서 "우리 집 앞에 호랑이만 한 검둥개나 나타났습니다."라고 경찰에 신고했다. 경찰은 "위험하니 꼼짝 말고 집 안에 있으세요."라며 전화를 끊는다. 다음에는 호프 아주머니가 창밖의 개를 보고 "우리 집 앞에 코끼리만 한 검둥개가 있어요."라고 소리치고 검둥개가 식구들을 보지 못하도록 불을 다 껐다. 가족들이 차례대로 창밖의 검둥개를 볼 때마다 검둥개는 점점 더 크고 무서운 괴물로 변해 간다.

마침내 꼬맹이 막내가 수상한 일이 벌어지고 있음을 보고 현관문을 벌컥 열고 나갔다. 문밖에서는 엄청나게 커 보이는 검둥개가 꼬맹이를 향해 고개를 내밀며 숨을 내쉬었다. 꼬맹이는 노래를 부르면서 동네를 한 바퀴 돌았고, 꼬맹이를 따라다니는 검둥개는 점차 작아지더니 아주 작은 쪽문을 통과할 정도로 작아졌다. 꼬맹이와 함께 집 안에 들어온 검둥개를 본 가족은 꼬맹이가 잡아먹히지 않은 것을 신기해하였고, 검둥개가 어마하게 크지도, 무시무시하지도 않다는 것을 알고 기뻐한다.

〈블랙독〉은 스토리도 흥미롭지만 작은 검둥개가 두려움에 사로잡힌 가족에게 얼마나 크고 무시무시한 존재로 상상되는지를 밝고 재미있게 그림으로도 표현되었다. 독자들은 등장인물들이 느끼는 두려움과 안도감을 시각적으로 공감할 수 있다. 〈블랙독〉의 이야기는 근거 없는 두려움과 불안의 감정에 사로잡힌 내담자들에게 부정적 감정을 일으키는 인지왜곡에 대해 생각해 볼 수 있는 있는 기회를 준다. 두려움이 큰 사람일수록 당면한 현실을 더 무섭고 크게 느끼기 마련이다.

그림책은 흔히 아동을 위한 책이라고 제한된 생각을 하는 경우가 있다. 하지만 그림책은 아동뿐만 아니라 청소년과 성인 그리고 노인들에게도 치유적 가치가 있다. 다음은 필자가 〈블랙독〉을 군 입대를 앞두고 불안과 불면증을 호소하는 남자 대학생에게 읽어 주고 그 이야기를 중심으로 상담을 한 내용의 일부이다.

상: 이 이야기가 ○○ 님에게 어땠어요?

내: 뭔가 심오해요.

상: 어떤 점에서 그렇게 느꼈나요?

내: 문밖의 알 수 없는 동물이 사람들의 마음상태에 따라 점점 더 크고 무섭에 느껴진다는 점이요. 꼬맹이는 어리고 작은데 참 당차네요. 부럽네요. 저런 배짱이 말이에요.

상: 그렇죠? 이 꼬맹이는 다른 식구들이 무서워 벌벌 떠는 걸 보고도 검둥개를 보기 위해 문을 열고 나갔어요. 그 비결이 뭐였을까요?

내: 꼬맹이는 아직 어려서 순수해서 그런 것 같아요.

상: 그렇겠네요. 순수하다는 건 뭘 뜻하는 것일까요?

내: 검둥개를 그냥 보이는 대로 본다는 거죠.

상: 참 중요한 이야기를 하셨네요. 보이는 대로 본다는 것에 대해 더 듣고 싶어요.

내: 검둥개는 무섭고 자기를 해칠 거라고 미리 겁먹지 않는다는 거죠. 낯선 검

둥개를 같이 놀 수 있는 친구로 여기고 검둥개와 이리저리 놀러다니다 보니 검둥개는 점점 작아지네요.

상: 그렇죠. 꼬맹이 말고 다른 가족들은 창밖으로 검둥개를 잠깐 본 것으로 엄청나게 크고 무서운 괴물로 여겼어요. 그들은 왜 그랬을까요?

내: 다른 가족들은 살면서 무서웠던 경험이 많았기 때문일 것 같아요. 사실 그들은 검둥개를 자세히 본 적도 없었어요. 먼저 본 사람의 겁먹은 이야기를 듣고 지레 겁을 먹은 거죠.

상: 겁을 먹고 검둥개를 다시 볼 때마다 검둥개가 점점 더 크게 보였죠.

내: 네. 몇 달 전에 혼자 미국으로 어학연수 갈 때가 생각났어요. 혼자 처음으로 미국에 가는 것이었고. 영어도 잘 못해서 미국 사람 집에서 세 달간 거주하면서 어학연수를 받기로 했는데 출발 한 달 전부터 긴장되어 토하고 잠도 못 자고 그래서 병원에 간 적이 있었어요. 위장에 병이 생겼나 해서 내시경을 찍어 봤는데 위장에는 문제가 없다고 하고…….

상: 그런 일이 있었군요. 멀고 먼 낯선 곳에 혼자 지내는 게 처음 겪는 사람들에게는 참 겁나는 일이죠.

내: 막상 미국 공항에 내리고 하나씩 입국수속을 할 때부터 '생각보다 별거 아니네.' 하는 생각이 들었고. 새로운 곳에서 혼자 생활해 보는 게 신나고 재밌었어요.

상: 직접 겪어 보지도 않고 검둥개를 무서워했던 사람들과 비슷한 상황이었네요. ○○ 님이 미국에 가기 전에 생각했던 것보다 겪어 보니 별거 아니었군요.

내: 네. 전 그래요. 저는 늘 미래에 대해서 부정적으로 생각하는 경향이 있어요. 그래서 새로운 일이 있을 때마다 스트레스를 크게 받아요.

상: 그렇군요. 요즘 군 입대를 한 달 앞두고 많이 힘들다고 하셨는데 지금도 비

슷한 상황이네요. [이후 내담자는 군생활에 대한 걱정과 불안을 이야기하였

고, 그 걱정과 불안이 군대에 먼저 다녀온 친구들이 들려준 부정적 이야기에

겁을 먹은 결과라는 것을 통찰하면서 점차 마음의 안정을 찾음]

학습문제

1. 〈블랙독〉 이야기가 당신에게는 어떠한 교훈을 주는가?
2. 당신이 좋아하는 문학작품 이야기에 담긴 의미와 가치에 대해 이야기해
   보고 그 이야기를 인지행동상담에서 어떻게 활용할 수 있을지에 대해 생
   각해 보자.

3. 내담자와 함께 새로운 이야기를 창작하기

내담자와 함께 새로운 이야기를 창안하는 것은 내담자의 변화와
성장을 위해 몇 가지 측면에서 유익하다.

첫째, 내담자가 만들어 낸 이야기를 통해서 내담자의 실제 상황
을 유추해 볼 수 있다. 즉, 이야기에서 등장인물들은 어떠한 감정,
생각, 행동을 나타내는가, 그들 간의 연결고리는 어떠한가, 등장인
물의 문제 해결 패턴은 어떠한가, 이야기 전체의 분위기가 어떠한
가에 대해 살펴봄으로써 이 자료를 토대로 내담자가 어떠한 변화
가 필요한 상태인지, 무엇을 습득해야 할지에 대해 파악할 수 있다.

둘째, 상담사는 내담자가 동일시할 수 있는 인물을 주인공으로

하여 이야기를 창작하도록 함으로써 내담자가 새로운 인지적·사회적 기술 및 태도를 습득하도록 할 수 있다. 예컨대, 사회적 대처를 잘 하지 못하는 등장인물과 사회적 대처를 잘하는 등장인물을 대비시켜 이야기를 흥미롭게 만들 수 있고 이를 통해 내담자는 자연스럽게 자신에게 필요한 인지적·사회적 기술을 습득할 수 있다.

내담자의 이야기를 만들어 낼 수 있는 수준에 따라 상담사가 이야기의 창작과정에 개입하는 정도는 달라질 수 있다. 내담자가 이야기를 만들어 낼 수 있는 충분한 역량이 있다면 상담사가 내담자의 이야기를 끝까지 스스로 할 수 있도록 한다. 상담사는 내담자가 만들어 낸 이야기를 토대로 치료적으로 대안이 되는 이야기를 내담자와 함께 구성해 볼 수 있다.

Gardner(1986)는 아동에게 스토리를 만들도록 할 때 필요한 절차를 다음과 같이 이야기하였다. 이러한 방법은 전체 스토리를 한꺼번에 만드는 것에 대해 부담을 느끼는 청소년이나 성인에게도 적절히 사용될 수 있을 것으로 보인다.

- 녹음기에 내담자가 지금까지 들어본 적이 없는 이야기를 해 보도록 한다.
- 이야기에 처음과 중간 그리고 끝이 있어야 하며 교훈이 담긴 것이어야 한다.
- 이야기를 만들기 어려워하는 아동에게는 점진적 스토리텔링을 권유하여 상담사가 먼저 이야기를 시작하고 나서 멈춘다. 그리고 아동에게 이야기를 이어서 하라는 신호를 준다.

- 아동이 망설이면 상담사가 다시 이어서 이야기를 만들고 멈추고 아동에게 신호를 준다.
- 상담사가 이야기를 시작할 때는 평소보다 느리게 말하고 목소리의 톤도 낮추는 게 좋으며 시각, 청각, 후각, 촉각 등 다양한 감각을 포함하여 이야기를 구성한다.

상담사가 내담자에게 들려줄 이야기를 정하거나 내담자에게 맞춤식 이야기를 만들 때 내담자가 이야기 속에 포함된 등장인물의 행동과 인지, 감정, 동기, 대처 능력이나 기술을 동일시할 수 있는지를 살펴야 한다. 내담자가 너무 무기력하고 아무 대처 능력이 없는 등장인물이나 동물을 이야기에 등장시킬 경우 좋은 모델이 될 만한 인물이나 동물을 제안하는 것이 필요하다. 예를 들어, 거북이는 등에 보호용 껍질을 갖고 있어서 등껍질 속에 들어가거나 밖으로 나올 수 있는 융통성이 있고, 생쥐는 작고 연약해 보이지만 자신에게 닥친 위험을 재치로 이겨 나가고, 나비는 애벌레의 시기를 견딘 후 자유롭게 날아다니는 멋진 존재로 변화하고 성장해 나가는 곤충으로서 내담자에게 좋은 해결책이 담긴 이야기의 주인공이 될 수 있다(Friedberg & MacClare, 2018).

사례 1

다음은 Burns(2011)가 진행한 상담사례이다. 내담자인 레이나는 16세 여성이다. 레이나의 어머니는 두 번 결혼을 하였는데, 첫 번째 결혼에서 아들과 딸을 낳았고, 두 번째 결혼에서 레이나를 낳았다. 레이나의 아버지는 의붓자녀들과 계속 사이가 안 좋았고, 레이나가 8세가 되던 해에 17세와 15세가 된 의붓자녀들을 쫓아냈다.

함께 지내던 형제들이 갑자기 집에서 쫓겨나자 레이나는 아버지와 말도 하지 않았으며, 종종 학교도 가지 않으려고 하고, 친구들도 피했으며, 손목을 긋거나 자살시도를 하였다. 그리고 불쾌한 경험에 대한 부정적 사고를 계속 반추하며, 쫓겨난 형제들에 대한 죄의식과 상실감으로 슬펐다. 그러한 일이 일어나도록 내버려 둔 어머니도 미웠으며 아무것도 할 수 없었던 자신도 용서할 수 없었다. 최근에는 우울감 때문에 남자친구와 헤어졌으며, 항우울제를 복용하였지만 아무런 진전이 없었다. 어머니가 레이나의 동의를 받지 않은 상태에서 상담을 예약하였고, 레이나는 마지못해 상담실에 와서 상담사를 만났다.

상담사는 레이나에게 인지모델, 즉 우울로 이끄는 인지양식과 행복으로 이끄는 인지양식의 차이를 이해시킨 뒤 인지모델에 따라 이야기를 만들어 보자고 제안하였다. 상담사는 레이나가 요정에 관심이 많다는 점에 착안하여 요정을 주인공으로 하는 이야기를 만들어 보자고 제안하였다. 내담자는 흔쾌히 주인공을 요정으로 정하였고, 요정의 이름을 팅커벨로 정하였다. 팅커벨을 도울 수 있는 두 번째 인물을 고르라는 상담사의 제안에 따라 어렸을 때 좋아했던 동요에 나오는 드래곤 퍼프를 정했다. 상담사와 레이나는 4회기에 걸쳐서 팅커벨과 퍼프의 이야기를 만들어 가고 회기마다 레이나에게 도움이 되는 인지기술을 가르쳐 주었다. 다음은 상담사와 레이나가 만든 벨과 퍼프의 이야기 중 일부이다.

벨과 퍼프의 이야기

벨과 퍼프는 계곡으로 날아가 시냇가에서 놀고, 데이지로 서로 목걸이도 만들어 걸고, 뭐 그런 어린 요정과 용이 하루 종일 재미있게 할 수 있을 것 같은 놀이를 하고 있었어요. ……(중략)…… 그런데 둘이 집으로 돌아왔을 때 너무 놀랄 일이 생겼어요.

요정의 성이 텅 비어 있는 거예요. 사랑하던 가족과 친구들은 흔적도 없이 사라졌고, 물건들도 다 사라져 버렸어요. 마치 원래부터 없었던 것 같았죠. 팅커벨과 퍼프는 충격에 휩싸여 두렵고 슬프고 별별 생각이 다 들었죠. 왜 사라져 버린 거지? 누가 쫓아 버린 걸까? 우리가 막을 방법이 있었을까? 둘은 돌담 구석에 주저앉았어요. 텅 빈 성을 쳐다보면서 머리가 텅 비어 버리고 절망적이며 버림받은 기분이 들었어요.

팅커벨은 마법의 지팡이를 들고 주문을 외우며 가족과 친구들이 다시 나타나게 하려고 했지만 마법이 듣지 않았어요. 아무리 애를 써도 바꿀 수 없을 때도 있다는 것을 알게 되었지요.

드래곤 퍼프는 절망적인 목소리로 "아무 희망이 없어."라고 말했어요. ……(중략)…… "다 사라졌고 우리가 할 수 있는 건 아무것도 없어."

팅커벨이 퍼프를 위로하기 위해 퍼프에게 말을 걸었어요. "우린 아직 함께 있잖아. 우리는 여전히 성에서 살 수 있고, 우리가 살아갈 수 있도록 해 줄 음식도 물도 많잖아. 우린 밤새 쉴 수도 있고 내일부터 찾아다닐 수도 있어."

퍼프가 화를 내며 말했어요. "난 너무 힘들어. 왜 늘 이런 일은 나한테 일어나는 건데? 왜 늘 나만 고통받는 것 같지?"

"좀 쉬자." 팅커벨이 말했습니다. "그리고 아침에 다시 생각하자. 엄마가 언젠가 영원한 건 아무것도 없다는 말을 한 적이 있었어. 아무리 힘든 시간도 결국 변하고 나아지게 될 거야."

"절대로 나아질 리가 없어." 퍼프는 거의 시비조로 말을 뱉었어요. ……(중략)……

틱커벨이 고개를 끄덕이며 말했어요. "그래. 사라진 친구와 가족들을 찾기 어려울 수 있어. 하지만 미래에 대한 희망을 잃어버리지는 말자. 희망이 없으면 아무것도 없는 거야. 돌아올 거라는 희망을 가지고, 그렇게 되지 않더라도, 우리가 살면서 할 수 있고 즐길 수 있는 것을 계속 찾을 수는 있잖아."

긍정적으로 생각하고, 미래에는 좋은 날도 있을 거라고 생각하니까 틱커벨의 슬픔이 조금씩 사라지고 있었어요. ……(후략)

출처: Burns (2011).

레이나의 형제들이 어느 날 갑자기 집에서 사라졌듯이 이야기 속 틱커벨과 퍼프도 비슷하게 충격적인 사건을 경험하였다. 레이나는 자신의 충격과 비슷한 이야기를 상담사와 함께 만들어 가며 상담사에게 공감받는 경험을 하였으며 자신이 이야기를 만들어 가는 주도적인 경험을 하였다. 레이나는 이야기 속 틱커벨과 퍼프가 서로 슬픔과 충격을 함께 이야기하도록 함으로써 자신의 감정을 표출할 수 있게 된다.

큰 슬픔과 충격을 겪은 것은 틱커벨과 퍼프가 비슷했지만 시간이 흐르면서 이에 대한 대처는 달라지고 있다. 틱커벨은 상실을 슬퍼하였고 충격에 휩싸였지만 자신에게 아직 먹을 수 있는 음식과 물이 있으며 잘 수 있는 곳이 있다는 점에 초점을 두며, 사라진 가족과 친구들이 돌아올 것이라는 희망을 갖고, 당장 자신이 할 수 있는 것을 위해 몸을 움직여 보면서 자신의 감정과 생각이 조금씩 긍정적으로 변해 감을 느낀다. 이와 대조적으로 퍼프는 매사를 부정적으로 생각하며 더 깊은 절망과 슬픔에 빠져든다.

　이러한 이야기를 상담사와 함께 만들어 가면서 레이나는 상실과 슬픔에 대처하는 인지기술을 견고하게 습득할 수 있었다. 4회의 회기가 끝난 후 레이나는 보통의 십 대들처럼 옷차림이 바뀌었고, 새로운 친구를 사귀기 시작하였으며 아버지와의 관계가 좋아졌다.

사례 2

　대학원 인지행동상담 수업시간에 수십년 간 우울증을 앓고 있는 남성 상담전공 수련생 B에게 인지모델에 따라 지금까지 들어 본 적이 없는 자기만의 이야기를 만들어 보도록 하였다. B는 다음과 같은 이야기를 창작하였다.

> 　나는 거북입니다. 내 팔과 다리는 짧습니다. 너무 짧아서 보이지도 않습니다. 얼굴도 작디작아서 볼 수가 없을 정도입니다. 그 짧은 팔과 다리 그리고 얼굴도 나를 싫어하는 애들 앞에선 감춥니다. 그런 애들 앞에선 위축됩니다. 나는 이렇다고 내세울 만한 게 없습니다. 엄마는 나를 모래사장에 낳고 가 버렸습니다. 나는 홀로 바닷가를 찾아 물속으로 들어갔습니다. 그나마 물속이 안전할 것 같았지만 물속에도 나를 못살게 구는 애들이 많았습니다. 물고기들이 나를 잡아먹으려고 입을 벌리고 있었습니다. 나와 같은 꼬맹이들은 물고기 밥이 되는 게 많았습니다. 나는 무서워서 몸을 움츠리고 작은 풀숲 구석을 찾아 들어갔습니다.

　B는 여기까지 이야기를 만든 후 그다음의 이야기를 어떻게 해야 할지 도저히 생각이 나지 않는다고 하면서 자신의 한계를 절감한다고 하였다. B가 만든 이야기에는 암울했던 B의 자아상이 투영되었다. B는 겉으로는 현재 이렇게 위축되어 있는 상태로 보이지는

않지만 그에게는 엄마를 잃고 혼자 숨어서 웅크리고 있는 어린 거북이와 같은 상처와 아픔이 있는 것 같다. 그는 가엾은 어린 거북이에게 뭔가를 해 주고 싶었지만 더 이상의 이야기를 만들 수 없었다. 저자는 B 수련생에게 며칠 쉬면서 자신이 원하는 다음 이야기를 만들어 보도록 권했다. 꼭 훌륭한 작품을 써야 한다는 부담을 갖지 말고 이야기를 할 수 있는 만큼 해 보라고 과제를 주었다. 며칠 후에 B가 필자에게 보내온 이야기는 다음과 같다.

물속에서 아주 큰 거북을 만났습니다.
"너는 처음 보는구나!"
"누구세요?"
"나는 이곳에서 100년을 지내 온 장수거북 할머니란다."
"이렇게 깊고 어두운 곳에서 불안하지 않으셨어요?"
"물론 그렇지. 하지만 바다 속에서 그런 걸 불안해하면 거북으로 살 수 없단다."
"저는 불안할 때가 많아요. 큰 물고기들이 가까이 오면 불안해요."
"물고기들도 크면서 키도 커지고, 얼굴도 변하고, 성격도 변하듯이 아직은 불안해도 차츰 이곳 생활에 적응하게 될 거란다."
"그렇지만 지금은 숨이 막혀서 움직일 수가 없어요."
"나도 너와 같은 때가 있었지. 너도 지금의 힘든 일이 너에게 좋은 경험이 되려면 내가 하고 있는 일에 충실히 하면 할수록 불안도 사라지게 된단다. 나도 어렸을 때는 큰 물고기들을 보면 무서웠지. 하지만 적응이 되니까 이제는 무섭지도 않고 불안하지도 않단다."
"할머니! 저에게 그런 말을 해 주시니까 오늘은 마음이 밝아졌어요."
아기 거북은 밝게 웃으며 할머니에게 마음을 열었습니다. 마음을 여니까 마음에 햇살이 드는 것 같았습니다.

B가 보내온 이야기를 보고 필자는 큰 감동과 기쁨을 느꼈다. 불쌍하게 웅크리고 있던 아기 거북이가 100년을 산 장수거북이 할머니를 만나 대화하는 장면은 한 편의 아름다운 치유의 이야기였다. 장수거북이 할머니가 아기 거북이에게 말해 준 내용은, 첫째, 깊고 깊은 바닷속은 원래 어둡고 불안한 곳이라는 것을 수용하라는 것이었다. 둘째, 바닷속의 모든 존재는 조금씩 변화하고 성장한다는 것이다. 셋째, 지금 하고 있는 일에 충실하면 불안이 사라지게 된다는 것이다. 장수거북이의 메시지는 현실을 수용하되 자신이 변화할 수 있다는 희망을 가지고 지금-여기에 집중하라는 것이다.

내담자는 이상과 같이 한 편의 이야기를 완성한 것에 대한 소감을 다음과 같이 글로 적었다. "이렇게 이야기를 쓰고 나니 성취감을 느끼고 자존감이 올라오는 것을 느낀다. 이런 동화 같은 글은 처음 써 보지만 동화를 써 봄으로써 내가 치유되는 것 같다." B는 이후에도 필자에게 아기 거북이의 성장 이야기를 수정하여 보내왔다. B는 자신의 성장경험 이야기를 아기 거북이의 이야기에 투영하여 보다 문학적으로 아름답고도 교훈적인 이야기를 창작해 가고 있다.

사례 3

50대 초반의 여성이 암 환자인 시어머니와 가까이 살면서 시어머니와 과거에 있었던 안 좋은 일이 트라우마처럼 자신을 괴롭히며, 편찮으신 시어머니를 어떻게 대해야 할지에 대한 고민을 호소하였다.

상담사는 내담자에게 시어머니와의 관계를 주 소재로 짧은 이야기를 만들어 보자고 제안하였다. 이에 대해 내담자는 이야기를 잘 만들 수 있을까 걱정했지만 재미있을 것 같다면서 흔쾌히 동의하였다. 상담사는 이야기를 만들 때 고려할 점으로 시어머니와의 관계로 인하여 힘든 내담자의 상황과 비슷한 점이 포함되어야 하고, 등장인물은 상황을 잘 표현해 줄 수 있는 소수의 인원이 포함되어야 하며, 시작과 중간 및 끝이 있어야 하고, 내담자에게 좋은 의미가 담겨 있어야 한다는 점을 제안하였다.

상담사는 우선 주인공의 이름과 나이, 등장인물을 정하자고 하였다. 내담자는 소설로 유명한 〈82년생 김지영〉을 떠올리면서 주인공을 '53세 김지영'이라고 하였다. 그리고 등장인물을 시어머니와 남편으로 정하였다. 내담자가 만든 이야기의 내용을 요약하면 다음과 같다.

지영이는 성장과정에서 문제를 일으킨 적이 없었고, 긍정적이고 맡은 일을 늘 모범적으로 해내었으며, 그녀의 부모님도 별 간섭 없이 지영이가 자신의 일을 알아서 하도록 맡겨 두시는 분들이었다. 지영이는 대학 때 만나 연애를 한 남성과 26세에 결혼을 하였다. 남편은 대기업에 취직하였고, 지영이는 자신의 결혼생활이 성장과정과 비슷하게 평범하지만 행복한 삶을 살 수 있을 것이라고 믿었다. 그런데 지방에 사시던 시어머님이 내담자의 근처 집으로 이사를 오시면서 상상하지도 못한 어려움을 겪게 되었다. 시어머님은 남편이 일찍 돌아가셨고 아들, 즉 내담자의 남편 하나와 딸 셋이 있었다. 아들과 딸 둘은 모두 성공하였으며, 그중에 큰딸은 의사로서 시어머니의 자랑이었다. 시어머니는 내담자가 아이를 연년생으로 둘을 낳았고, 대학 졸업 후 직장생활을 하느라 살림을 해 본적이 없었음에도 자신의 기준으로 지영이의 살림에 대해서 혹독하게 비난하고, 의사로 성공한 딸과 수시로 비교하였다. 그리고 자신이 얼마나 살림을 완벽하게 해 왔는지에 대해서 늘 강조하면서 지영이가 그렇게 하기를 바랐다. 남편은 직장 일로 늘 바빴고 지영이가 어머니와 잘 지내기만을 바랄 뿐 지영이에게 도움이 되지 않았다. 지영이는 어머니의 무리한 요구에 순응하려 애쓰면서 점차 지쳐 갔고, 지영이를 도와주지 않고 바쁜 남편에 대해 외로움을 느끼며 지내다 보니 점차 몸이 아팠다. 지영이에게 이혼이라는 단어가 머릿속을 떠나지 않았지만, 지영이는 자신의 삶을 버린 채 아이들의 엄마로서, 시어머니의 요구에 가능한 한 맞추면서 지냈다. 이렇게 지내던 지영이에게 꿈같은 기회가 찾아왔다. 남편의 직장 일로 외국에서 남편과 아이들과 네 식구만 미국에서 지낼 수 있게 되었다. 그곳에서 지영이는 기독교 신앙을 갖게 되었고, 건강이 회복되면서 철저히 무너져 내렸던 자존감을 회복할 수 있었다. 그 4년 동안 시어머니는 한국에서 아들 가족이 떠난 허전함을 딸들 가족에게서 보상받으며 전문직인 딸의 뒷바라지를 하면서 지냈다. 4년 후 귀국하였을 때 지영이는 더 이상 시어머니가 무섭지 않았고, 시어머니도 지영이를 괴롭히지 않았다. 이렇게 십여 년이 지난 요즘 지영이에게는 고민이 생겼다. 시어머니가 얼마전 폐암 말기 진단을 받으면서 다시 지영이 집 근처로 이사를 오셨다. 지영이는 시어머니에게 받은 상처가 많이 회복되었다고 생각했지만 여전히 어머니의 비난으로 인해 받았던 상처가 깊으며 편찮으신 어머니를 모셔야 하는 상황이 고통스럽다.

내담자는 지영이가 암 환자인 시어머니와 가까이 살게 되면서부터 이 이야기를 어떻게 전개시킬지에 대해 고민하였다. 상담사는 "○○ 님은 지금 소설 작가시니 원하시는 대로 마음껏 이야기를 만들어 보세요."라고 하였다. 약간 머뭇거리던 내담자는 다음의 이야기를 만들었다.

편찮으신 시어머니를 어떻게 대해야 할지 걱정하던 지영이는 막상 시어머니와 병원을 동행하는 시간이 많아지면서 나이 든 한 여성에 대한 연민이 생기는 것을 느끼게 된다. 같이 자식을 키워 본 어머니로서, 지영이가 결혼할 당시의 시어머니 나이인 52세가 되면서 시어머니의 그 당시 심정이 어떠했을지 공감이 되었다. 남편은 시어머니를 요양병원으로 모시자고 하지만 지영이는 시어머니의 여생을 외롭지 않게 보내시도록 하고 싶다면서 시어머니에게 최선을 다한다. 시어머니는 전문직 딸들은 바쁘다면서 거의 찾아오지 않고 아들은 직장 일로 늘 바쁜데 "너야말로 내 가족이구나."라고 진심 어린 눈물을 흘리며 지영이의 손을 꼭 잡으며 돌아가신다.

이 이야기를 만들고 난 후, 내담자는 지영이의 이야기가 자신의 실제 이야기와 아주 유사하다고 하였다. 너무 힘들어서 떠올리고 싶지 않아 저 멀리 우주로 쏘아 버린 자신의 실제 이야기를 단순화시켜서 약간의 허구를 섞어 가면서 제3자를 주인공으로 이야기를 만들었는데, 그 결말이 행복하고 따뜻해서 기분이 좋다고 하였다. 그동안 시어머니 때문에 힘들었던 이야기를 친구들과 나눈 적이 많았는데, 이렇게 짧은 시간에 시어머니와 있었던 일을 이야기로 파노라마처럼 펼쳐내니 자신이 겪었던 상황을 좀 더 이해할 수 있어서 좋았고 마음이 가볍다고 하였다.

상담사는 내담자에게 앞에까지의 이야기는 거의 지영이와 비슷한데 시어머니가 편찮으신 상황에서 고민하는 은주를 주인공으로 하여 다른 이야기를 만들어 볼 것을 제안하였다. 시어머니를 모시는 문제로 갈등하는 내담자에게 지영이와는 다른 선택을 하는 주인공의 이야기를 만들어 보는 것이 필요하다는 판단이 들었기 때문이다. 상담사는 이러한 시도가 내담자의 이분법적 사고를 완화시키는 데 도움이 될 것이라고 기대하였다. 내담자는 상담사의 제안에 대해 흔쾌히 해 보고 싶다면서 은주의 다른 이야기를 만들었다.

> 암에 걸리신 시어머니와 가까이 지내면서 시어머니의 통원과 치료를 돕게 되었다. 은주는 시어머니와 있었던 과거의 상처가 자꾸 떠올라 마음이 괴롭다. "나를 괴롭히더니 이제 나에게 의지하네."라는 마음이 들면서 자신의 마음이 차가워지는 것을 느꼈다. 은주는 시어머니가 아닌 자신에 대해 더 연민의 마음이 느껴졌다. 자식들 다 키우고 이제 자유로운 시간을 갖게 되었는데 이렇게 시어머니에게 매여 있는 자신이 불쌍하게 느껴졌다. 은주는 도덕적 갈등으로 인하여 많은 고민 끝에 남편을 설득하며 시어머니를 요양원에 보내 드리기로 결정한다. 은주는 요양원으로 자주 시어머니를 찾아뵈러 갔지만 그때마다 시어머니는 몸이 안 좋은 것에 대해 짜증을 내며 만사가 귀찮은 듯이 은주를 대했다. 결국 은주와 시어머니를 화해하지 못한 채 시어머니가 요양원에서 쓸쓸히 돌아가신다.

여기까지 이야기를 만든 후의 상담사와 내담자의 상담내용은 다음과 같다.

상: 이 이야기를 만든 후 소감이 어떠세요?

내: 지영이의 이야기를 만들 때처럼 기분이 좋지는 않지만 저는 은주를 이해할 수 있어요. 은주가 그러한 선택을 하게 된 것은 시어머니의 태도에 변화가 없었기 때문이에요. 은주는 시어머니에 대한 마음속 상처가 있었지만 시어머니에게 최선을 다했을 거예요. 이제는 시어머니가 며느리를 어떻게 대하는가가 중요해요. 며느리를 어떻게 대하는가에 따라 며느리는 지영이

가 될 수도 있고 은주가 될 수도 있어요. [내담자는 시어머니와 며느리의 관계의 책임 소재를 시어머니에게 둠]

상: 그렇지요. 은주가 시어머니를 집에서 돌보지 못하는 것도. 그래서 요양원에 모시게 된 것도 충분히 이해할 수 있는 상황이에요. [내담자의 마음을 공감하며 타당화함]

내: 시어머니가 문제고 이제부터는 시어머니 몫이에요.

상: 은주는 병든 시어머니를 어떻게 대했는지 이야기에서 잘 드러나지 않았어요. 은주는 시어머니를 어떻게 대했을까요? [내담자의 시어머니에 대한 감정과 생각을 탐색하기 위해 질문함]

내: 은주가 어머니를 요양병원으로 모신 것은 결코 쉽게 결정한 것이 아니에요. 편찮으신 시어머님을 어떻게 대해야 할까 정말 많이 고민하여 결정했을 텐데 시어머니가 계속 은주를 힘들게 하고 시어머니에게도 좋지 않다고 판단한 거예요. 저는 은주 마음이 이해돼요.

상: 은주가 시어머니를 요양원으로 보내 드리는 것에 대해 고민이 많았군요. [시어머니를 모시는 문제에 대한 내담자의 갈등을 공감함] 지영이와 은주의 두 이야기를 만들어 보니 어떠신가요? [내담자가 이분법적으로 구분하였던 자신의 내면에 대한 통합을 돕기 위한 질문]

내: 앞으로 편찮으신 시어머니와 어떠한 관계를 만들어야 할지 정말 막막하고 과거의 상처가 떠올라 괴로웠는데 내가 무엇 때문에 갈등했는지를 분명히 알게 된 것 같아요. 내가 아닌 지영이와 은주로 이야기를 하니까 시어머니에 대한 죄책감 없이 시어머니에 대한 감정을 편하게 이야기로 표현할 수 있어서 좋았어요. 이번에는 가상의 시어머니를 주인공으로 해서 이야기를 만들어 보고 싶었어요. 시어머니도 억울한 부분이 있을 것 같아요. [시어

머니의 관점을 취해 보려는 동기가 생김]

상: 그럼 다음 상담에서 시어머니를 주인공으로 이야기를 만들어 보지요. 이야

기의 제목을 어떻게 하고 싶으신가요? [시어머니와 내담자를 대립적으로

인식하는 것에서 벗어나 시어머니의 관점을 취해 보려고 하는 내담자를 지

지함]

내: 〈43년생 영자〉가 좋을 것 같아요. (웃음)

◦ 학습문제 ◦

1. 삶의 어려움에 직면하여 막막할 때 도움이 되었던 이야기는 무엇인가? 그
   이야기의 치유적 요소는 무엇인가?

2. 40대 여성인 B는 자신에 대한 부정적 평가, 일상적인 삶에서 느끼는 현실
   불안, 관계에서 상처받을 것에 대한 두려움을 느끼는 내담자이다. 이 내담
   자는 햇빛이 뜨거울까 봐 꽃을 피우지 못하는 나팔꽃을 주인공으로 하여
   다음의 이야기를 만들었다.

> 나는 생각이 많은 나팔꽃입니다. 그리고 겁도 굉장이 많답니다.
>
> 아침에 햇님이 반짝 떠오를 때, 모든 나팔꽃은 "아! 태양이다 시원한 아
> 침 공기도 마시고, 따스한 햇빛도 즐겨야지." 하고 일어납니다.
>
> 그러나 나는 너무 겁이 많고 걱정이 많아서 입을 펼 수가 없습니다.
>
> "햇빛이 너무 뜨거우면 어떡하지? 지나가는 사람들이 나를 보고 너무
> 작고 형편없다고 하면 어떡하지?"
>
> 나는 늘 걱정 때문에 오늘도 잎을 오므리고 한쪽에 쪼그리고 앉아 있었
> 습니다.

이 내담자에게 도움이 되는 이야기에는 어떠한 내용이 포함되어야 좋을까에 대해서 생각해 보고, 내담자를 위한 치유적 이야기로 만들어 보자. 그리고 인지모델의 관점에서 그 이야기를 분석해 보자.

〈부록 1〉

자동적 사고 질문지
(Automatic Thoughts Questionnaire: ATQ)

※ 지난 주 동안 다음과 같은 생각이나 유사한 생각이 얼마나 자주 떠올랐는지 기록하시오.

1	2	3	4	5
전혀	가끔	보통	자주	항상

1. 나는 세상의 난관에 부딪힌 것같이 느껴진다.
2. 나는 잘하지 못한다.
3. 왜 나는 성공할 수 없는 것일까?
4. 나를 이해하는 사람은 아무도 없다.
5. 나는 사람들을 실망시킨다.
6. 나는 계속 할 수 없을 것 같다.
7. 나는 내가 더 나은 사람이었으면 좋겠다.
8. 나는 매우 나약하다.
9. 내 삶은 내가 원하는 대로 되지 않는다.
10. 내 자신이 실망스럽다.
11. 좋은 것이 아무것도 없다.
12. 나는 더 이상 견딜 수 없다.
13. 나는 시작할 수 없다.
14. 무엇이 잘못된 것일까?
15. 나는 어딘가 다른 곳에 있었으면 좋겠다.
16. 나는 일이 손에 잡히지 않는다.
17. 내 자신이 싫다.
18. 나는 가치가 없다.
19. 내가 사라졌으면 좋겠다.

20. 나의 문제가 무엇일까?

21. 나는 패배자이다.

22. 내 삶은 엉망진창이다.

23. 나는 실패자이다.

24. 나는 어떤 것도 할 수 없다.

25. 나는 무력감을 느낀다.

26. 뭔가가 변해야 한다.

27. 나한테 뭔가 문제가 있는 것이 틀림없다.

28. 내 미래는 암울하다.

29. 그럴 가치가 없다.

30. 나는 아무것도 끝낼 수 없다.

출처: Hollon, S. D. & Kendall, P. C. (1980). Cognitive self-statements in depression: development of an automatic thoughts questionnaire. *Cognitive Therapy and Research, 4*(4), 383-395. Hollon과 Kendall의 허락하에 사용.

〈부록 2〉

자동적 사고 질문지 개정
(Automatic Thoughts Questionnaire-R: ATQ-R)

※ 지난 주 동안 다음과 같은 생각이나 유사한 생각이 얼마나 자주 떠올랐는지 기록하시오.

1	2	3	4	5
전혀	가끔	보통	자주	항상

1. 나는 세상의 난관에 부딪힌 것같이 느껴진다.

2. 나는 잘하지 못한다.

3. 나는 내가 자랑스럽다

4. 왜 나는 성공할 수 없는 것일까?

5. 나를 이해하는 사람은 아무도 없다.

6. 나는 사람들을 실망시킨다.

7. 나는 괜찮다.

8. 나는 계속 할 수 없을 것 같다.

9. 나는 내가 더 나은 사람이었으면 좋겠다.

10. 나는 무슨 일이 일어나도 해낼 것이라는 것을 안다.

11. 나는 매우 약하다.

12. 내 삶은 내가 원하는 대로 되지 않는다.

13. 나는 무엇이든 할 수 있다.

14. 내 자신이 실망스럽다.

15. 좋은 것이 아무것도 없다.

16. 나는 기분이 좋다.

17. 나는 더 이상 견딜 수 없다.

18. 나는 시작할 수 없다.

19. 무엇이 잘못된 것일까?

20. 나는 온화하고 편안하다.

21. 나는 어딘가 다른 곳에 있었으면 좋겠다.

22. 나는 일이 손에 잡히지 않는다.

23. 나는 나 자신이 싫다.

24. 내가 마음먹은 것은 무엇이든 할 수 있다고 확신한다.

25. 나는 가치가 없다.

26. 내가 사라졌으면 좋겠다.

27. 나의 문제가 무엇일까?

28. 나는 행복하다.

29. 나는 패배자다.

30. 내 삶은 엉망진창이다.

31. 나는 실패자다.

32. 정말 최고다.

33. 나는 어떤 것도 할 수 없다.

34. 나는 무력감을 느낀다.

35. 뭔가 변해야 한다.

36. 나한테 뭔가 문제가 있는 것이 틀림없다.

37. 나는 다른 사람들보다 운이 좋다.

38. 내 미래는 암울하다.

39. 그럴 가치가 없다.

40. 나는 아무것도 끝낼 수 없다.

출처: Kendall, P. C., Howard, B. L., & Hays, R. C. (1989). Self-referent speech and psychopathology: The balance of positive and negative thinking. *Cognitive Therapy and Research, 13*, 583-598. Kendall의 허락하에 사용.

〈부록 3〉

긍정적 자동적 사고 질문지

(Automatic Thoughts Questionnaire-Positive: ATQ-P)

※ 지난 주 동안 다음과 같은 생각이나 유사한 생각이 얼마나 자주 떠올랐는지 기록하시오.

1	2	3	4	5
전혀	가끔	보통	자주	항상

1. 내 친구들은 나를 존중한다.
2. 나는 유머 감각이 있다.
3. 내 미래는 밝다.
4. 나는 성공할 것이다.
5. 나와 함께하면 즐겁다.
6. 나는 기분이 좋다.
7. 나를 아끼는 사람들이 많다.
8. 내가 이룬 성과들이 자랑스럽다.
9. 내가 시작한 일은 끝낸다.
10. 나는 좋은 자질을 갖고 있다.
11. 나는 삶이 편안하다.
12. 나는 다른 사람들과 좋은 관계를 맺고 있다.
13. 나는 운이 좋은 사람이다.
14. 나는 나를 지지해 주는 친구들이 많다.
15. 삶이 흥미롭다.
16. 나는 도전을 즐긴다.
17. 나의 사회생활은 멋지다.
18. 걱정이 없다.
19. 나는 편안하다.

20. 내 삶은 순조롭게 진행된다.

21. 내 외모에 만족한다.

22. 나 자신을 잘 돌본다.

23. 나는 삶의 최고를 누릴 자격이 있다.

24. 내 삶에서 나쁜 날은 드물다.

25. 나는 유용한 자질을 많이 가지고 있다.

26. 절망적인 문제는 없다.

27. 나는 포기하지 않는다.

28. 나는 내 의견을 자신감 있게 말한다.

29. 내 삶은 점점 나아지고 있다.

30. 오늘까지 나는 많은 것을 성취해 왔다.

출처: Ingram, R. E., & Wisnicki, K. S. (1988). Assessment of positive automatic cognition. *Journal of Consulting and Clinical Psychology, 56*, 898–902. Ingram의 허락하에 사용.

참고문헌

양재원, 홍성도, 정유숙, 김지혜(2005). 부정적 자동적 사고 질문지와 긍정적 자동적 사고 질문지의 타당화 연구: 청소년 집단을 대상으로. 한국심리학회지: 임상. 24(3), 631-646.

이민용(2017). 스토리텔링 치료. 서울: 학지사

이주영, 김지혜(2002). 긍정적 사고의 평가와 활용: 한국판 긍정적 자동적 사고 질문지의 표준화 연구. 한국심리학회지: 임상. 21(3), 647-664

임은미, 구자경(2019). 다문화 사회정의 상담. 서울: 학지사.

Alford, B. A., & Beck, A. T. (1997). *The intergrative power of cognitive therapy*. New York: Guilford Press.

Arkes, H. R., & Blumer, C. (1985). The psychology of sunk cost. *Organizational behavior and human Decision Processes, 35*, 124-140.

Bandura, A. (1977). *Social learning theory*. Englewood Cliffs, NJ: Prentice Hall.

Beck, A. T. (1967). *Depression: Causes and treatment*. Philadelphia:

Beck, A. T. Rush, T., Show, B. F., & Emery, G. (1997) 우울증의 인지치료. (원호택 역). 서울: 학지사. (원저는 1979년 출판).

Beck, A. T. (1999): Cognitive aspects of personality disorders and their relation to syndromal disorders: A psychoevolutionary approach. In C. R. Cloninger (Ed.), *Personality and psychopathology* (pp. 411-429). Washington, DC: American Psychiatric Press.

Beck, A. T. (2017). 인지치료와 정서장애. (민병배 역). 서울: 학지사. (원저는 1976년 출판).

Beck, A. T., & Clark, D. A. (1988). Anxiety and depressive: An information processing perspective. *Anxety research, 1*, 23-36.

Beck, A. T., Emery, G. & Greenberg, R. L. (1985). *Anxiety disorders and phobias: a cognitive perspective.* Cambridge, MA: Basic Books.

Beck, A. T., Rush, A. J. Shaw, B. F. & Emery, G. (1979). *Cognitive therapy of depression.* New York: Guilford.

Beck, A. T. & Weishaar, M. E. (2017). 인지치료. 현대심리치료(10판). (김정희, 정성경, 남상인, 김인규, 최은영, 방기연, 김은하 공역). 서울: 박학사. (원저는 2014년 출판).

Beck, J. S. (1995). *Cognitive therapy: basics and beyond.* New York: Guilford.

Beck, J. S. (2011). *Cognitive behavior therapy: Basics and beyond* (2nd ed.). New York: Guilford Press.

Belli, R., & Loftus, R. F. (1997). The plausibility of autobiographical memory. In D. C. Rubin (Ed.), *Remembering our past: Studies in autobiographical memory* (pp. 157-179). New York: Cambridge University Press.

Bower, G. (1981). Mood and memory. *American Psychologist, 36*, 129-148.

Brems, C. (1993). *A comprehensive guide to child psychotherapy.* Boston: Allyn & Bacon.

Burns, D. D. (1999). *The Feeling good handbook* (Rev.). New York, N.Y.: Plume.

Burns, D. D. (2000). *Feeling good: the new mood therapy* (Rev.). New York: Quill.

Burns, G. W. (2011). 이야기로 치유하기: 치료적 은유 활용 사례집. (김춘경 외 공역). 서울: 학지사. (원저는 2007년 출판).

Cartledge, G. C., & Feng, H. (1996). The Relationship of culture and social behavior. In G. C. Cartledge & J. F. Milburn (Eds.), *Cultural diversity and social skills instruction: understanding ethnic and gender differences* (pp. 13-44). Champaign, IL: Research Press.

Clark, D. M., & Beck, A. T. (1988). Cognitive approaches. In C. G. Last & M. Hersen (Eds.), *Handbook of anxiety disorders* (pp. 362-385). Elmsford, NY: Pergamon Press.

Clark, G. I., & Egan, S. J. (2018). Clarifying the role of the socratic method in CBT: a survey of expert opinion. *Journal of Cognitive Therapy, 11*, 184-199.

Dattilo, F. M. & Padesky, C. A. (2010). 부부를 위한 인지치료. (곽욱환, 김영란, 김윤정, 남주영, 박영애, 조정혜 공역). 서울: 학지사. (원저는 1990년 출판).

D'Andrea, M. J., & Daniels, J. A. (2001). RESPECTFUL counseling: An intergrative multi-dimensional model for counselors. In D. B. Pope- Davis & H. L. K. Coleman (Eds.), *The intersection of race, class, and gender in multicultural counseling* (pp. 417-466). Thousand Oaks, CA: Sage.

Dobson, K. S. (2010). *Handbook of cognitive-behavioral therapies*. New York: Guilford Press.

D'Zurilla, T. J. & Goldfried, M. R. (1971). Problem solving and behavior modification. *Journal of abnormal psychology, 78*, 107-126.

Eamon, M. K. (2016). 취약계층을 위한 인지행동 개입의 활용: 임파워먼트 관점에서의 접근. (김희진 외 공역). 서울: 학지사. (원저는 2008년 출판).

Fontes, L. A. (2016). 다문화 상담 면접기법: 다문화 면담의 준비과정에서 보고서 작성까지. (강영신 역). 서울: 학지사. (원저는 2008년 출판).

Friedberg, R. D. & McClure, J. M. (2018). 아동과 청소년을 위한 인지치료(2판). (정현희, 김미리혜 공역). 서울: 시그마프레스. (원저는 2015년 출판).

Gardner, R. A. (1986). *The psychotherapefic techniques of Richard Gardner*. Cresskill, NJ: Creative Therapeutics.

Guidano, V. F., & Liotti, G. (1983). *Cognitive processes and emotional disorders: A structual approach to psychotherapy*. New York: Guilford Press.

Hackmann, A., Bennett-Levy, J. & Holmes, E. A. (2017). 심상을 활용한 인지치료. (권정혜, 이종선 공역). 서울: 시그마프레스. (원저는 2011년 출판).

Hammen, C. (1988). Self-cognitions, stressful events, and the prediction of depression in children of depressed mothers. *Journal of abnormal child psychology, 16*, 347-360.

Hammen, C. , & Goodman-Brown, T. (1990). Self-schemas and vulnerability to specific life stress in children at risk for depression. *Cognitive therapy and research, 14*, 215-227

Hofstede, G. (1995). 세계의 문화와 조직. (차재호, 나은영 공역). 서울: 학지사. (원저는 1995년 출판).

Hollon, S. D. & Kendall, P. C. (1980). Cognitive self-statements in depression: development of an automatic thoughts questionnaire. *Cognitive Therapy Research, 4*, 383-395

Ingram, R. E., & Wisnicki, K. S. (1988). Assessment of positive automatic cognition. *Journal of Consulting and Clinical Psychology, 56*, 898-902.

Jun, H. S. (2009). Multicultural social justice counseling. Sage Publications.

Kazantzis, N., Beck, J. S., Clark, D. A., Dobson, K. S., Hofmann, S. G., Leahy, R, L., & Wong, C. W. (2018). Socratic dialogue and guided discovery in cognitive behavioral therapy: a modified delphi panel. *Journal of Cognitive Therapy, 11*, 140-157.

Kelly, G. (1955). *The psychology of personal constructs* (Vols. 1. & Vols 2). New York: Norton & Co.

Kendall, P. C., Howard, B. L., & Hays, R. C. (1989). Self-referent speech and psychopathology: The balance of positive and negative thinking. *Cognitive Therapy and Research, 13*, 583-598.

Landgarten, H. B. (1981). *Clinical art therapy: A comprehensive guide.* New York: Brunner/Mazel.

Leahy, R. L. (2003). *Cognitive therapy techniques: a practitioner's guide.* New York: Guilford Press.

Leahy, R. L. (2010). 인지치료에서 저항의 극복. (최영희 역). 서울: 학지사. (원저는

2001년 출판).

Ledley, D. R. Marx, B. P., & Heimberg, R. G. (2014). 초보자를 위한 인지행동치료. (김정모, 전미애 공역). 서울: 학지사. (원저는 2010년 출판).

Lightsey, O. R. (1994). Thinking positive as a stress buffer: The role of positive automatic cognitions in depression and happiness. *Journal of Counseling Psychology, 41*(3), 325-334

MacCluskie, K. (2012). 현대상담기술: 통합된이론, 다문화주의 그리고 자각. (홍창의, 인숙자, 정정화, 정민 공역). 서울: 학지사. (원저는 2010년 출판).

Meichenbaum, D. (1977). *Cognitive-behavior modification: An intergrative approach*, New York: Plenum.

Meichenbaum, D. H., & Goodman, J. (1971). Training impulsive children to talk to themselves: A means of developing self-control. *Journal of Abnormal Psychology, 77*(2), 115-126

Miltenberger, R. G. (2017). 최신 행동수정(6판). (안병환 외 공역). 서울: 학지사. (원저는 2016년 출판).

Naumburg, M. (2014). (마가렛 나움버그의) 역동적 미술치료. (전순영 역). 서울: 하나의학사. (원저는 1987년 출판).

Overholser, J. C. (2018). Guided discovery: a clinical strategy derived from the socratic method. *Journal of Cognitive Therapy, 11*, 124-139.

Padesky, C. A. (1993). 'Socratic questioning: changing minds or guiding discovery?' A keynote address delivered at the European Congress of Behavioral and Cognitive Therapies, London, September, 24. Available online at padesky.com.

Padesky, C., & Beck, A. T. (2003). Science and philosophy: comparison of cognitive therapy and rational emotive behavior therapy. *Journal of Cognitive Psychotherapy, 17*(3), 211-224.

Persons, J. B. (1989). *Cognitive Therapy in practice: A case formulation approach*. New York: W.W. Norton & Co.

Pinfold, L. (2013). 블랙독. (천미나 역). 경기도: 북스토리아이. (원저는 2011년 출판).

Rachman, S. (1980). Emotional processing. *Behaviour Research and Therapy*,

18, 51-60.

Stott, R., Mansell, W., Salkovskis, P., Lavender, A., Cartwright-Hatton, S. (2013). 인지행동치료에서의 메타포. (김원, 김병수, 송후림, 정영은, 민정아, 유민영 공역). 서울: 학지사. (원저는 2010년 출판)

Sue, S. (1998). In sesrch of cultural competence in psychotherapy and counseling. *American Psychologist, 53*, 440-448.

Weishaar, M. E. (2017). 아론 벡. (권석만 역). 서울: 학지사. (원저는 1993년 출판).

Wills, F. (2016). 인지행동상담과 심리치료 기법. (박의순, 이동순 공역). 서울: 시그마 프레스. (원저는 2008년 출판).

Wright, J. H., Basco, M. R., & Thase, M. E. (2006). *Learning cognitive-behavior therapy*. Washington, DC: American Psychiatric Pub.

Young, J. E. (1990). *Cognitive therapy for personality disorders: A schema-focused approach*. Sarasota, FL: Professional Resource Exchange.

찾아보기

내용

저자 소개

구자경(Koo Jagyoung)

서울대학교 교육학 박사
현) 평택대학교 상담대학원 상담학과 교수

〈저서 및 역서〉
다문화 사회정의 상담(공저, 학지사, 2019)
진로진학상담 기법의 이론과 실제(공저, 사회평론아카데미, 2017)
전문 상담자의 세계(공역, 사회평론아카데미, 2016)

〈논문〉
문화적 역량증진 집단프로그램에 참여한 한 상담전공 수련생의 문화적 정
　　체성 탐색 경험(공동, 독서치료연구, 2020)
한 재혼가정 성인자녀의 내러티브정체성 탐구(가족과 가족치료, 2016)
집단상담 참여경험에 나타난 대학생의 자아정체성 변화에 대한 내러티브
　　탐구(공동, 청소년학연구, 2016)

김영경(Kim Youngkyung)

연세대학교 상담학 박사
현) 한국열린사이버대학교 상담심리학과 교수

〈저서〉
분석심리학과 표현예술치료(기독(목회)상담총서 6. 한국기독교상담심리학
　　회 편저, 학지사, 2019)
초심 상담사들이 궁금해하는 집단상담(학지사, 2018)
중독과 영성(기독(목회)상담총서 4. 한국기독교상담심리학회 편저, 학지사,
　　2018)

〈논문〉
청소년의 스트레스와 인터넷 중독 및 도박행동과의 관계: 자기효능감과 자아
　　탄력성의 조절효과 검증(한국청소년연구, 2013)
청소년의 스트레스가 현재 도박행동과 미래 도박행동 가능성에 미치는 영향:
　　인터넷중독과 비합리적 도박신념의 매개효과(한국심리학회지: 상담 및
　　심리치료, 2012)
중국, 일본 유학생의 한국대학생활 적응을 위한 요구 분석(상담학연구, 2009)

인지행동상담
-이해와 활용-
Cognitive Behavioral Counseling

2021년 6월 20일 1판 1쇄 발행
2024년 8월 20일 1판 3쇄 발행

지은이 • 구자경 · 김영경
펴낸이 • 김 진 환
펴낸곳 • (주) **학지사**

04031 서울특별시 마포구 양화로 15길 20 마인드월드빌딩 5층
대표전화 • 02) 330-5114   팩스 • 02) 324-2345
등록번호 • 제313-2006-000265호

홈페이지 • http://www.hakjisa.co.kr
인스타그램 • https://www.instagram.com/hakjisabook

ISBN 978-89-997-2440-4 93180

정가 **16,000원**

저자와의 협약으로 인지는 생략합니다.
파본은 구입처에서 교환하여 드립니다.

이 책을 무단 전재 또는 복제 행위 시 저작권법에 따라 처벌을 받게 됩니다.

출판미디어기업 **학지사**

간호보건의학출판 **학지사메디컬** www.hakjisamd.co.kr
심리검사연구소 **인싸이트** www.inpsyt.co.kr
학술논문서비스 **뉴논문** www.newnonmun.com
원격교육연수원 **카운피아** www.counpia.com
대학교재전자책플랫폼 **캠퍼스북** www.campusbook.co.kr